UK Labour Party

イギリス労働党概史

本間圭一
Homma Keiichi

高文研

はじめに

イギリスの労働党は、結党から約一二〇年の歴史を持つ左派政党である。二大政党の一翼として、保守党としのぎを削るようになってからほぼ一〇〇年がたつ。これまで六人の首相を送り出し、三〇年余にわたり政権を担当してきた。第二次世界大戦後に「揺りかごから墓場まで」と呼ばれる社会福祉制度を作り上げ、冷戦後は「ニュー・レーバー（新しい労働党）」路線で公正と効率を求める社会を目指した。いずれも日本を含め世界の左派勢力に大きな影響を与えた。

この党を初めて間近で見たのは、二〇〇六年に中部マンチェスターで行われた年次党大会だった。メイン会場やミニ集会（フリンジ）では、ひな壇に座る党幹部に対し、末席から党運営を批判する声が相次いだ。紳士淑女が整然と議題を進める保守党の党大会とは異なり、権威に屈しない物言う人々が集まる党という印象が残った。その一方で、党首のトニー・ブレア首相が演説する時には、それまでの論争はなくなり、拍手喝采に沸く会場は一体感を醸し出した。イラク戦争で信用を失墜させたとはいえ、党首の威光を垣間見た瞬間だった。

喧々諤々《けんけんがくがく》の議論は、労働組合、議員団、政治団体、個人党員など寄り合い所帯の党の構成を象徴していた。党首の演説は、組織をたばねるエネルギー源であり、党首の力量が党勢を左右する英政治の現実を示していた。この二三年前に政治家を目指す若きブレアの才能を見出し、政界に送り込んだ古参党員ジョン・バートンは「党員が自由にものを言えるのが労働党だ。党首には、いろいろな背景を持った党員をまとめる力が必要であり、それが政権獲得に直結する」と解説してくれた。多様性と結束力がこの党の強さと活力の源泉なのだ。

労働党は元々、スコットランドの貧しい炭鉱労働者を主体とする地域政党だった。階級社会と言われるイギリスでは、居住地や進学・就職先など生活全般に富裕層と庶民の区別があった。スポーツでも、富裕層がラグビーやクリケット、庶民がサッカーを好むと言われたほどだ。資本主義経済がこうした階級対立を激化させると、労働党は労働者の利害の受け皿となり、この理念の下に様々な組織が結集した。それにしても、保守党と自由党の二大政党による政権交代が恒常化した政界で、泡沫政党だった労働党が結党から二四年間で単独政権を樹立できたのはなぜなのか。

イギリスには安全保障上の国難において与野党が結束する伝統がある。労働党には反戦論者が多いが、第二次世界大戦では与党・保守党に協力し、戦時態勢を支えた。その際、戦勝を誇るのは諸政党をたばねた与党であり、ウィンストン・チャーチル率いる保守党は、大戦終結直前の総選挙で圧勝が予想された。だが、結果は労働党が勝利し、その後に産業の公有化や新たな社会福祉制度の実施に着手した。下馬評を覆して大勝し、大胆な国家改造に乗り出せたのはなぜなのか。

イギリスでは、「財布の中身をみて投票する」という有権者によく出会う。現政権下で暮らしが良くなったか否かが投票の判断基準となり、不十分であれば、総選挙での得票は野党に流れる。実際、二〇世紀に入り、英経済の国際的な優位性が崩れる中で、野党が与党よりも得票を伸ばすケースが多く、与野党が頻繁に入れ替わる背景となってきた。だが、労働党は一九七九年以降、総選挙で四連敗した。保守党のマーガレット・サッチャー政権が有効な経済政策を打ち出せないのに、労働党はなぜそれを生かしきれなかったのか、そして、一八年間続いた野党生活からどうやって脱却できたのか。

さらに、イギリスでは党首の政治力がより重要となっている。保守党は元々、党首を核とした政党だった。党首が絶対的な権力を持たない労働党でも、ハロルド・ウィルソン時代以降、党首への権限集中が目立ち、その言動が総選挙の勝敗を左右するようになった。労働党の現在の野党生活は一〇年を超えた。スコットランドやイングランド北部といった伝統的な地盤も揺らぐ中、検事出身で爵位を持つ異色のケア・スターマー党首の指導力に注目が集まる。党内外の個人や組織をたばね、再び政権を担うためには何が必要なのか。

本書はそうした問題意識を持ちながら、労働党の歴史を概観し、政権獲得のかぎとなる要素を検証する。世界各地では今、政治的な分断現象がみられる。グローバル化や多様性を重んじる中道派の得票率は下がり、極右と極左がソーシャルメディアを通じ、中道化の恩恵を受けられない人々に訴え、その支持を吸収している。彼らは他政党に妥協せず、それを糾弾する過激な言動を売り物にすることが多いため、政治の世界から協調や妥協は遠ざかり、亀裂や対立が目立つようになる。こうした中、支持率の低迷に直面し、生き残りを模索する労働党の行方は、伝統的な政党やリベラル勢力の今後を占う手掛かりとなるだろう。その復活のかぎは、浮沈を繰り返したその歴史に隠されているかもしれない。

なお、議会労働党のトップは一九二二年まで「議長」、それ以降は、「党首兼議長」と呼ばれてきたが、本書は混同を避けるため、一貫して「党首」と表記している。また、敬称は省略した。

＊——目次

第II部

労働党の政治家たち

装幀・中村くみ子

イギリスの主要政党の変遷図（数字は年）

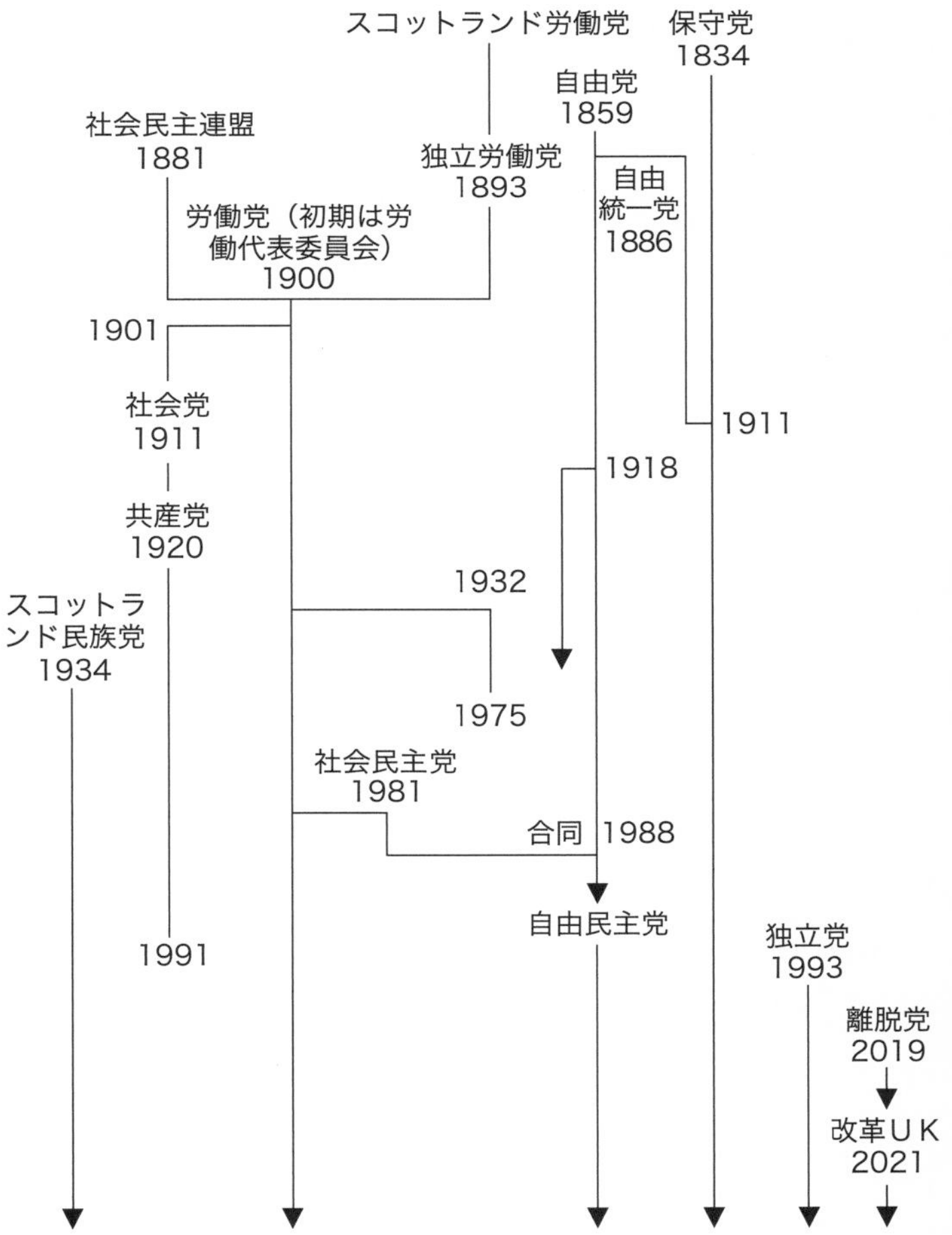

労働党歴代党首

歴代	就任年	辞任年	党首名	
1	1906	1908	ケア・ハーディ	Keir Hardie
2	1908	1910	アーサー・ヘンダーソン	Arthur Henderson
3	1910	1911	ジョージ・バーンズ	George Barnes
4	1911	1914	ラムゼイ・マクドナルド	Ramsay MacDonald
5	1914	1917	アーサー・ヘンダーソン	Arthur Henderson
6	1917	1921	ウィリアム・アダムソン	William Adamson
7	1921	1922	ジョン・ロバート・クラインズ	John Robert Clynes
8	1922	1931	**ラムゼイ・マクドナルド**	Ramsay MacDonald
9	1931	1932	アーサー・ヘンダーソン	Arthur Henderson
10	1932	1935	ジョージ・ランズベリー	George Lansbury
11	1935	1955	**クレメント・アトリー**	Clement Attlee
12	1955	1963	ヒュー・ゲイツケル	Hugh Gaitskell
13	1963	1976	**ハロルド・ウィルソン**	Harold Wilson
14	1976	1980	**ジェームズ・キャラハン**	James Callaghan
15	1980	1983	マイケル・フット	Michael Foot
16	1983	1992	ニール・キノック	Neil Kinnock
17	1992	1994	ジョン・スミス	John Smith
18	1994	2007	**トニー・ブレア**	Tony Blair
19	2007	2010	**ゴードン・ブラウン**	Gordon Brown
20	2010	2015	エド・ミリバンド	Edward Miliband
21	2015	2020	ジェレミー・コービン	Jeremy Corbyn
22	2020		ケア・スターマー	Keir Starmer

※党首選管理などの臨時党首らは除く。太字は首相経験者

保守党歴代党首

歴代	就任年	辞任年	党首名	
1	1834	1846	**ロバート・ピール**	Robert Peel
2	1846	1868	**エドワード・スミス＝スタンリー**	Edward Smith-Stanley
3	1868	1881	**ベンジャミン・ディズレーリ**	Benjamin Disraeli
4	1885	1902	**ロバート・ガスコイン＝セシル**	Robert Gascoyne-Cecil
5	1902	1911	**アーサー・バルフォア**	Arthur Balfour
6	1916	1921	**アンドリュー・ボナー・ロー**	Andrew Bonar Law
7	1922	1923	**アンドリュー・ボナー・ロー**	Andrew Bonar Law
8	1923	1937	**スタンリー・ボールドウィン**	Stanley Baldwin
9	1937	1940	**ネビル・チェンバレン**	Neville Chamberlain
10	1940	1955	**ウィンストン・チャーチル**	Winston Churchill
11	1955	1957	**アンソニー・イーデン**	Anthony Eden
12	1957	1963	**ハロルド・マクミラン**	Harold Macmillan
13	1963	1965	**アレクサンダー・ヒューム**	Alexander Home
14	1965	1975	**エドワード・ヒース**	Edward Heath
15	1975	1990	**マーガレット・サッチャー**	Margaret Thatcher
16	1990	1997	**ジョン・メージャー**	John Major
17	1997	2001	ウィリアム・ヘイグ	William Hague
18	2001	2003	イアン・ダンカン・スミス	Iain Duncan Smith
19	2003	2005	マイケル・ハワード	Michael Howard
20	2005	2016	**デイビッド・キャメロン**	David Cameron
21	2016	2019	**テリザ・メイ**	Theresa May
22	2019		**ボリス・ジョンソン**	Boris Johnson

※『世界大百科事典』（平凡社）に基づき、トーリー党が保守党に再編された際に中心的役割を果たしたロバート・ピールを保守党初代党首とした。党首選管理などの臨時党首らは除く。太字は首相経験者

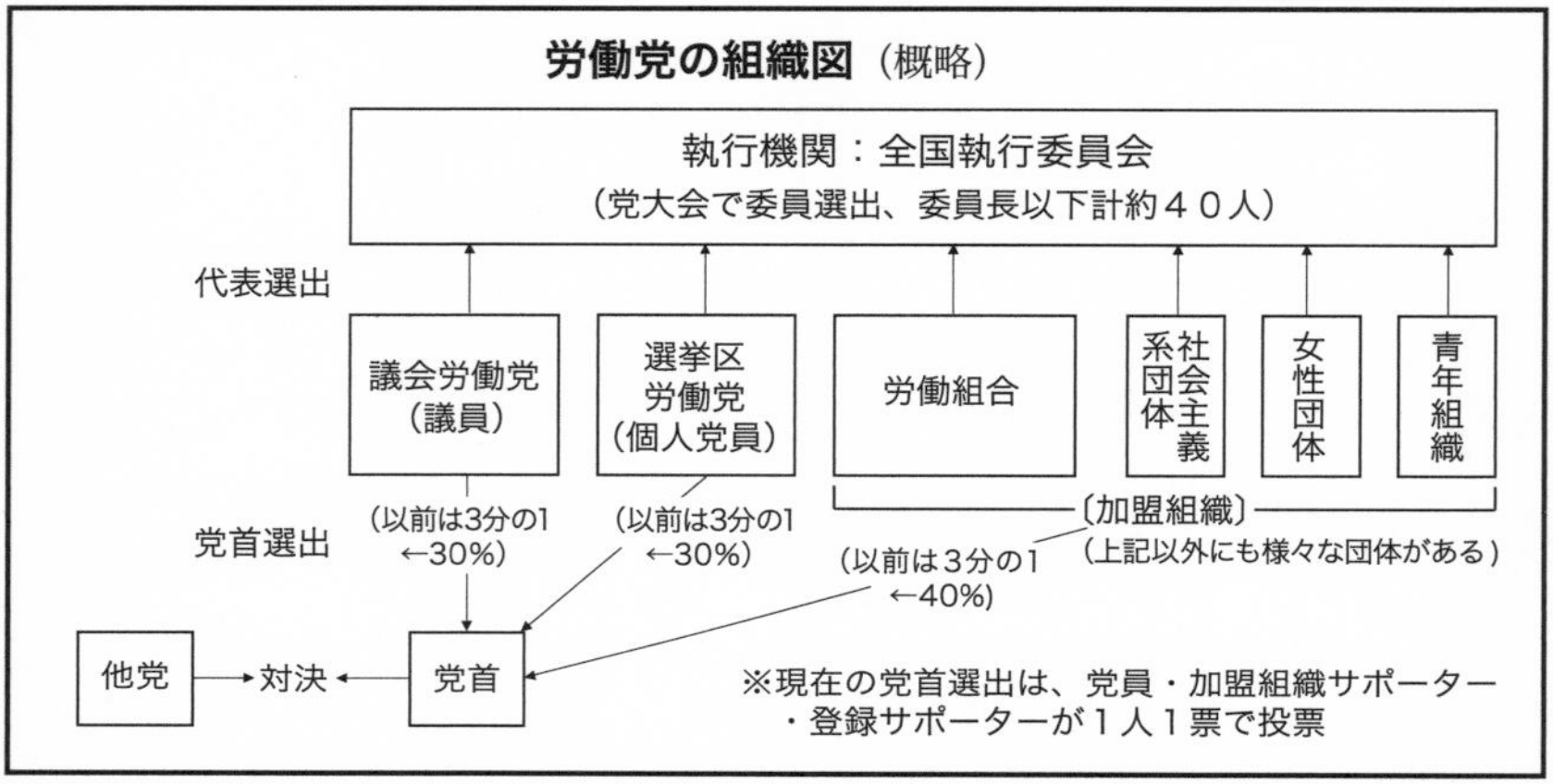

【労働党員になるには】 労働党の理念や行動規則を遵守するとの誓約を行い、14 歳以上であれば誰でも入党できる。ただ、年齢や経歴などによって、党費は異なる。結党以来、党員拡大を目指したことで、党員数は増加傾向をたどり、第二次世界大戦後に 300 万人を超え、ピークに達したが、以後は減少の一途をたどった。ジェレミー・コービン党首の時に若者を中心に入党が相次ぎ、現在は 48 万人台となっている。労働組合は伝統的に労働党支持だが、組合員が自動的に党員になるわけではない。

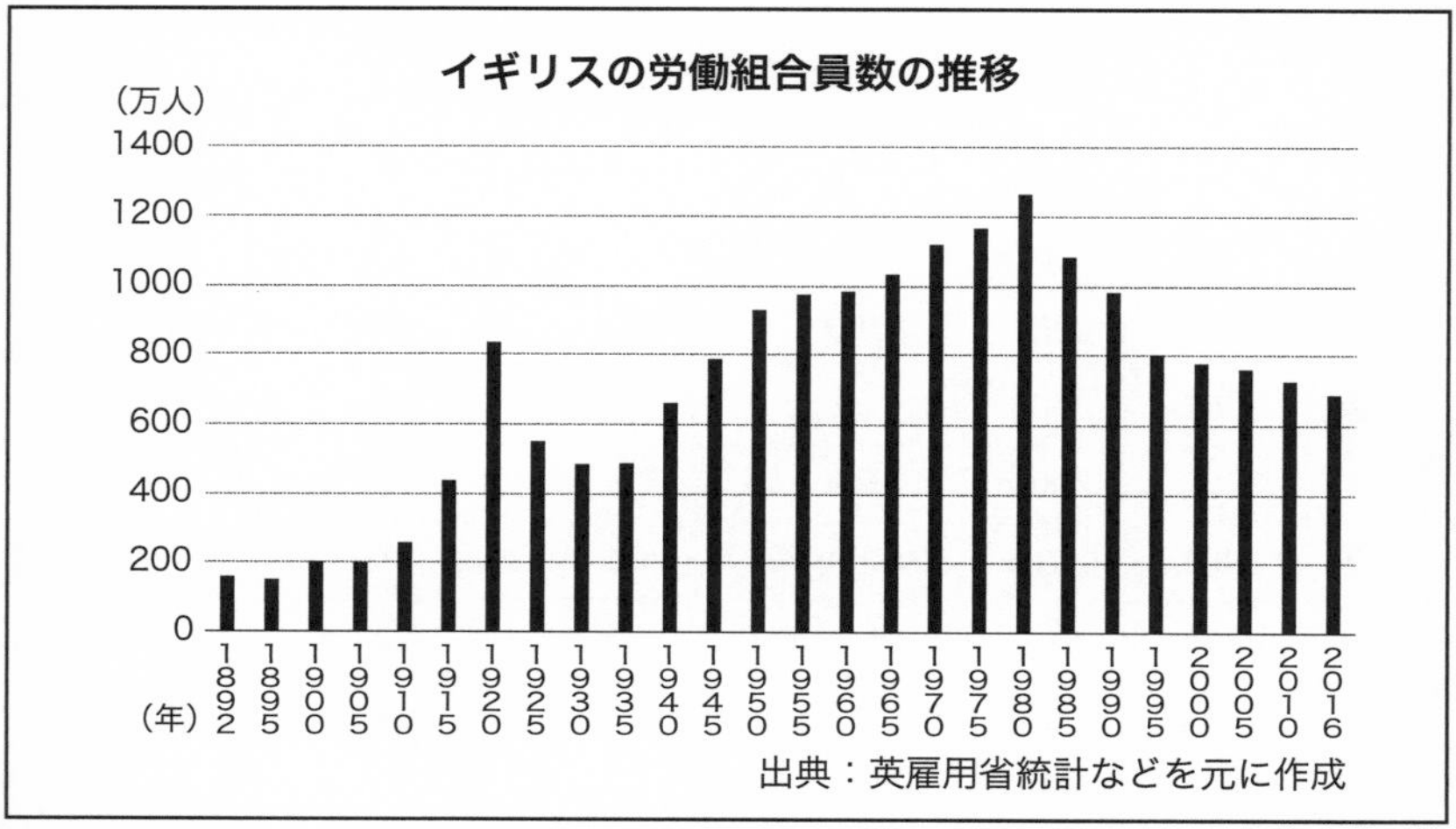

出典：英国議会下院図書館のサイト「Membership of UK Political Parties」の冊子（BRIEFING PAPER, Number SN05125, 9 August 2019）掲載のグラフを元に作成

総選挙での政党得票率の推移（1918～2019）

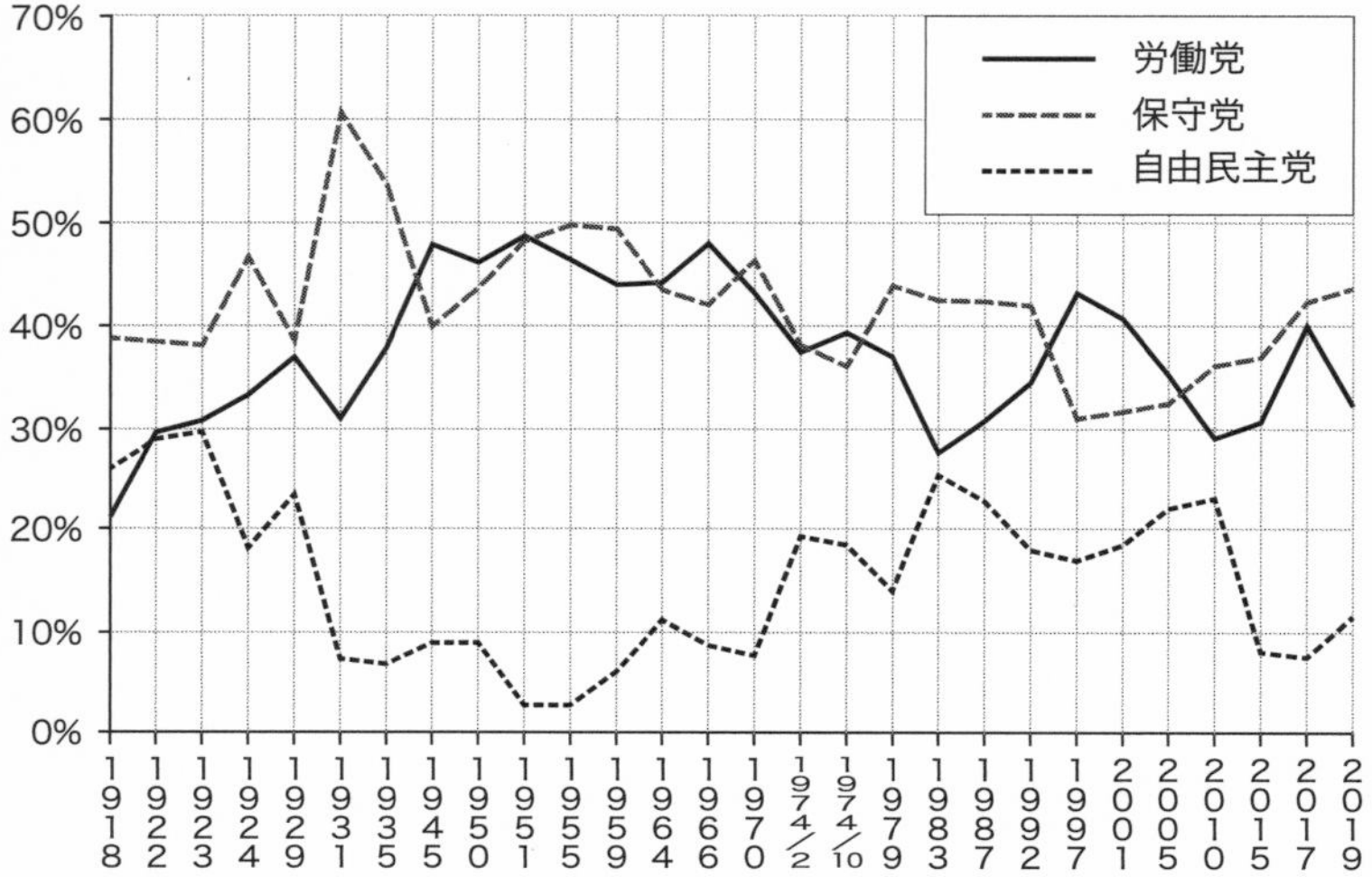

出典：英国議会下院図書館『英選挙統計 1918 - 2019 選挙の一世紀』（2020 年）

第I部

イギリス労働党概史

I　労働党の誕生

労働者の増加

イギリスは一六～一七世紀のエリザベス一世の時代以降、世界各地に植民地を建設した。海外市場の拡大により、国内では毛織物の需要が増え、羊毛の値段が高騰した。このため、地方の富裕層が、羊を飼うための畑や野原を囲い込んだ。いわゆるエンクロージャー（囲い込み）運動だ。その結果、土地を失った農民が都市や鉱山に流入して賃金労働者となった。一八世紀後半になると、繊維や綿工業を中心に様々な業界で生産技術が発展する産業革命が起こった。労働力不足から、地方の農民がさらに都市に吸収されることになる。

労働法のない単純労働の職場環境は劣悪だった。一日一八時間働き、十分な賃金をもらえず、不潔な住宅で子どもが栄養失調で亡くなることも少なくなかった。労働者は結束し、議会（三三ページ参照）に対し、賃上げや時短など労働条件を改善する運動を起こすようになる。しかし、トーリー党（後の保守党）のウィリアム・ピット（小ピット）政権は一七九九年、団結禁止法を制定し、労働組合の結成を禁止し、労働者によるストを取り締まった。

それでも労働運動はなくならない。労働者は職種ごとに結束するようになる。労働条件の改善を求める声が高まり、トーリー党のロバート・ジェンキンソン政権は一八二四年、団結禁止法を廃止し、労働組合の結成を認めた。ただ、当時は組合が法的に十分に保護されたわけではなかった。

選挙権拡大の動き

一八三〇年代後半以降、労働者階級の間で、成人男子全員に選挙権を与えようと訴える大衆運動「チャーチスト運動」が盛り上がる。一八三二年の選挙法改正で、選挙権を認められなかった都市の労働者による運動だ。成年男子への選挙権付与を要求する議会への請願書「人民憲章（People's Charter）」を支持したことから、「チャーチスト（Chartist）」の名がついた。この運動は一八五〇年代に政府の弾圧を受けて一時挫折するが、待遇改善を求める労働者の声が下火になることはなかった。この頃から、職種別に労組の全国組織が誕生していった。

一八六七年に都市部の労働者を対象に戸主（一家族に世帯主一人）に選挙権を与える改革が実現した。翌六八年の総選挙は、多数の労働者が投票し、労働票の存在を示した。この年には、労組は業種を越えて、共通の利害を有するとの考えから、熟練労働者を主体に同じ職種の労働者が連帯する職能別組合が集まり、労働組合会議（TUC＝Trade Union Congress）が結成された。一八七一年には労働組合法が制定され、労組は合法化され、ストも認められるようになった。一八七五年には、共謀及び財産保護法が制定され、暴力や脅迫のない労組の争議行為は刑事免責になった。このため、この時代には、未熟練労働者が労組に加入し、労組は次々に労働組合会議に加盟した。炭鉱業や羊毛業では急速に組合員を増やした。一八八四年には、選挙権は農村の労働者にも拡大された。労組法制定と選挙権拡大を実現したのは、ホイッグ党（自由党）のウィリアム・グラッドストン内閣（三六ページ参照）だ。多くの労働者を取り込み、保守党より優位に立つ狙いがあった。また、グラッドストンは、キリスト教的な倫理観に基づき、帝国主義外交に反対し、アイルランドの解放などに取り組んだ首相だった。

実際、イギリスの労働者の多くは当時、保守党と対峙していた自由党を支持していた。しかし、自由党は元々、都市の産業家や商工業者の利益を代弁しており、その地方組織は、実業家や牧師が牛耳っていた。労組幹部や労働者が総選挙の候補になることはなく、自由党は必ずしも労働者階級の声をくみ取っていたわけではなかった。このため、労働者階級は、選挙権の拡大運動と労組の組織化を連動させながら、政治的要求を実現しようとした。

さらに、国際情勢に目を転じると、一八七〇年代以降、アメリカとドイツの国力が増大し、イギリスの貿易上の覇権を脅かし始めた。不況によって失業者は増え、労働者は組合に入り、団結の方向を強めていった。組合員数は一八九二年までに一五七万人となり、一八八四年時点より四倍も増えた。その一部はストを起こして、賃上げや労働時間の短縮に成功した。政治運動も目立ち始め、労組の支持を受けた候補の総選挙での当選者は、一八七四年には二人だったが、一八八六年には六人に増えた。

一方、共産主義は大きな政治的なうねりにはならなかった。一八四八年にマルクスとエンゲルスが『共産党宣言』を出版し、共産主義が世界に広がり始めた。イギリスでも一八八一年、初のマルクス主義政党「社会民主連盟（ＳＤＦ＝Social Democratic Federation）」が結成された。だが、この国では早い時期から政党が生まれ、選挙により一定の民意が反映されていた。また、党首のヘンリー・マイヤーズ・ハイドマンが急進的な社会主義を訴え、他の団体との協力が困難となった。資本主義の発展に伴って増えた労働者の受け皿となったのは、ホイッグ党（自由党）であり、それはやがて、労組を支持母体にした労働党に受け継がれることになる。労組は国際的な連携よりも、国内での組織化に重点を置いた。社会民主連盟の系譜を受け継ぐ英社会党は一九二〇年、英共産党に発展解消し、当時勢力を拡大していた労働党への合流を検討したが、労働党はこの要求を拒否した。

独立労働党の発足

一八八〇年代以降、労働運動を率いたのが、炭鉱労働者出身のケア・ハーディだ。元々は自由党の支持者だったが、一八八七年にスコットランド・ラナークシャーの鉱山労働者がストを起こした際、鉱山会社が警察に出動を要請し、ストが瓦解したことから、自由党に失望した。地方では、資本家は自由党を支持しており、自由党は労働者の利益を代弁しなかった。

ハーディは、自由党頼りでは社会改革が進まないと認識し、一八八七年に自ら創刊した刊行物『鉱山労働者』で、独自に最低賃金、一日八時間労働、鉱山や鉄道の国有化を掲げた。この刊行物は一八八九年、『労働者の指導者』となる。ハーディは一八八八年、スコットランド労働党を設立した。その年の下院補選に出馬して落選したが、一八九二年、ロンドンのウェストハム選挙区から出馬して当選した。この時、労組指導者のジョン・バーンズやハブロック・ウィルソンも当選した。

ハーディはこの頃、ロバート・スマイリーやトム・マンらとともに、ガスや港湾といった業界で未熟練労働者の組織化に努めた。実際、一八八九年には、ロンドンで港湾労働者が賃上げや超過労働への支払いを求めてストを起こし、それが他の産業にも広がっていく。一八九三年には中部ブラッドフォードに約一二〇人が集まり、英全土を網羅する「独立労働党」を創設した。出席した代議員は二四人で、スコットランド労働党を発展させた形だ。他党から独立した労働者の政党を目指し、生産・分配・交換手段の集団的所有、八時間労働、年金支給、児童労働廃止、無償教育、君主制廃止などを掲げた。キリスト教信者や労働者階級らが主体となる最初の社会主義組織だが、マルクス主義とは一線を画していた。このため、党名に「社会主義」を入れなかった。党の最高意思決定機関は加盟組織が集まる全国大会であり、執行部の権限は大会決議を実行に移すだけだった。

ハーディは一八九五年の総選挙で、王室を批判したとみられたことで厳しく非難され、再び落選した。独立労働党の二八人の候補に当選者はいなかった。この結果、独立労働党だけでは勢力拡大は難しいとの認識に達した。このため、執行部に、社会民主連盟（ＳＤＦ）出身のラムゼイ・マクドナルドや、自由党にいたフィリップ・スノーデンらを起用し、他組織との連携を図る戦略に出た。独立労働党は一九世紀後半としては最大規模の社会主義組織となり、一八九五年までに党員は一万人を超えたが、多くの労働組合員は入党せず、様子見を決めていた。

ただ、炭鉱や機械業を中心にスト戦術を取っていた組合側も、資本家の攻勢に対抗するため、他組織と連携する必要性が生まれていた。組合活動に制約を加えられないように政治力を持つべきだとの意見が広がっていた。組合系の新聞『クラリオン』も、組合が自己防衛のため連合する必要性を訴えた。

労働代表委員会の創設

一八九九年、職能別組合の連合体である労働組合会議（TUC）は、協同組合、労組、社会主義者らを集めた大会を招集すべきとの決議案を可決した。左派系の政治勢力を結集し、国会に代表を送り出すことが狙いだった。翌一九〇〇年二月二七〜二八日、労働組合会議は独立労働党と協力し、ロンドン中心部のファリンドン通りにあるメモリアル・ホールに、多くの労組代表やフェビアン協会の幹部を集めた。労組とフェビアン協会は共闘した過去がなく、独立労働党が触媒の役割を果たした。一二〇人余の出席者は五〇万人以上を代表していたという。参加した労組は四〇団体を超えた。

フェビアン協会は、民主的に社会主義の実現を目指す政治組織として一八八四年に誕生し、植民省官僚出身のシドニーとベアトリスのウェブ夫妻や劇作家ジョージ・バーナード・ショーら知識人が活動の中核となった。フェビアンの名称は、カルタゴと戦った共和制ローマの政治家ファビウスにちなむ。ファビウスが退却を重ねて敵を誘い込んで撃破したように、政治家や政策立案者に知的な影響を与えながら、「都市型社会主義」を掲げ、段階的な社会改革を目指す。後に寄付金を使って、名門ロンドン・スクール・オブ・エコノミクスを創立することになる。

単独での活動に限界を感じていたマルクス主義政党・社会民主連盟（ＳＤＦ）もこれに加わった。ちなみに、社会民主連盟は一八八五年の総選挙で、候補者二人が保守党から資金援助を受けていたことが判明し、イメージダウンにつながった。また、労働組合を敵に回したことで、勢力は拡大しなかった。労働代表委員会が共産主義と一線を画すことになったため、一九〇一年に委員会から離脱した。一九一八年、最終的に労働党に吸収される。

知名度を上げていたハーディは国会に労働者集団（レーバー・グループ）を作るとの動議を提出し、承認された。そして、一九〇〇年、各勢力をたばねる組織として、労働代表委員会（ＬＲＣ＝Labour Representation Committee）の創設が決まった。労働党はこれを党の創設と位置づけている。最大の目標は、労働者の代表を国政に送り込むことであり、委員会は、参加政党や団体よりも上位にあり、独立労働党からハーディら二人、社会民主連盟からジェームズ・マクドナルドら二人、フェビアン協会から一人、労組から七人の計一二人が委員になるという構成だった。労組出身者が多いのは、参加する組合員数を反映していた。執行部として、執行委員長には、製本労組書記長のフレデリック・ロジャーズ、書記長には、後に党首となるラムゼイ・マクドナルドが選ばれた。マクドナルドは妻を通じた収入があったため、加盟組織や団体を増やし、総選挙で議席を得るための仕事に専念できた。一九〇四年までに主要労組が加盟した。委員会の会員数は、組合員一〇万人を擁した繊維工場労組の加入により、一九〇一年初めの三七万人から、一九〇三年には八六万人まで倍増した。規模を拡大させたマクドナルドは、委員会内で発言力を増していく。

労働党のホームページには、党の歴史について、こう書かれている。

労働党は普通の人々に声を届け、彼らの私生活を改善するために権力を求めた。この仕事は、イギリスを改善する成果を生み出した。我々には、NHS（= National Health Service、国民保健サービス）から福祉国家まで誇るべき歴史がある。我々は過去一世紀、少数ではなく、多数のための党だった。労働党は一九〇〇年に創設された。それは労働者階級、労組、社会主義者の長期間にわたる闘争の結果であり、彼らの声を議会に反映させるために連携したのだ。

一九〇〇年九〜一〇月の総選挙（定数六七〇）で労働代表委員会は一五人の候補者を立てた。内訳は、一〇人が独立労働党、四人が労組、一人が社会民主連盟だった。社会福祉改革、高齢者年金、失業手当が主な公約だった。当選したのはウェールズのマーサー・ティドヒル選挙区から出馬したハーディと、鉄道職員連合協会（ASRS = Amalgamated Society of Railway Servants）の事務局長だったリチャード・ベルで、後に労働党はこの二人を下院での初議席としている。労働党公認の下院議員の集団は、議会労働党（三八ページ参照）と呼ばれるようになる。

二人の当選は選挙制度に助けられた面がある。イギリスの選挙制度は当時から単純小選挙区制だったが、一選挙区から二人の当選を認めた時期があり、二人ともそうした選挙区に出馬し、自由党候補と議席を分け合った。実際、一人区に出馬した候補者は全員落選した。その後の補欠選挙でさらに三議席を獲得したが、自由党が候補者を擁立しなかったり、自由党の応援を受けたりしたためで、自力で勝てる状況ではなかった。

自由党との協力

発足した労働代表委員会の政党化を後押ししたのは、一九〇一年七月に上院（貴族院）が下したタフ・ベール裁判の判決だった。一九〇〇年にタフ・ベール鉄道でストがあり、鉄道会社の支配人が、鉄道職員連合協会の幹部を相手取り、ストによる損害の賠償を求める訴訟を起こした。裁判制度（四〇ページ参照）として三審制を原則とするイギリスで、当時は上院が最高裁の役割を担っていた。一審は会社側勝訴、二審は組合側勝訴、上院による一九〇一年の最終審は、会社側の訴えを認め、組合側に総額二万三〇〇〇ポンドという巨額の損害賠償を命じる判決が確定した。これを覆すには、立法府の下院（庶民院）で発言力を強める必要があり、労働代表委員会は、議会に代表を送り込む意思を強めた。判決後、労働代表委員会に参加する労組の数は増加し、炭鉱業を中心に一九〇三年には一〇〇団体を超えた。ちなみに、この判決は、労働党所属の下院議員が増えた一九〇六年、労働争議法の成立によって覆された。

次期総選挙に向け、労働代表委員会が取り組んだのは、自由党との選挙協力だった。一八九四年に自由党のグラッドストン首相が引退し、保守党は一八九五年に政権に返り咲き、ロバート・ガスコイン＝セシルが首相を務めていた。在任中に、南アフリカで第二次ボーア戦争が起こり、大英帝国はオランダ系移民の子孫、ボーア人の国を破り、勝利した。さらに、外交では、「光栄ある孤立」を改め、一九〇二年に日英同盟を結んだ。一九〇二年に保守党党首のアーサー・バルフォアが首相に就任するが、大英帝国内での関税の扱いを巡る対立から政権は揺らぎ、次期総選挙で自由党が有利との見方が広まった。

こうした中、一九〇三年二月、自由党のハーバート・グラッドストン院内幹事長（ウィリアム・グラッドストンの息子）が、労働代表委員会のマクドナルド書記長やハーディ下院議員とひそかに会合を開き、選挙協力について協議した。与党・保守党に打撃を与え、野党の票割れを防ぐため、自由党が複数の選挙区で候補者擁立を見送った。自由党としては、保守党の強い地盤にある労働者を自派に取り込む狙いがあった。

また、一九〇三年に中部ニューカッスルで開かれた労働代表委員会の大会で、加盟団体員一人が年間一ペンスを支払い、それらを下院議員の歳費の原資とすることが決議された。当時は国から歳費の支給はなく、組合出身者以外は私費で活動費を支払っていたため、議員の活動を支える狙いがあった。

保守党のバルフォア内閣が一九〇五年一二月に倒れ、自由党内閣が成立すると、議会は解散された。労働代表委員会は一九〇六年一～二月の総選挙（定数六七〇）で、五〇人の候補を擁立した。このうち、四〇人が労組系、一〇人が独立労働党系だった。自由党との選挙協力の結果、約三〇人が自由党候補と戦わずにすんだ。第一党は三九九議席を取った自由党だった。保守党は、バルフォア党首らが落選し、議席をほぼ半数に減らし、一五六議席となった。労働代表委員会からは二九人が当選し、このうち、二〇人以上が労働者階級の出身で、イングランド北部の選挙区が多かった。ハーディ、マクドナルド、スノーデン、アーサー・ヘンダーソン、デイビッド・シャクルトンらが当選者に名を連ねた。勝利の最大の要因は自由党との協力だった。二月の議会開会後、労働代表委員会は、名称を労働党に変えた。落選したバルフォアはこの選挙で労働代表委員会が躍進したことを念頭に、「新時代の始まりだ」と形容した。

初代党首ハーディ

労働党の初代党首選では、独立労働党系のハーディが、二回の秘密投票の末、木綿織布組合に所属していた労組系のシャクルトンを一票差で破った。独立労働党がハーディ、労組がシャクルトンを推し、党内対立の深さを示す選挙となった。書記長にはマクドナルドが就任した。

ハーディは国政で、女性の政治参加、教育の無料化、戦争と帝国主義への反対、南アフリカのアパルトヘイト（人種隔離政策）の撤廃、インドの自治を訴えた。タフ・ベール判決の修正にも乗り出した。シャクルトンが中心となり、自由党政権に働きかけ、労組をストの損害から免責する労働争議法が一九〇六年に可決された。公約を実行に移した形で、労働党の信頼性は高まった。一九〇八年には、鉱山労働八時間法や養老年金法が可決された。

ハーディは外交にも関心を示し、一九〇七年にはインドを訪問し、役人の腐敗を批判し、インド自治に賛成する演説を行った。その内容は、イギリスでは保守派に強く非難された。

この時期、議会労働党は、構成組織の独立労働党と緊張関係にあった。一九〇七年七月に中部コルン・バレー選挙区で行われた下院補選で、独立労働党のビクター・グレイソンが出馬した。労働党は自由党との選挙協力に配慮し、グレイソンを支持しなかったが、独立労働党のキャサリン・グラシエ、スノーデン、ジョン・ロバート・クラインズの三人は、グレイソンを支持する演説を行った。三人はそもそも、自由党との連携に反対の立場だった。結果は、グレイソンが、自由党と保守党の二人の対抗馬を引き離して勝利した。グレイソンは勝利演説の中で、「この画期的な勝利は革命的な社会主義によってもたらされた」と訴えた。独立労働党と社会民主連盟は勝利を歓迎したが、労働党はこの結果が自由党との連携を損なうと危惧した。グレイソンは下院でも物議を醸し、労働党を攻撃し、政府の最前列に座る与党幹部に対し、「いつか社会主義者によってこの列が埋まることを期待する」と語った。ハーディは、「グレイソンは下院に来て、誰とも相談しない」と批判した。

ハーディは一九〇八年一月に党首を辞任した。党の宣伝のため積極的に国内を回ったが、体調を崩し、政治活動が困難になったためだ。後任の党首はヘンダーソンだった。

ハーディは一〇〇年後の政治家にも評価を受けている。二〇一五年に初当選した労働党のリチャード・バーゴン下院議員は「ハーディは、国際主義者であり、戦争と帝国主義に反対したという点で、時代の先を行っていた」と称賛する。二〇一五年に労働党党首となったジェレミー・コービンは「ケア・ハーディは何と言うのか」と題したエッセイの中で、その業績は、平和運動であると書いた。ハーディは南アフリカに行き、黒人労働者が労組への加入を認められるべきだと要求し、それを理由に暴行を受けた。反植民地運動では、インドの自治を支持した。こうしたハーディの活動は当時、同僚議員の称賛を得られなかった。「多くの下院議員が汚職まみれだ」と訴えたためだが、後世には妥協しない政治家として評価する声も出ている。

解説コラム　イギリスの議会

イギリスの議会は、王族と貴族との権力闘争の中で発展してきた。議会が王権を制限するようになると、下院（庶民院＝House of Commons）が上院（貴族院＝House of Lords）を優越するようになり、下院が指名する首相が最高権力者として行政権を行使する政治体制となった。

最初の権力闘争は一三世紀だ。イングランド・プランタジネット朝のジョン王は、フランスとの戦いに敗れた後、諸侯（ジェントリー）にさらなる戦役を要求した。諸侯はこれに反発し、一二一五年、イングランド人が生命・財産を守る権利、国王が議会を招集する義務などを盛り込んだマグナ・カルタ（大憲章）をまとめ、ジョン王に認めさせた。

国王は地方に課税する際、有力諸侯の協力を取り付けなければならず、諸侯を議会に招いた。当時は、諸侯で爵位を持つのが上院、持たないのが下院の区分で、上院は下院よりも優位だった。一二六五年には各地の代表として騎士や市民からなる下院が召集されたが、選挙権を持つのは人口の数％程度に過ぎない地主の諸侯に限られていた。

一六四二年に始まった清教徒（ピューリタン）革命で、議会勢力は、議会を閉会したステュアート朝のチャールズ一世を処刑に追い込み、政治的に無視できない存在となった。共和政を経て、一六六〇年の王政復古で即位したチャールズ二世が、カトリック教の復権を画策し、同じカトリックの弟ジェームズ（後のジェームズ二世）に王位を継承しようとした。これに賛成したのが、王政を維持して既存の利益を守ろうとする「トーリー派」(後の保守党)、これに反対したのが、王権を制限し、商業の拡大を訴える「ホイッグ派」(後の自由党)だ。トーリーは、アイルランドの無法者という意味で、ホイッグからの蔑称だった。ホイッグは、スコットランドの反乱者という意味で、トーリーからの蔑称だった。この両派が二大政党の基礎となる。

結果として、ジェームズ二世は即位したが、議会を無視したことから、一六八八年に名誉革命が起こった。議会は「権利の章典」を議決し、国王が課税する場合、議会の同意が必要と定めた。

一七一四年にジェームズ二世の娘、アン女王が死去した。子どもが成人しなかったため、ステュアート朝は断絶した。後継として、ステュアート家の血を引くドイツ・ハノーバー選帝侯の長男ゲオルクが、ジョージ一世として即位した。しかし、新国王は英語ができなかったため、議会が国王に代わり、実質的に統治するようになった。

一九世紀に入り、産業革命の発展で、選挙権を持たない資本家や中産階級が形成されると、上院優位の議会制度への不満が高まった。一八三二年以降、貴族が握っていた有権者の少ない選挙区が廃止されるなど、中世に起源をもつ選挙制度が順次改正された。都市部に多くの議席が与えられ、有権者も中間層に拡大し、下院の政治的発言力が高まった。また、トーリーは保守党、ホイッグは自由党となり、政党が争って多数派を形成し、内閣を構成する仕組みが成立した。

こうした中、自由党のハーバート・アスキス政権は一九〇九年、対独軍拡と社会保障の財源をねん出するため、富裕層に増税するという「民衆予算」を議会に提出した。上院がこれを否決したため、アスキスは議会改革が必要だと考え、一九一一年、上院は下院で可決した予算案を否決できず、その他の法案も下院が三会期続けて成立させれば上院は否決できないという議会法案を成立させた。これにより、下院が上院を優越するようになる。

近年になると、貴族階級の利益を代弁する世襲の上院は非民主的だとして、上院改革の声が高まるようになる。主にこの改革を担ったのが労働党政権だった。

一九四五年に発足したクレメント・アトリー政権は、産業の公有化方針で上院の反発を抑えるため、一九一一年の議会法を改正し、上院が下院の可決した法案を否決できる回数を減らした。また、一九九七年に政権を握ったブレア首相は、選挙による上院議員選出の公約を実現出来なかったが、七〇〇人以上いた世襲の上院議員を九二人まで減らした。

解説コラム　イギリスの内閣制度

首相と、首相が任命する国務大臣で構成される組織で、国の行政権を持つ。イギリスの場合、内閣のメンバーは、内閣の会議である閣議に参加する閣内相（閣僚）となるが、広義には閣議に参加しない閣外相を含めることがある。閣外相が閣議に出席することもある。閣内相は secretary や cabinet minister、閣外相は minister と呼ばれることが多い。

一八世紀に誕生したハノーバー朝で、国王に代わり、国政の実務を取り仕切る有力議員の会合がキャビネット（台所）と呼ばれたことに起源を持つ。キャビネットを統括したのが第一大蔵卿（首相）で、ロバート・ウォルポールが初代となった。

英国王は、下院選で第一党となった政党党首を首相に任命し、組閣の要請を行う。党首がこれを受諾して首相に就任し、閣内相、閣外相、副大臣らを任命する。定数はないが、通常は副大臣以上が一〇〇人前後、このうち、閣内相は約二〇人となる。日本では、国務大臣の過半数は国会議員でなければならないが、イギリスでは慣例により、閣僚は上下両院議員に限られる。首相には閣僚を罷免する権限がある。

閣内相としては、財務相、外相、国防相、内相、法相、教育相などの主要ポストのほか、英北部スコットランドに関する事務を統括するスコットランド相や、国王の御璽に関する事務を管轄する国璽尚書などイギリス特有の課題に対処するポストもある。閣外相は、閣内相を支える大臣らによって構成される。

近年では、内閣における首相権限の強化が指摘される。支持率が好調な場合、閣僚は首相の方針に従い、閣議はそれを追認するだけの機関となる。例えば、労働党のハロルド・ウィルソン政権時代には、内閣の機能は低下し、ウィルソン首相の側近が政策立案に関与し、「キッチン・キャビネット（私設顧問団）」と呼ばれた。保守党のマーガレット・サッチャー首相時代には、閣議は「マダムの講義の時間」と揶揄された。また、労働党のトニー・ブレア首相は、内閣にはからず重要事項を決定していたため、「大統領型首相」と言われた。

一方、下院で内閣不信任案が可決されると、内閣は総辞職するか、首相が下院を解散して総選挙が行われる。

解説コラム　労働組合と議会労働党

議会労働党は主に下院議員から構成され、労働組合、知識人、社会主義団体、左翼政党が参加した労働代表委員会の一組織に過ぎない。国会での議席を増やすにつれ、党内での発言力を高めたが、労働代表委員会が一九〇六年、労働党に改称すると、党の最高機関・全国執行委員会（ＮＥＣ＝National Executive Committee）を牛耳る労働組合と内部対立を繰り返すようになる。

議会労働党は一九〇〇年、二人の下院議員の当選によって誕生する。一九〇六年以降、党内では全国執行委員会が各支持母体の代表を集め、党の方針を決定した。委員会で実権を握ったのは、党内最大派閥だった労働組合の連合体・労働組合会議だった。労組の支援がなければ、総選挙での当選は危うかったため、議会労働党は労組の顔色をうかがうしかなかった。

一九〇六年と一〇年の二回の総選挙に出馬した労働党候補のうち、労組の支持を得たのは七割を超えた。一九一八年の総選挙でも、当選者の八割以上が、炭鉱出身者または労組の支持を受けていた。労組と党の連絡調整機関として、一九三四年に改組された「全国労働評議会（ＮＣＬ＝National Council of Labour）」も、労働組合会議の政策実行機関・総評議会から七人が入り、議会労働党の三人の二倍以上だった。

議会労働党の中枢は元々、全国執行委員会に参加した独立労働党だった。議会労働党の中心メンバーのハーディも、一八九三年の独立労働党の創設を主導していた。しかし、独立労働党は、徹底した平和主義組織で、一九一四～一八年の第一次世界大戦への参戦に反対したことから、次第に支持を失った。これに対し、独立労働党と一線を画して当選した下院議員が次第に議会労働党で多数派となった。こうした政治路線の対立から、独立労働党は一九三二年の党大会で、労働党からの離脱を決めた。

議会労働党の発言力が強まるのは、総選挙で議席を増やした時であり、一九二〇～三〇年代に入り、労働党が政権を握ると、全国執行委員会は議会労働党の意向に配慮するようになり、力関係が逆転した。一九四五年の総選挙で大勝したクレメント・アトリー党首は、労働組合会議の有力労組・運輸総労働者連盟（TGWU＝Transport and General Workers' Union）書記長だったアーネスト・ベビンを外相に起用し、全国執行委員会を事実上掌握した。

逆に、議会労働党が野党の時には、労組主体の全国執行委員会の発言力が相対的に強まる。マイケル・フット党首時代の一九八一年には、それまで下院議員が決めていた党首選出について、労組、選挙区労働党、議会労働党の票の配分をそれぞれ四〇%、三〇%、三〇%とし、議員団の決定権が相対的に弱まった。

ただ、冷戦終結とともに、労組の影響力は縮小し、議会労働党が主導権を握る。ジョン・スミス党首が臨んだ一九九三年の党大会では、党首選出での票の配分は三分の一ずつとなり、労組票の割合は低下した。

解説コラム　イギリスの裁判制度

イギリスでは歴史的経緯から、イングランドとウェールズ、スコットランド、北アイルランドの三地域で独自の裁判制度が機能してきた。

イングランドの場合、刑事、民事、行政ごとに事実上の三審制がとられ、かつては上院（貴族院）が最高裁の役割を担っていた。

イングランドで刑事事件は、全国に約九〇〇ある治安判事裁判所が審理を行う。六カ月以下の懲役など軽罪に判決を下すが、それ以外の重罪については、約九〇カ所ある刑事法院に付託するかを決める。刑事法院は、起訴された事件を扱い、場合によっては、陪審制により裁判を行う。

民事事件は、全国に約二三〇ある県裁判所または約一三〇の高等法院が担当する。行政事件は、高等法院のみで行われる。

控訴審は、刑事も民事もロンドンにある控訴院で行われ、通常は三人の裁判官が審理する。

最高審を担う最高裁は二〇〇九年に設置された。それまでは、議会上院がその役割を担ってきた。国王の政策に目を光らせ、誤りをただすため、立法機関と司法機関の長を兼務させ、その権限を高めたという歴史的経緯がある。当時は、上院議員のうち、法律の専門知識を持つ者らが裁判官となっていた。ただ、タフ・ベール判決のように、富裕層に有利な判決が目立つという弊害が指摘されてきた。このため、近年になり、三権分立を徹底させるとともに、上院を改革する狙いから、最高裁が上院の司法機能に取って代わった。

弁護士には、法廷で弁論を行う法廷弁護士（バリスタ）と、契約書作成などの法律事務を行う事務弁護士（ソリシタ）がいる。資格を得るには、大学で法学位を取得し、専門的な実務訓練を受けることなどが必要となる。検察官は、弁護士資格を持つことが条件で、一九八五年の犯罪訴追法により、訴追の審査と実行の責任を負う。裁判官になるためには、法廷弁護士の資格を持ち、非常勤裁判官としての経験を積むことなどが必要となる。

II 党勢拡大

増える当選者

ケア・ハーディの後任はアーサー・ヘンダーソンだった。労働者階級から身を起こした苦労人だが、ストを好まない非交戦派だったことなどから、当初、党内での人望は今ひとつだった。ハーディもアンダーソンに批判的で、フィリップ・スノーデンやジョージ・ランズベリーらとともに離党した。

代わりに人気を集めたのは、書記長となったラムゼイ・マクドナルドだった。元労働党下院議員のデイビッド・マルカンドは当時の党運営について「全体を見通していたのはマクドナルドだけだった」と振り返る。しかも、政治的には社会主義者ではなく、党内右派とも呼ばれていた。マクドナルドは一九〇九年、自由党のハーバート・アスキス政権が発表し、対独軍拡と社会保障の財源として富裕層への増税を盛り込んだ「民衆予算」を支持すべきと訴え、自由党との共闘路線を維持した。

一九一〇年一〜二月の総選挙（定数六七〇）では、労働党は候補七八人のうち四〇人が当選した。背景にあるのは、労働党の党員数と支持層が増えたためだ（筆者註：この時代の党員数は組合や社会主義団体などの党員数を合算したもので、個人の党員数は一九二八年から計算される）。その数を押し上げたのは、国内最大の組合だった鉱山労組が党に加盟したことだった。とはいえ、自由党との選挙協力が当選者を増やす背景となっており、一人区で保守党候補だけと戦った候補四〇人のうち当選者は三〇人に上ったが、保守党と自由党の候補と戦った二五人は全員落選した。

第一党となった自由党のアスキス党首が引き続き政権を担った。一九一〇年二月、ヘンダーソンは圧力を受け、党首辞任を決めた。マクドナルドは後継の本命とみられたが、子どもがジフテリアで死去したため、これを辞退し、ジョージ・バーンズが党首となった。一九一〇年一二月には再び総選挙（定数六七〇）があり、候補五六人のうち四二人が当選した。この選挙でも自由党の存在が当落を左右しており、一人区で自由党候補と戦った一一人のうち、当選者は二人に過ぎず、多くの当選者は保守党とだけ戦った候補だった。

党と労働組合の組織化

下院議員の増加とともに、党と労組の組織化が進んだ。一九〇六年には、職能別組合の連合体、労働組合会議（TUC）と労組総同盟（GFTU＝General Federation of Trade Unions）の代表が、労働党の執行機関、全国執行委員会とともに、合同委員会（Joint Board）を結成した。この委員会は、病気や失業時に保険を導入する国民保険法などを議論する舞台となり、労組の意見をとりまとめた。国民保険法は一九一一年に自由党政権によって成立し、福祉国家路線の先駆けと言われている。合同委員会は一九二一年に全国合同評議会（National Joint Council）として生まれ変わり、労働組合会議、労働党の全国執行委員会、議会労働党から代表が参加した。

当時、当選議員の多くが労働者階級の出身者だった。労組が負担した資金の割合は、一九〇六年が全費用の八割、一九一〇年が九割に達したという。労働党は労組に依存しており、マクドナルドは一九〇四年の労働組合会議（ＴＵＣ）の会合で、「（労働党の母体となる）労働代表委員会は、ＴＵＣの姉妹でも兄弟でもなく、その子どもだ」と言ったほどだ。

労組による労働党への巨額支援は、自由党や保守党を支援していた労組関係者を怒らせた。特に、保守党は一九〇六年の総選挙で、イングランド北部ランカシャー州など労働者階級の多い地域で議席を相次いで失っていた。このため、保守党自ら、支持労組を作ろうとしたほどだった。

労組の資金力を巡っては、論争が続いた。鉄道職員連合協会（ＡＳＲＳ）の組合員だった鉄道夫ウォルター・オズボーンが、政治目的で組合費を強制徴収することを不服として、労組側への差し止め命令を求めた。一九〇九年、最高審の上院は、労組は労使関係に関わる活動だけを合法とするとした一八七六年の改正労働組合法に違反するとの評決を下した。これに対し、収入の約九割を労組に依存していた労働党は、組合費の徴収が滞れば、議員への経費支給に支障が出ると主張した。このため、国が議員に歳費として年間四〇〇ポンドを支払う法案を提出し、一九一一年に自由党政権の支援を受けて成立させた。さらに、一九一三年には新たな労働組合法を成立させ、政治資金を集めるか否かの是非について、労組に投票を求めるとして、条件付きで政治献金が認められるようになった。契約でそうした徴収を拒否できる条項も作った。

第一次世界大戦で党内対立

一九一〇年に労働党の第三代党首となったバーンズは、マクドナルドが実権を握る党内情勢を十分に理解していた。翌一一年二月、マクドナルドに手紙を書き、党首の地位を譲ることを伝えた。下院議員の会合で、マクドナルドは反対なしでバーンズの後任の党首となった。ヘンダーソンが書記長を務めた。

一九〇五～二二年は、ヘンリー・キャンベル・バナーマン、アスキス、デイビッド・ロイド・ジョージによる自由党政権が続いた。労働党は、敵対候補を立てないという自由党との非公式な協力で議席を増やすしかなかった。政策を実現させるにも自由党の了承が前提だった。ただ、この時期、党本部の職員は増員され、労組の加盟組合員数も増え、全国レベルで組織は拡大していった。

一九一一年、労働党はかねてから主張していた議員への国家からの歳費支給を実現させたが、それは、マクドナルドがロイド・ジョージ財務相に対し、労働党が自由党の国民保険法成立に協力すると約束した見返りだった。この法律は、イギリスの労働者階級に対し、病気や失業時のための保険を導入するというもので、一六～七〇歳の給与受給者を対象にしていた。ハーディ、スノーデン、ウィル・ソーン、ジョージ・ランズベリーらは、保険料が高額であることなどを理由に、法案を廃案にすべきだと訴えたが、マクドナルドはロイド・ジョージと法案の修正を交渉し、低賃金労働者は保険料を免除されるという大きな譲歩を勝ち取った。

マクドナルドは一九一一年九月、妻のマーガレットが潰瘍による血液汚染で死去するという悲劇に見舞われたが、地方組織を増やすなどして党勢の拡大を図った。女性の投票権拡大にも取り組み、女性の権利団体「女性参政権協会国民連合（NUWSS＝National Union of Women's Suffrage Societies)」と協力関係を築き、NUWSSから選挙支援も受けた。

だが、深刻な分裂の危機が党を襲う。一九一四年の第一次世界大戦開戦を巡る対応だった。戦争賛成派は、ヘンダーソン、バーンズ、ソーン、ジョン・ロバート・クラインズ、ウィリアム・アダムソンらだった。反対派は、マクドナルド、ハーディ、スノーデン、ランズベリーらで、独立労働党系が多かった。戦争そのものに反対というより、戦争に至った政府の外交政策を批判することが目立った。

ドイツが一九一四年八月二日、西部戦線への攻勢を強めると、戦争反対派はロンドンのトラファルガー広場で反戦集会を開いた。四日になり、ドイツがベルギーに侵攻すると、イギリスでは参戦の世論が高まった。翌五日、労働党の執行機関・全国執行委員会は、「できるだけ早い時期に平和を確保する」と確認しただけで、党内の意見対立を収めることができなかった。さらに、同じ日に労働党の戦争賛成派は、政府による一〇万ポンドの戦争資金の要請に賛成した。この時点で党内では賛成派が多数であることが判明した。「何事が起ころうとも、我が国は局外中立を保ち続けるべきだ」と繰り返していたマクドナルドは、賛成派の動きに衝撃を受け、八月五日、ただちに党首を辞任した。マクドナルドは辞任後の翌九月、独立労働党員や四人の反戦自由党員と一緒に民主管理同盟（UDC＝

Union of Democratic Control）を結成し、秘密外交の停止、徴兵制（筆者註：イギリスでは、第一次世界大戦中の一九一六年、兵力不足を補うため、徴兵制が導入された。戦後の一九二〇年に停止されたが、第二次世界大戦前の一九三九年、再び導入され、戦後の一九六〇年に廃止となった）反対、平和維持のための国際的組織の結成、軍備縮小を要求した。

しかし、国内では参戦派が主流となっており、マクドナルドは、新聞から激しく批判された。反戦派の急先鋒として、最もやり玉に挙げられた政治家となった。人気雑誌ジョンブルは「マクドナルドとハーディは親独の指導者である。我々はマクドナルドに対する軍事裁判を要求する」と糾弾した。一方で、自由党左派は、マクドナルドらの姿勢に共感し、戦後、独立労働党に相次いで加盟するようになる。それでも、労働党が分裂しなかった背景には、開戦後に創設された党内組織「戦時緊急労働者全国委員会（WEC＝War Emergency Workers' National Committee)」の存在がある。戦時中における労働者の生活防衛を図る組織で、戦争の賛成派と反対派が参加したことで、双方の対話の枠組みは維持され、党分裂という決定的な事態は免れた。

初の政権参加

マクドナルドの後任党首には、戦争賛成派のヘンダーソンが再任された。一九一五年五月、自由党のアスキス政権は、保守党と労働党を加えた戦時連立政権を樹立し、難局の乗り切りを図った。労働党に対しては、ヘンダーソンら三人を連立政権に招き、ヘンダーソンは文相（教育局総裁）に就任した。これが労働党として初の閣僚ポストとなった。入閣は労働党幹部に対し、労使問題だけでなく、外交や経済などの課題を考える機会を与えた。労組の連合体である労働組合会議（ＴＵＣ）は政府との間で、戦時中の労使紛争は強制的に解決することを容認し、未成年労働者にも正規賃金を払うことで合意した。

戦争は長引いたため、アスキス首相への批判はやまず、一九一六年一二月に辞任に追い込まれた。後任には戦争相を務めていた自由党のロイド・ジョージが就任した。ロイド・ジョージは、重要な決定を迅速に下すため、自由、保守、労働の三党を主体とした少人数の戦時内閣（自由党のロイド・ジョージ首相、保守党のアンドリュー・ボナー・ロー財務相、労働党のヘンダーソン無任所大臣ら）を作った。労働党には、政権に参加してもらう見返りとして、炭鉱と海運の国家管理と食糧配給制度の導入を約束し、未熟練労働者を戦時産業に動員することを認めた。アスキス派から強い反発を受けていたロイド・ジョージは、政権運営のため、労働党の協力を必要としていたのだ。労働党は再度入閣を決定し、ヘンダーソンは五人の少数閣僚からなる戦時内閣に加わり、このほか、一般閣僚として、ジョン・ホッジが労相、第三代党首を務めたバーンズが年金相となり、労働党からの入閣者は六人となった。一方で、一九一六年の党大会は、鉄道・石炭の公有化を求める決議を可決した。戦時中に政府が鉄道を管理下においたことを受け、実現可能な要求を打ち出したのだ。

戦局が英仏露に有利に動き始めた一九一七年、労働者は労働条件や生活改善を訴えてストを行うようになった。戦争で機械工業が盛んになり、未熟練の労働者が多数雇用されており、合同機械工組合などの労組は彼らを組織化して、ストに参加させるようになった。特に、この年にロシア革命が起こり、共産主義国家が誕生する見通しとなったため、それに触発され、強硬手段を訴える労組が目立ってきた。

この年、第一次世界大戦の終結を探るため、ストックホルムで国際会議が開かれる見通しとなった。ロイド・ジョージ首相は、ヘンダーソンの派遣を決めた。しかし、共産主義革命が起こったロシアの会議出席を恐れたウッドロー・ウィルソン米大統領が圧力をかけ、ロイド・ジョージは、ヘンダーソンのストックホルム行きを撤回した。激怒したヘンダーソンは政府から離れ、党首を辞任した。これに伴い、党内でも次第に戦争支持者が減り、地方への食糧配給や、紛争解決のための国際司法裁判所の設置など戦後の平和構築に向けた取り組みに力点が置かれるようになった。

党綱領の採択

ヘンダーソンの後継は、炭鉱労働者から身を起こし、組合内で出世してきたアダムソンだった。一九一七年一〇月に就任したが、その指導力には疑問符が付いた。社会主義団体・フェビアン協会の創設に尽力した社会学者ベアトリス・ウェブは、アダムソンには能力がないと批判した。

それでも、アダムソンは、党改革と党勢拡大に一定の役割を果たした。一九一八年二月には、保守・自由・労働の戦時連立内閣により、選挙制度（五八ページ参照）を改正する国民代表法を成立させ、二一歳以上の男性と三〇歳以上の女性に選挙権（六〇ページ参照）が与えられた。新しい有権者の多くは労働党に入党した。党を支える労働組合会議（ＴＵＣ）のメンバーは一九一八年、五三〇万人に上り、戦間期にほぼ倍増した。

また、党執行部の構成も変わり、女性や党地方組織からも執行委員を選ぶ仕組みとした。これにより、戦争に反対してきた独立労働党が党内での影響力を弱めることになった。党本部は、独立労働党のメンバーを党地方組織に組み込む方針を取り、独立労働党は一層存在感を低下させていった。

一方の自由党は、新たな有権者を支持者に取り込むことができなかった。ロイド・ジョージ派とアスキス派の党分裂（五五ページ参照）だけでなく、勝利したとはいえ、戦争遂行の責任を問われたことが一因となった。

労働党は政策と方向性を明確に打ち出した。一九一八年二月、ロンドンで特別党大会を開き、社会主義国家を目指した綱領（六二ページ参照）を採択した。党の基本方針で、その第四条は、「生産、分配、交換手段の共同所有」を目指すと明記した。また、党の執行機関・全国執行委員会が党の活動に責任を負うとし、その指揮権を明確に規定した。さらに、「選挙区労働党」を設立し、個人としての党員参加も認められるようになった。全国政党として、労働者だけでなく、中産階級にも支持を広げる狙いだ。

この方針を受け、選挙対策に乗り出したフェビアン協会の指導者、シドニーとベアトリスのウェブ夫妻は党の新しいプログラム「労働党と新しい社会秩序」を立ちあげ、一九一八年六月、ロンドンで開かれた臨時党大会で採択された。産業の民主的管理と公的所有をうたい、最低賃金を伴った完全雇用、週四八時間労働、失業手当の支給、段階的課税、教育・社会保障サービスの拡大、言論統制の撤廃、上院の廃止も盛り込まれた。この方針は、一九五〇年の総選挙まで党政策の根幹となり、労働党は綱領と党組織を持つ公式な社会主義政党となった。

フェビアン協会会員のジョージ・ダグラス・ハワード・コールはこの綱領について、「労働党が社会主義の目的に向かっているという意味で、この歴史的文書は極めて重要だ」と記した。後に首相となるクレメント・アトリーも、この文書を「比類ない社会主義の文書」と形容した。反対したのは、社会主義の実現に国家の役割を過大評価すべきではないと主張する政治学者ハロルド・ラスキら少数だった。

ちなみに、コールは、労働者が直接選挙で工場長を選び、間接選挙でそれ以上の指導者を選び、各産業の組織が生産の調整や製品の販売を行い、そうした組織をたばねる全国会議が、各産業間の給与の調整を行う社会を提唱した。そこには国家はなく、全国と地方につくられる共同体が行政を運営する。

保守党は、急進的な社会主義国家建設の野望を非難したが、第一次世界大戦中に鉄道や石炭といった主要産業が、非常事態として政府の管理下に置かれたため、国民の間では、産業公有化への抵抗感は少しずつ薄らいでいった。

労働組合の集票マシン

一九一八年一一月一一日に第一次世界大戦が休戦となり、四年間に及んだ戦争は幕を閉じた。労働党はその三日後、党大会を開き、連立政権からの離脱を決定し、翌一二月に予定された総選挙（定数七〇七）の選挙キャンペーンに入った。元々は一九一六年に行われる予定だったが、戦争を理由に延期されていた。一九一八年二月の国民代表法の成立により、選挙権が拡大し、有権者が三倍近く増えただけでなく、二議員を選出する選挙区がほとんど廃止された。労働党にとっては、自由党と選挙協力する意味はなくなり、三六一人を擁立した。一九一〇年の候補者七八人の四倍以上の規模で、史上最多となった。新たに選挙権を得た女性は戦時中、看護師や軍需工場の労働者として働き、貧しい生活の家計を担ったため、「大砲よりバターを」と反戦平和主義を唱えた労働党の支持に傾いていた。

選挙は、戦中から続く自由党と保守党の連立政権が五〇九議席を獲得して勝利し、自由党のロイド・ジョージが首相に再任された。労働党の当選者は五七人、得票率は二一％で、一九一四年の開戦時の三七人よりも増えた。五七人は全員男性で、その内訳は、二五人が炭鉱労働者、二四人がその他の労組代表、五人が選挙区労働党系、三人が独立労働党系だった。選挙区ではイングランド北部で強さを発揮した。マクドナルド、スノーデン、ランズベリーら戦争に反対した多くの労働党幹部が落選しただけでなく、前党首のヘンダーソンも当選できなかった。有力な代弁者がいなくなったが、労働党は自由党アスキス派よりも獲得議席が多かった。ちなみに、ヘンダーソンは一九一九年の補選で当選し、下院に返り咲く。党首は引き続き、アダムソンが務めた。

一九一八年の総選挙の結果から言えることは、労組が選挙で強力な集票マシンとなり、政治的影響力を発揮したことだ。第一次世界大戦前の労組は穏健だったが、トム・マン、ベン・ティレット、ソーンといった社会主義の労組幹部が現れ、政治的要求を強めた。マンは当時、最も有名な労働組合員だった。戦時中に労働力の需要が増えたことも影響し、シェフィールドやグラスゴーなど労働者階級が多い地域では、左翼の労働組合員が現れた。アスキス政権もその影響力を無視できず、一九一五年二月には戦争遂行のため、主要労組にスト停止を求めた。労組の大多数は、自由党よりも労働党に投票する傾向がみられたため、労働党は、自由党との選挙協力に束縛された時代から解放されるようになった。一九一五年までに党の地方組織は七〇を超え、全国政党に発展したことも貢献した。

戦後、拡大した労組は要求行動を拡大させていく。一九一九〜二〇年には、賃上げを求め、ストを実施した。特に、産業の公有化を求める鉱山労組、運輸労組、鉄道従業員組合は、ストを相互に支援して資本家への圧力を強めた。一九二二年には、運輸労組をたばねる運輸総労働者連盟（ＴＧＷＵ）が結成され、後に外相を務めるアーネスト・ベビンが書記長に就任した。労働党はストを支持する一方で、過激な行動は抑えるよう求めた。

この時期になると、労働党の外交的な影響力を示す場面もあった。一九二〇年、ポーランドはウクライナに侵攻し領有権を主張し、ロシアとの対立を深めた。ロイド・ジョージ政権は、ロシアがポーランド攻撃を続ければ、ロシアと戦うとの通告を出したが、労働党は、対ソ不介入の立場から、ロイド・ジョージに対ソ戦を行わないよう求め、受け入れなければゼネストを行うと脅した。ロイド・ジョージはポーランド支援を中止し、労働党の要求を事実上受け入れた。このほか、アイルランドの独立を認めることをロイド・ジョージ政権に認めさせた。

自由党を抜き最大野党に

一九二一年二月、ガス労組出身のクラインズが党首に就任した。この時代の党首は一～二年で交代することが多かった。一九一八年一二月に行われた総選挙で、戦争反対派を中心に多くの有力議員が落選したため、労働党は党勢を弱め、クラインズの国政における影響力は限定的だった。勢力拡大のため、共産党との連携を図るべきとの意見もあったが、クラインズはこれに反対した。

戦後の経済疲弊は長引き、一九二一年前半の失業率は二〇%を超えていた。戦勝の興奮も収まり、ロイド・ジョージ内閣への不満が高まるようになっていた。

一九二二年一〇月、保守党は連立政権からの離脱を決めた。戦後の混乱期が終わり、ロイド・ジョージの指導力に依存する必要がなくなったためだ。さらに、政権への信任が弱まり、連立政権のままでは次期総選挙に勝利できないと判断した。一九一八年の総選挙に勝利した連立政党の獲得議席は、保守党が三八二、自由党が一二七だったことから、連立の崩壊により、ロイド・ジョージ首相は多数派を失い、退陣を余儀なくされた。後任の保守党のボナー・ロー首相の下で、一九二二年一一月に総選挙（定数六一五）が実施され、保守党が過半数の三四四議席を獲得し、政権を維持した。

労働党は四一〇人余の候補者を立て、炭鉱・鉄道の国有化や相続税・資本課税の強化、社会保障の充実を訴えた。党には資金的な余裕がないため、労組出身でなくても、選挙資金を出せれば候補者として認めるケースもあった。結果は前回総選挙の二倍を超える一四二議席を獲得し、自由党（一一五議席）を抜いて第二党となり、最大野党となった。議員構成は、労組出身者だけでなく、クレメント・アトリーらオックスフォード大学〈註〉卒業のエリート層も含まれた。これまであまり議席のなかったイングランド北東部やロンドンでも議席を取った。この躍進は、自ら落選しながら、翌二三年の補選で再び復活当選するヘンダーソンの功績と言われる。

労働党がさらに党勢を拡大させた背景として、自由党が党派対立で分裂したことがある。自由党のアスキス首相は一九一六年一二月、退陣に追い込まれたが、アスキスはこれにロイド・ジョージが関与したと考え、党内でアスキス派とロイド・ジョージ派の対立が深刻化した。一九一八年一二月の総選挙で、両派は分裂状態で選挙を戦った。ロイド・ジョージ派は当初、自由党の三分の一程度の勢力だったが、戦時連立政権を継続させるため、保守党党首ボナー・ローとともに、連立維持を主張する候補に共同推薦状を与え、自派の当選者を増やした。これに対し、連立に否定的なアスキス派は三六議席で惨敗し、両派の修復は不可能になった。内紛に飽きた自由党支持者の多くは保守党や労働党に

〈註〉オックスフォード大学＝一一世紀後半に創立されたイギリス最古の大学で、歴代首相やノーベル賞受賞者らを輩出してきた。ケンブリッジ大学とともに、「オックスブリッジ」と呼ばれ、エリートの象徴とみられている。世界の大学ランキングでトップクラスの位置を占める。傘下に三〇を超えるカレッジがあり、マートンやクライストチャーチが有名だ。学生は、寮で生活をともにしながら、知識と教養を学ぶ伝統があり、特定のコースを選択し、専門性を極める。その中でも、哲学・政治・経済専攻(Philosophy, Politics and Economics) は、英語の頭文字を取ってＰＰＥと呼ばれ、三科目を関連させて学ぶことができるコースとして人気が高い。

流れたため、一九二二年一一月の総選挙では、自由党は分裂した両派の議席を合計しても一一五議席にとどまり、第二党の労働党に及ばなかった。単純小選挙区制度では、第三党が議席を維持するのは難しい。自由党は以後、政界での影響力を急速に衰えさせていく。

また、社会階層の変化も見逃せない。労働者階級の組織化が進み、労働党がこれを巧みに取り込んでいった。労組組合員は一九二九年、四八五万八〇〇〇人に上り、一八九六年比で約三倍となった。労働党員数も増え、この中には、保守党や自由党から、社会主義路線や独立労働党の平和主義路線に転じた知識人階級が含まれた。

一方で、資本主義の広がりとともに、ホワイトカラーが増え、中産階級が膨らんでいった。彼らは、分裂状態の自由党を見限り、保守党の支持に回った。この結果、地主階級の利益を代表した保守党と、都市の商工業者の支援を受けた自由党という長年の構図は、資本階級の利益を代表する保守党と、労働者階級を代表する労働党という新たな対立軸に変わった。

一九二二年の総選挙後の党首選で、クラインズはマクドナルドの挑戦を受け、六一票対五六票で敗れた。クラインズは選挙後、マクドナルドへの結束を訴えた。これ以来、議会労働党のトップは議長ではなく、党首とも呼ばれるようになった。これは議会労働党のトップが、党の執行機関・全国執行委員会を実質的に動かし始めたことを意味している。議会労働党幹部が全国執行委員会委員を兼任することが多かったため、党に対する議会労働党の支配は強まった。これに対し、左派は党大会で、全国執行委員会が議会労働党を統括すべきとの決議案を提案したが、否決された。

一九二三年三月、労働党は「資本主義は生産・分配手段の個人的所有・管理で失敗したため、生産・分配手段の公共所有を目指す」とする議案を議会に提出した。保守党による反対多数で議案は否決されたが、労働党の社会主義路線は議会においても本格化していくことになる。

解説コラム　イギリスの選挙制度

イギリスでは一九世紀以降、五回にわたり選挙制度改革が行われた。労働党が勢力を伸ばすきっかけとなり、階級社会を切り崩す役割を果たしてきた。

議会で選挙が始まったのは一三世紀だ。選挙権を持つのは人口の数％に過ぎず、地主の諸侯ら一部の土地所有者や特別に認められた者だけだった。議席の割り当ては都市の人口増に対応していなかった。このため、一九世紀になると、産業革命で潤った中産階級が、選挙権獲得と平等な議席配分の運動を起こす。一八三二年には、ホイッグ党（自由党）のチャールズ・グレイ内閣により、選挙資格を持つ土地所有者の範囲が拡大され、貴族が握っていた有権者の少ない選挙区が廃止された。この時、選挙権を認められなかった人々の間で、成人男子全員への選挙権を訴える大衆運動「チャーチスト運動」が起こる。一八六七年には、保守党のエドワード・スミス＝スタンリー政権により、都市部の市民に選挙権が拡大され、一八七二年には秘密投票制が導入された。一八八四年には、自由党のウィリアム・グラッドストン政権の下、農村や鉱山の労働者にも選挙権が与えられ、有権者は人口の一三％に上り、労働党の誕生と支持拡大の一因となった。

選挙権拡大とともに、現代の選挙制度に大きな影響を与えたのが、一八八五年に議会を通過した議席再配分法だ。約五万四〇〇〇人の有権者を持つ選挙区に原則一議席が配分される小選挙区制が全国レベルで採用され、議会が一部の利益代表でなく、国民の代表となる契機となった。

二〇世紀に入っても、選挙権拡大の動きは続く。一九一四年に起こった第一次世界大戦では、総力戦の名の下に女性も職場に動員され、戦勝に大きく貢献した。このため、自由党を主体としたロイド・ジョージ政権は一九一八年二月、国民代表法を成立させ、二一歳以上の男子と三〇歳以上の女子に選挙権を拡大した。労働党の党員数は一四〜一八年でほぼ倍増した。

さらに、保守党のスタンリー・ボールドウィン政権は一九二八年、有権者を二一歳以上の男女とする普通選挙制度を実現させた。翌二九年の総選挙で、労働党は第一党となり、単独政権を誕生させた。

選挙制度としての小選挙区制は、二人の当選が認められた選挙区もあったが、現在では当選者は一人と統一されている。しかし、この制度では、中小政党の得票が議席数に反映されないため、自由民主党は比例代表制を一部盛り込む選挙制度改革を主張してきた。

解説コラム　女性の選挙権

労働党は結党時から女性の参政権を訴え、選挙権の拡大とともに女性を支持層に取り込んできた。初代党首ハーディは、男女平等や女性の選挙権を主要な政策に掲げた。二代目党首のヘンダーソンは、女性の就業が多かった教員について、男性との賃金格差を是正するよう訴えた。党はその後、学校で児童に朝食を提供するよう呼びかけるなど、女性の育児負担の軽減にも取り組んだ。

一九一〇年代には、女性による参政権獲得運動が盛り上がった。市民団体「女性社会政治連合（ＷＳＰＵ＝Women's Social and Political Union）」は、投石や放火といった過激な破壊活動を展開し、逮捕されるとハンガー・ストライキに入る戦術を取ったため、自由党のアスキス政権は一九一三年、囚人がハンストによって衰弱すれば釈放し、体力が回復した時点で再収用する囚人法を成立させた。この法律は、女性と治安当局の攻防が、猫とねずみの争いに似ていることから、「猫とねずみ法」と呼ばれた。

労働党内では、こうした女性の闘争方針に対して意見が分かれた。この時期、党首を務めたマクドナルドは、女性の暴力行為には否定的で、穏健な市民組織「女性参政権協会国民連合（ＮＵＷＳＳ）」との協力を目指したが、一九三二年に党首となるランズベリーはＷＳＰＵの活動を支持した。

一九二八年に男女平等の普通選挙が実現した後も、性差別は続き、労働党は男女格差の是正を公約に掲げた。ハロルド・ウィルソン政権は一九七〇年、男女の同一賃金を義務づける法案を成立させた。

これに対し、保守党も女性の権利拡大に取り組み、マーガレット・サッチャー政権は一九八七年、産休手当制度を開始し、雇用者が産休中の女性に一定額の手当を支給するようになった。

選挙による女性の党首就任をみると、保守党はこれまで、サッチャーとテリザ・メイの二人が党首となったが、労働党では、マーガレット・ベケットとハリエット・ハーマンが、党首交代の端境期に臨時党首を務めただけだった。

解説コラム　綱領をめぐる党内対立

労働党綱領は、党の創設目的や基本原則を明記した文書で、「党の憲法」とも呼ばれる。その中で社会主義路線を明確に打ち出した第四条の改定を巡り、党内は長年紛糾し続けた。

党綱領の原案は、党創設に参加した政治組織・フェビアン協会の指導者、シドニー・ウェブが一九一七年に示したもので、党は翌一八年に正式に採択した。注目を集めたのは、「生産、分配、交換手段の共同所有を土台として、産業が生み出す全ての成果と公平な配分を労働者に与えること」を党の目標に掲げた第四条だ。党が初めて社会主義的な方向性を明確かつ公式に打ち出す条文となった。綱領はまた、執行機関の全国執行委員会が党の活動に責任を負うとし、全国執行委員会が綱領に沿って選挙公約（マニフェスト）を作成するようになった。一九四五年に誕生したアトリー政権は、この条文を政策として具体化する形で産業の国有化を進めた。

しかし、時代とともに、産業の公有化が経済発展を阻み、政権獲得の支障になるとの議論が出てきた。ヒュー・ゲイツケル党首は一九六〇年、第四条が時代にそぐわないと主張し、その見直しを求めたが、全国執行委員会はこれを認めなかった。

第四条問題が再燃するのは三四年後だ。トニー・ブレア党首は一九九四年の党首就任後、第四条の改定を提案した。総選挙で四連敗していたため、社会主義路線を明記した第四条を変えることで、党の中道化路線と刷新を印象づける狙いがあった。ブレアは翌九五年の党大会で、「公共の利益に奉仕しながら、躍動する市場と厳しい競争を容認する大胆な経済」という第四条改定案を提案し、承認された。綱領は「ルール・ブック（規則集）」に盛り込まれている。

二〇一五―二〇年に党首となった左派のジェレミー・コービンは、旧四条を復活させる意向との報道も流れた。社会主義路線を目指す左派の間では、第四条の再改定案がくすぶっている。

III　政権獲得

マクドナルド連立政権

保守党のアンドリュー・ボナー・ロー首相は病気のため半年で退陣し、一九二三年五月、後任としてスタンリー・ボールドウィンが就任した。ボールドウィンは、低迷した経済の救済策として、保護貿易を提唱し、その是非を問うため、この年の一二月に保護貿易対自由貿易を争点にして総選挙（定数六一五）に臨んだ。第一党は二五八議席の保守党だったが、過半数に及ばなかった。自由貿易を主張する労働党は、保護関税を柱としたボールドウィンの関税改革に批判的な世論の受け皿となり、住宅建設など公共支出拡大も訴え、ロンドンでの一五議席を含む一九一議席を獲得し、第二党となった。自由党は一五八議席で第三党だった。自由党は保護貿易反対の民意をくみ取り、労働党に接近した。翌二四年一月、労働、自由両党の連立交渉は結実した。ラムゼイ・マクドナルドは、自由党の協力で、ボールドウィン内閣への不信任案を可決させ、最初の労働党政権を発足させた。マクドナルド自身は、首相兼外相となった。独立労働党出身のフィリップ・スノーデンが財務相、落選したアーサー・ヘンダーソンが内相、ジョン・ロバート・クラインズが下院院内総務代理（筆者註：院内総務＝議会代表として、提出議案などについて内閣との調整を行う役職。閣議のメンバーでもある）、フェビアン協会のシドニー・ウェブが商務相という布陣だった。

マクドナルドは「社会は徐々に変化する」と考え、自然の流れで資本主義が社会主義に取って代わられると説いた。デイビッド・ロイド・ジョージが一九二〇年の段階で「労働党政権の大きな危険は、労働党がコントロールを失いかねないことにある」と語ったように、労働者の増加により労働党政権の誕生は予期されていたが、社会主義的な政策への懸念は根強かった。だが、マクドナルドは実際の政権運営で自由党に配慮し、慎重に政策を進めた。失業手当を増額するとともに、自由貿易推進のため関税を引き下げた。例えば、コーヒーや砂糖などへの輸入間接税を減税し、「税なしの朝食」を実現するというキャンペーンを打ち出した。最も大きな政策として住宅法が指摘される。炭鉱労働者出身のジョン・ウィートリ保健相が主導し、労働者階級のため、五〇万戸の賃貸住宅の建設を進めるとともに、新築住宅に補助金を支給した。

ただ、党大会で可決した産業公有化については、自由党の意向を踏まえ、政策として実行しなかった。野党時代から主張してきた資本課税については、中小企業家への悪影響を考慮し、実施しなかった。

外交面でも、現実的な対応が目立った。労働党は、第一次世界大戦後のベルサイユ条約でドイツへの巨額の賠償金に反対してきたが、マクドナルドは政権を取ると、条約履行の姿勢を強調した。フランスはドイツの賠償金不払いを理由にドイツ西部ルール地方を占領しており、マクドナルドは賠償金問題を解決し、占領を終わらせようとした。

対ソ政策では、ソ連を承認しつつ、共産党の革命戦略には反対の姿勢を取った。なるべく多くの国と友好関係を維持し、貿易を拡大して国内経済を活性化させる狙いがあった。

だが、連立政権は思わぬ所で崩壊に直面する。共産党の定期刊行物『ワーカーズ・ジャーナル』の編集者代理、ジョン・ロス・キャンベルが、兵士に対し、戦場の敵よりも資本家と戦うことを呼びかける論文を公表すると、パトリック・ヘイスティングズ法務長官が、これを治安妨害として告訴した。ところが、キャンベルがこの論文掲載に無関係であることが判明したため、告訴がまもなく取り下げられた。保守党はこの告訴取り下げに労働党政権が不当に介入したと非難し、自由党もこの批判に同調した。自由党のロイド・ジョージは、マクドナルド首相とスノーデン財務相が、失業者の増加に有効な処方箋を示せないことに不満を感じていた。

結果として、保守、自由両党は協力して、マクドナルド政権への不信任案を可決させた。このため、マクドナルドは議会を解散（八四ページ参照）し、一九二四年一〇月、新たな総選挙（定数六一五）に打って出た。争点はソ連への対応だった。労働党は、ソ連との関係正常化が平和と繁栄をもたらすと主張したのに対し、保守党は、労働党がソ連共産党の支配下にあると批判し、「緑のイギリスに赤が来た」と不安をあおり立てた。国民に不人気の保護貿易政策は封印した。

選挙直前には、「ソ連とイギリスとの国交回復は、イギリスの労働者革命を後押しする」との国際共産党組織から英共産党に向けられた書簡の内容がすっぱ抜かれ、労働党政権に対する有権者のまなざしが厳しさを増した。

結果は、保守党が四一二議席を獲得して大勝した。労働党は一五一議席で第二党だった。より厳しい結果だったのは自由党で、前回の三分の一未満の四〇議席にとどまった。この結果、保守党のボールドウィンが翌一一月に政権を発足させ、首相に返り咲いた。最初の労働党政権はわずか一〇カ月の短命に終わった。

野党となった労働党は、労組指導者による争議や労組への対応を巡り、保守党との駆け引きに追われた。一九二五年にウィンストン・チャーチル財務相が、第一次世界大戦により停止していた金本位制（筆者註：通貨の価値の基準を金とし、通貨と金を一定の比率で交換できる制度で、一八一六年にイギリスで始まった。通貨の信用力は増すが、国は通貨発行量に見合う金を保有する必要がある）への復帰を決めると、通貨ポンドの価値が強まり、輸出価格が上昇したため、輸出産業は打撃を受けた。特に石炭業界への打撃は深刻で、炭鉱所有者は労働者の賃金削減に乗り出した。このため、労組は、鉱山から産出した石炭輸送を妨害する対抗手段に出た。ボールドウィン政権はこれに譲歩し、一九二六年五月までに鉱山労働者の賃金に補助金を九カ月間与えることを決めた。だが、政府はその後の対応策を示さなかったため、労組をたばねる労働組合会議（ＴＵＣ）は一九二六年五月、九日間にわたるゼネストに突入した。ボールドウィン政権はこの時、労組側の要求を拒絶した。市民の理解を得られなかったことを理由に、ゼネストから抜ける労組も相次ぎ、ゼネストは崩壊した。その後、スト件数は減少していった。

ボールドウィン政権は一九二七年、労働争議及び労働組合法を制定し、ゼネストを非合法化するとともに、一九一三年の労働組合法を改正し、労働党への政治資金提供を希望者に限定することにした。このため、労働党員は一九三〇年代にかけて減少に転じた。この法律が一九四六年に廃止されるまで、労働党は資金不足に苦しんだ。

労働党は一九二八年、党大会を開き、選挙マニフェスト（公約）として「労働党の国民への訴え(Labour's appeal to the nation)」を公表した。その内容は、党が社会主義を目指し、健康で独立した生活水準の確保、土地・石炭・交通機関の国民所有、相続税の引き上げ、高額所得者への増税、国際仲裁制度の確立、軍縮、ソ連との通商拡大、植民地での搾取中断などを掲げた。

初の単独政権

一九二四年一一月に発足した保守党のボールドウィン政権は、第一次世界大戦後の失業問題を解決できず、国民の不満は高まっていた。一九二八年の選挙法改正で、二一歳以上の男女の平等選挙権が確立されたことを受け、翌二九年五月に総選挙（定数六一五）が行われることになった。労働党は与党批判の民意の受け皿となり、二八七議席を獲得し、初めて第一党となった。綿織物産業が不況の打撃を受けたイングランド北部ランカシャー地方で議席獲得が目立った。当選議員の内訳をみると、労組が推薦したのは一一五人にとどまった。背景として指摘されるのが、一九二七年の労働争議及び労働組合法制定と労働組合法改正により、労組の力が一時的に弱まったことだ。

保守党は二六〇議席を取り、労働党は過半数を得なかった。しかし、国王ジョージ五世は、第一党党首として、マクドナルドに組閣を命じた。マクドナルドは以前よりも政権運営に慎重だった。組閣に際し、党内有力者の意見を取り入れ、バランスを重視し、左右両派にポストを与えた。閣僚・政務次官四〇人の内訳をみると、労働者出身が一七人で最多だった。また、一一人は第一期マクドナルド内閣でも閣僚を務めていた。主要閣僚では、ヘンダーソンが外相、スノーデンが財務相、ハーバート・モリソンが運輸相、全国鉄道従業員組合の書記長、ジェームズ・トマスが、国王の御璽に関する事務を管轄する国璽尚書となった。最初の女性閣僚として、マーガレット・ボンドフィールドを労相に指名した。

マクドナルドは外交分野に力を入れ、一九二九年一〇月に渡米し、ハーバート・フーバー大統領の歓待を受け、強固な英米関係の構築を目指した。英首相による公式の訪米は初めてだった。翌一一月、保守党政権で途絶えていたソ連との国交を再開した。軍縮にも取り組み、ロンドンで一九三〇年一月、米英仏伊日の五カ国による海軍軍縮会議を開き、三カ月後の四月に米英日の補助艦の比率を10：10：7とすることで合意した。インドの自治の発展にも関心を示し、「イギリス自治領の地位」が目標だと述べ、独立運動指導者マハトマ・ガンジーらを招いて当事者による会議を開催した。マクドナルドの意を受け、外交を主導したヘンダーソン外相は、外交関係を再開したソ連との経済関係の強化にも乗り出し、軍縮や平和への取り組みから、一九三四年にノーベル平和賞を受賞した。

内政では、地方自治体が公共事業を行うための借り入れを容易にしたり、老齢年金の受給年齢を拡大したりした。ロンドンのバス・地下鉄を公有化する法案を準備した。最大の懸案は、一九二九年一〇月に米ニューヨーク株式市場での株価大暴落をきっかけにした世界恐慌への対応だった。失業者は二〇〇万人を超え、貿易収支の赤字幅は広がった。マクドナルドは、これを「経済的な台風」と呼び、翌三〇年、経済学者や実業家らを集め、経済諮問会議を創設し、対応にあたった。ところが、会議内で意見の集約は難航し、スノーデン財務相は、この枠組みを重視せず、自由放任の経済政策を主張した。党内での意見対立も目立ち、独立労働党などの左派は労働者の生活を保障する賃金支払いを要求したのに対し、運輸総労働者連盟（TGWU）のアーネスト・ベビンは、輸出を伸ばして貿易収支を改善するため、通貨切り下げを主張した。

金融危機対応で分裂

これに追い打ちをかけたのが金融危機だ。一九三一年五月にウィーンの銀行、クレディット・アンシュタルトが倒産すると、信用不安により、ロンドンから金が流出した。このため、マクドナルド政権は労働、保守、自由の主要三政党の代表からなる経済委員会を立ち上げ、対応策を検討した。結果的に、緊縮財政を余儀なくされ、外国の銀行から融資を得る条件として、公的支出の削減を求められた。このため、公務員給与や失業給付の削減に乗り出した。これに対し、労働党の中核組織、労働組合会議（TUC）は、スノーデン財務相に対し、失業給付の切り下げに反対の姿勢を伝えた。

支持母体に見放されたと考えたマクドナルドは八月二三日、内閣総辞職を決断し、閣僚からの辞表を取りまとめた。しかし、国王のジョージ五世は自由党と保守党の支持を得て新たな内閣を組織すべきとの考えを示した。国王は保守、自由両党の幹部と相談し、この結論に達したようだ。このため、マクドナルドは翌二四日、これを受諾し、三党による「国民政府」を発足させた。スノーデンやトマスはマクドナルドの留任要請を受諾したが、モリソンはこれを拒絶した。労組はマクドナルドの二転三転する対応を裏切りとみた。後に首相となるクレメント・アトリーもマクドナルドを痛烈に批判した。労働組合会議（TUC）は翌二五日、労働党の議員団に働きかけ、マクドナルドを除名処分とした。労働党の議員団は三日後の二八日、議員による投票の結果、ヘンダーソンを党首とすることを決めた。離党したマクドナルドと行動を共にする労働党員は少なかった。党の主要構成体だった労組がマクドナルドと敵対したためだ。マクドナルドは周辺に、自らの決断が政治的な死を意味すると伝えていた。

マクドナルドは、三党からなる挙国一致内閣の「国民政府」を率いた。一八〇〇万ポンドの金が流出したため、一九三一年九月、金本位制から離脱し、財政再建を急いだ。労働組合会議（TUC）や労働党の執行機関・全国執行委員会からなる全国合同評議会は、この政策を強く批判した。翌一〇月の党大会では、マクドナルドのように「権力のために党を捨てる状況」を再発させないため、党が政権担当者の権限を抑制する方策を協議した。

マクドナルドは一九三一年一〇月に総選挙（定数六一五）を行い、金本位制からの離脱の是非を問うことにした。選挙戦では、マクドナルドと労働党の対立が際立った。労働党が、危機打開の方策として産業公有化を訴えると、「国民政府」は、労働党が政権を取れば財政赤字が深刻化すると反論した。労働党が、マクドナルドを労働者階級の裏切り者と非難すると、「国民政府」は、労働党がソ連型の社会主義革命を目指していると批判した。

結果は、「国民政府」が総議席の七割近い五五四議席を獲得して大勝した。ただ、議席増の大半は保守党の四七〇議席だった。労働党は四六議席（筆者注：非公認の独立労働党の当選者六人を加えて五二議席とする見方もある）で、前回二九年五月の二八七議席の五分の一まで減らした。その敗北ぶりは予想を上回り、党首のヘンダーソンやクラインズも落選した。党草創期を担った「第一世代」の多くが政界を追われた。党内では、下院議員と労組の対立などが続き、議席のないまま職務を継続していたヘンダーソンは一九三二年一〇月に党首を辞任した。後任は、ベテランで数少ない議席を守ったジョージ・ランズベリーだった。労働党は、チャーチルの戦時連立内閣に加わる一九四〇年まで野党暮らしが続くことになる。

「国民政府」は一九三二年、輸入関税法を導入し、自由貿易から保護貿易に転換し、植民地を除き、輸入品に一〇％の関税をかけて国内産業を保護した。この政策は、保守党が主張していたもので、ネビル・チェンバレン財務相が主導した。労働党出身の首相を仰ぐ「国民政府」も、内実は保守党政権だったと言える。カナダ・オタワで大英帝国の経済会議が開かれ、帝国内の特恵関税制度が承認された。この決定に抗議し、労働、自由両党出身の閣僚は内閣を去った。

マクドナルドは一九三三年ごろ、健康状態が優れなくなった。平和を求める世論を受け、ドイツで政権を取ったナチスに宥和政策を取ったことも、ドイツが膨張主義を続けるにつれ、批判を浴びるようになった。一九三五年六月に首相を辞任し、その地位を保守党のボールドウィンが引き継いだ。

労働組合の発言力拡大

一九三二年一〇月、下院議員のランズベリーがヘンダーソンの後任として、労働党党首に就任した。その時、すでに七三歳だったため、党の再建で手腕を発揮できるかについて疑問符が付いていた。

そんな中、労組の連合体である労働組合会議(TUC)の政策実行機関・総評議会は、ベビンとウォルター・シトリンの指導下で、労働党に影響力をふるおうとした。ベビンは、有力労組・運輸総労働者連盟(TGWU)の書記長を務め、後にアトリー政権で外相を務める。党執行部は一九三三年一〇月の党大会で、今後想定される労働党政権での方針として、政府は党大会で可決される決議の範囲内で政策を実行し、党と労組をつなぐ全国合同評議会と連絡を密にすることを勧告し、採択された。全国合同評議会は翌三四年、全国労働評議会(NCL)に名称が変更となり、政策に関する声明を相次いで発表した。評議会委員は、総評議会から七人、党執行部から三人、議会労働党から三人という構成だった。一九三一～三七年にこの評議会で働いたベビンは、評議会での決定が党首の決定よりも上位にあるとの見解に立っており、評議会を通じて議会労働党を抑え込む狙いが明白だった。

全国労働評議会が政治色を強めたのは、マクドナルド時代に党首への権限が集中し、労組との関係が疎遠になったという状況を繰り返さないためだ。マクドナルドは、労働組合会議(TUC)書記長との協議を拒み、首相として国民各層の声に対応するため、労組を一組織とみなしていた。その姿勢は、一九二六年五月に起こった石炭労働者のゼネストで鮮明となった。労働組合会議(TUC)はストを支援したが、マクドナルドはこれと距離を置いた。一九二三、二四年の総選挙後には、労組から支持を得ていた労働党議員はそれぞれ五割を超えたが、一九二九年の総選挙でその割合は四割に下がった。マクドナルドは、議員に対する労組の影響力が低下している点を見越していたのかもしれない。

ところが、一九三一年一〇月の総選挙で、労働党議員の数は二八七から四六人に減り、その多くは労組の支援を受けていたため、相対的に労組への依存度が高まった。結果として、運輸総労働者連盟（TGWU）の有力書記長だったベビンの発言力が大きくなる。党の実務を握る書記長人事では、一九三五年、ヘンダーソンの後任として、国会議員を兼務しない方針が決まり、一九二九～三一年の労働党政権で運輸相を務めた最有力候補のモリソンが排除され、副書記のジェームズ・ミドルトンが党書記長になった。議会労働党の党支配に制約をかけたのだ。

結局、労組の全国労働評議会が政策の根幹を策定し、党の執行機関・全国執行委員会は、そうした基本政策の具体案を実行に移すというすみ分けとなった。評議会が事実上、党務を牛耳る形になった。例えば、ランズベリー党首は国際連盟について、強国が権力をふるう機関として否定的にとらえていたが、労組指導部は、国際連盟を通じた集団安全保障を認め、実際にそれが党の方針となっていた。

この頃の党の政策は、そうした勢力図を反映する形となった。評議会が支配する党執行部は一九三二年一〇月の党大会で、緊急の課題だった金融恐慌への対応について、イングランド銀行を公有化し、長期資金を適切に利用するために投資局を発足させる提案を行った。さらに、翌三三年一〇月の党大会では、短期資金を扱う金融機関を統合し、公的な金融公社を発足させると提案し、金融政策でも左派色が強まった。公有化の範囲は拡大し、金融、電力、石炭、ガスなど様々な分野に及んだ。ランズベリーはそれに従うしかなかった。

一方、国際情勢はこの時期、緊迫の度を増していた。ドイツではアドルフ・ヒトラーが政権を取り、極東では日本が支配地を広げようとしていた。労働党は、国際連盟による平和構築を支持し、国際警察軍の創設などを訴えた。一九三三年一〇月の党大会では、戦争やその危険がある場合、党執行部が労組と協議して対応策を決めることが決議された。翌三四年一〇月の党大会では、国際連盟が機能しなくなる中、具体的な戦争抑止策について議論が行われた。

一九三五年九～一〇月に南部ブライトンで開かれた党大会では、イタリアのエチオピア侵攻を受け、対イタリア制裁決議案が大きな議題となった。ファシズムの脅威に対する宥和主義に理解を示していた平和主義者のランズベリーは、一方的な軍備撤廃を訴え、決議案に反対の姿勢を示した。これに対し、運輸労組をたばねる運輸総労働者連盟（ＴＧＷＵ）書記長のベビンは、無抵抗主義が侵略を招くとして、決議案に賛成の姿勢を見せた。採決の結果、決議案は圧倒的多数で可決された。面目を失ったランズベリーは党首を辞任した。

労組が発言力を増し、党首を辞任に追いやる展開となったが、労組の結束力ゆえに、マクドナルド派や独立労働党が離脱しても、自由党のような党分裂を回避することができた。

議席回復、ナチスへの対応

ランズベリーの突然の辞任を受け、臨時党首となったのが、一九三一年の総選挙後、副党首になっていたアトリーだ。この選挙は多数の有力議員が落選し、当選者は四六人だけだったため、アトリーに白羽の矢が立ったのだ。温厚で敵を作らない人柄が理由だったようだ。アトリーは、比較的裕福な中産階級出身だ。オックスフォード大学卒業後に、法廷弁護士となった。ロンドンの貧困街で民衆が困窮する様子を見て、政治家への決意を固めた。労働党史上、労働者階級出身でない人物が党首となるのは初めてのことであり、後にこうした経歴を持つ党首が続くことになる。

アトリーの最初の仕事は一九三五年一一月の総選挙（定数六一五）で陣頭指揮を執ることだった。この選挙は、マクドナルドが健康を害し、この年の六月に首相を辞任した後、後任の保守党のボールドウィン首相が仕掛けたものだった。ボールドウィンは、世界大恐慌後の経済が回復する中、ドイツの膨張政策に備え、軍備拡張の是非を問う必要があると考えた。保守党は選挙戦で、エチオピアに侵攻したイタリアに経済制裁を行うとともに、世論調査で支持が多かった国際連盟中心の平和構築を訴えた。

結果は、保守党が四二九議席で過半数を得た。労働党は八三二万票を獲得し、議席をほぼ三倍に伸ばし、一五四人が当選した。このうち大英炭鉱労働者連盟（ＭＦＧＢ＝Miners' Federation of Great Britain）など労組から推薦を受けたのは七九人だった。一九三一年の総選挙で落選していた元運輸相のモリソンや元党首のクラインズらが返り咲いた。労働党は、国際連盟中心の外交と軍拡反対の方針とともに、住宅建設などの社会事業プログラムを訴えたことが好感された。一九三一年の党分裂で、マクドナルドの「国民政府」に合流した労働党系は八議席を得ただけで、マクドナルド自身も労働党候補に敗れた。一九三二年の党大会で労働党からの離脱を決めていた独立労働党は四議席で、左翼の退潮が明確になった。

選挙後の一一月、労働党の党首選が行われ、アトリー、モリソン、元保健相のアーサー・グリーンウッドの三人が出馬した。一回目の投票で、アトリーが五八票、モリソンが四四票、グリーンウッドが三三票だった。モリソンは過去四年間のランズベリー党首とアトリー副党首の党運営を批判したが、労組の実力者ベビンと論争を演じ、労組の支持を失っていた。第二回投票で、アトリーは八八票で、四八票のモリソンを破った。オックスフォード大学の卒業生で初の労働党党首となった。

アトリーは、目立ちたがり屋ではなく、調整を重んじるタイプで、敵を作らず、党内運営は協調路線を取るようにみられた。政治誌『ニュー・ステイツマン』が、アトリーを「副官だが将軍ではない」と指摘したように、党首在職は一時的と見られていた。

アトリーの党首就任後、国際情勢は揺れた。一九三六年以降、スペインで内戦があり、ボールドウィン首相は、右派フランシスコ・フランコ将軍に好意的な態度を見せた。一方の労働党の全国労働評議会は、フランコと戦う共和派寄りの姿勢を見せながら、内戦不介入の声明を出した。これに対し、後に保健相となるアナイリン・ベバンや、党執行機関・全国執行委員会の委員長を務めたハロルド・ラスキらは、ファシズムに対する闘争を呼びかけた。

この時期、欧州で最大の問題は、ナチス・ドイツへの対応だった。ボールドウィン首相は、一九三六年三月のナチスのラインラント進駐（筆者註：ラインラントはドイツ西部のライン川沿いの地域で、第一次世界大戦後のベルサイユ条約は、ドイツがこの地域で軍事施設を建設することを禁じ、違反行為は連合国への敵対行為であると定めた。ヒトラーによる進軍はナチスの対外膨張の契機となった）に対抗できず、後任のチェンバレン首相は対独宥和政策（筆者註：敵対国の主張に理解を示すことで懸案の解決を図ろうとする政策。英仏両国のミュンヘン会談でのヒトラーへの譲歩が代表例）を取り、独自に欧州での平和構築を目指した。保守党内には、強いドイツの存在がソ連の東方進出を阻止するとの読みもあった。

ファシズムの色が濃くなる中、労働党内でもこれにどう対処するかについて大きな論争となった。下院議員の間では、軍事力の行使や国防予算の増額に反対する意見が多く、チェンバレンの宥和政策に理解を示す議員もいた。しかし、一九三六年、ヒュー・ドールトンが労働党の執行機関・全国執行委員会議長になると、議員団は対独強硬路線に傾斜する。これに、労働組合会議（ＴＵＣ）の総評議会議長となったベビンが理解を示す。これにより、党は翌三七年以降、これまで反対してきた軍備増強を容認し、チェンバレン首相が一九三八年九月のミュンヘン会談で、ヒトラーにチェコスロバキアのズデーデン地方の割譲を認めると、これに異を唱えた。アトリーは、ヒトラーへの譲歩に反対する考えを示すと、チャーチルがアトリーに電話し、「君の声明はイギリス国民にとって名誉だ」と語ったという。

チャーチル戦時内閣に参加

一九三九年九月一日、ヒトラーがポーランドに侵攻して、第二次世界大戦が始まった。翌九月二日、最大野党の労働党は全国執行委員会の会合で、連立政権への不参加を決めた。チェンバレンが参戦するか煮え切らない中、労働党副党首のグリーンウッドはこの日、入院中で欠席したアトリーの代わりに議会での討論に臨んだ。この時、保守党席から「(党利党略ではなく)イギリスのために発言せよ」との野次を受け、「イギリスと世界の文明が危機に瀕している時に政府はいつまで態度を決めかねているのか」と政府に参戦を促し、満場の拍手を浴びた。チェンバレン政権は翌三日、ドイツに宣戦布告した。労働党は三日、閣僚を派遣しないが、戦争遂行で政府に協力することを伝えた。保守、労働、自由の三党は、戦争終結まで総選挙を延期することで合意した。翌一〇月に退院したアトリーは「ナチスの勝利は我々の希望を破壊する」と抗戦を訴えた。

一九四〇年に入り、ナチスの進撃は止まらず、これを阻止できないチェンバレンに辞任圧力が強まった。五月、チェンバレンは挙国一致内閣を樹立して政権を維持するため、アトリーに政府参加を打診した。アトリーはすでに議会で、「暴力は一度成功すると次の暴力を誘発する。ナチス主義は文明の強敵だ」と批判しており、チェンバレンはナチスという共通の敵を前に労働党と連立内閣を組めると判断したようだ。アトリーは、南部ボーンマスで開かれていた労働党大会に赴き、チェンバレンの提案を受け、現職首相の下で内閣に入るか、次期首相の下で内閣に入るかを尋ねた。全国執行委員会は、チェンバレン以外の指導者とのみ政権を共有するとの結論を出した。このため、チェンバレンは辞職を余儀なくされた。チェンバレンの後継は、ハリファックス外相かチャーチル海相だった。ハリファックスは上院議員であったことから、チャーチルが後継首相になることが内定した。チャーチルはアトリーと連立政権について協議し、労働党の入閣が決定した。アトリーも第一次世界大戦でのチャーチルの活躍を認め、一定の信頼を置いていた。ボーンマスの労働党大会では、全国執行委員会と労働組合会議（TUC）の政策実行機関・総評議会が連立政権を承認した。

チャーチル政権は、閣僚五人で戦時内閣を構成し、三人が保守党のチャーチル首相、ハリファックス外相、チェンバレン枢密院議長、二人が労働党のアトリーと副党首のグリーンウッド無任所大臣だった。その他にも、ベビンを労務・国家サービス相、ドールトンを軍需相、モリソンを供給相（後に内相）に充て、労働党の有力者を閣僚入りさせることで反戦派を抑え込む戦略を取った。労働党の党員数はこの時点で二三〇万人を超えており、チャーチルは野党第一党の影響力を無視できないことを知っていた（筆者註：一九二八年以降、個人党員数が計算されており、党員数は以後、個人党員数のみを示す）。チャーチルは、戦争遂行に熱心で、国民の動員を担当したベビンについて、「彼は国家を運営し活性化させる力を持っている。弾薬工場の全ての労働者は、彼に従う用意ができている」と称賛した。アトリーは野党党首としての活動を封印し、「労働党員も保守党員も協力しあい党政策の違いなど表に出なかった」と振り返っている。

ナチスは一九四〇年七月、ロンドンなど英本土に激しい空爆を加えた。チャーチルは英国放送協会（BBC= British Broadcasting Corporation）のラジオ放送を通じて国民に奮闘を促した。そのメディア戦略は、自由党のロイド・ジョージが、第一次世界大戦の遂行にあたり、主要新聞の支持を取り付けたことに似ている。チャーチルはフランクリン・ルーズベルト米大統領を説得し、一九四一年三月にアメリカで武器貸与法（筆者註：第二次世界大戦で枢軸国側と戦う国々にアメリカが武器や軍事物資を貸し与える法律）を成立させ、イギリスは多くの武器や物資の提供を受けた。チャーチルは、反米のチェンバレンがアメリカに頼らずナチスと交渉しようとした失敗を繰り返さないため、ルーズベルトと緊密な連携を取り続けた。チャーチルの母親は米国籍だった。これが英米の「特別な関係」の基盤となる。

一九四〇年一〇月に戦時内閣は七人に拡大し、このうち労働党は三人となり、労組の実力者ベビンが招かれた。一九四二年二月に内閣改造があり、アトリーが副首相に就任したほか、グリーンウッドに代わり、英ソ関係の改善を主導した国璽尚書兼院内総務のスタフォード・クリプスが戦時内閣に参加した。ところが、クリプスは院内総務として評判がよくなかったため、航空機生産相となり、モリソンが代わりに戦時内閣入りした。アトリーは自治領相も兼務して、チャーチル政権を支え、連合国の指導者としてチャーチルが外遊する間、首相代理として閣議を開き、課題に対処した。このほか、ドールトンが商務相に転出した。

戦後社会の青写真

戦時内閣での労働党の功績としては、戦争遂行と国民の生活改善を同時に実現するものだった。ベビン労務・国家サービス相は、戦争遂行に無関係な産業への就労を抑える雇用統制法に基づき、戦時体制下で有効な労働力の振り分けを行った。労組による反戦ストも起こったが、労組を統括するベビンらの政権参加で大きな広がりを持たなかった。また、トマス・ジョンストン・スコットランド相の主導で、スコットランド高地での水力発電計画が承認された。一九四四年には、労働党の党是である完全雇用を確保する必要性が内閣で承認された。

労働党内の勢力にも変化が表れた。労組と党の連絡調整機関として、一九三四年に発足した全国労働評議会が大きな影響力を発揮していたが、一九四〇年代に入ると、労組と距離を置くアトリーが権限を強めることになった。労組に影響力を持つベビンが、チャーチルの要請を受けて、戦時内閣に加わり、アトリーとも一定の信頼関係を築いたためだ。労組にしてみれば、重鎮のベビンが政権に深く関与したことで、アトリーを支えざるを得ないと判断したようだ。結果として、労組と議員団との対立は避けられた。

労働党は戦時遂行のかたわら、戦後の社会構築の準備に乗り出した。一九四二年一二月、労働省次官補だった経済学者ウィリアム・ベバリッジが策定委員会の中心となり、戦後社会の骨格を示した「社会保険及び関連サービスについての報告(ベバリッジ報告)」を公表した。公有化の推進と社会保障の充実を軸とし、国民の拠出金や税金を医療、年金、失業、出産などの費用に充てるという内容だ。これが戦後の国民保険改革につながっていく。

一九四三年に入り、戦況が有利になると、保守党と労働党の連携にきしみが目立ち始めた。ベビンは、飲食店従業員など組合未加入の労働者を救済するため、最低賃金を義務づける法案を作ったが、保守党は雇用主の圧力を受け、この法案に反対した。また、ドイツ軍が撤退したギリシャで翌四四年、王党派と共産党の対立が深まると、王党派を支持したチャーチルを労働党は非難した。アトリーは後に「労働、保守両党の意見を十分に反映し、長時間の議論の末に結ばれた合意が、一部の閣僚の反対によって葬り去られた」と振り返り、戦後の協力が難しくなるとの見方を示していた。

一九四五年五月、ドイツが降伏したことで、総選挙実施の観測が現実味を帯び始めた。前回総選挙から一〇年が過ぎており、労働党は政権奪還に意欲を見せていた。ただ、アトリーは、労働党の執行機関・全国執行委員会のラスキ委員長との確執を抱え、早期選挙には消極的だったとも言われる。アトリーは七月、チャーチルに同行し、ポツダム会談に赴いたが、ラスキはその際、「アトリーが締結した協定に縛られない」と発言し、物議を醸していた。労働党はチャーチル外交の制約を受けないと強調した発言だが、アトリーはラスキの発言を無視して会談に向かった。

チャーチルは一九四五年七月五日の総選挙（定数六四〇）実施を決意した。五月の世論調査で、チャーチルの支持率は八三％に達し、早期の選挙実施で勝利できるとの読みがあった。選挙が近づくにつれ、労働党批判を強めたチャーチルだったが、戦時中の労働党の協力を忘れなかったようだ。チャーチルは、一九四七年の保守党大会で、「労組は、長い期間にわたり地位を築き上げ、国民生活において、重要な役割を担っている」とたたえた。一九五〇年の保守党大会では、保守党支持の熟練労働者や賃金取得者らに対し、労組で活発に活動するよう呼びかけたほどだった。

解説コラム　イギリス議会における解散権

イギリスでは国家元首が議会下院の解散権を持つ。しかし、一八世紀にドイツから来た国王に代わり、首相が行政権を行使するようになると、下院解散も首相が国家元首に助言する形で行われるようになった。

下院議員の任期は五年あるが、首相が自らの政権運営に好影響をもたらすように下院を解散する場面が目立つようになる。保守党のボールドウィン首相は一九二三年一二月、保護貿易政策に対する民意を得ようと、前回総選挙から一年余で議会を解散して総選挙を実施した。労働党のハロルド・ウィルソン首相は一九七四年一〇月、議席を増やして少数与党から脱する狙いから、議会を解散して総選挙を行ったが、前回総選挙からわずか八カ月しかたっていなかった。

選挙基盤の弱い中小政党にとって、首相による「解散権の濫用」は党の浮沈にかかわる。二〇一〇年に保守党と連立政権を組んだ第三党の自由民主党が、首相の解散権の制約を求めたことを受け、翌一一年に議会任期固定法が成立した。下院の三分の二が解散を求めたり、内閣不信任案が可決された後の一四日以内に新内閣が発足しなかったりした場合に下院は解散されるが、それ以外の場合、総選挙は五年おきに五月の第一木曜日に行われるとする内容だ。欧州連合（ＥＵ）離脱を巡る政局の混乱から、下院議員の三分の二以上の賛成があったため、二〇一七、一九年には下院が解散され、総選挙が行われた。

Ⅳ 国家大改造

アトリー内閣の誕生

クレメント・アトリーが国政の表舞台に立つのは一九四五年七月五日の総選挙だ。ナチス・ドイツはすでに降伏し、日本の敗戦も近いという時期だった。戦勝の追い風に乗って、保守党の勝利は確実視されていた。首相のウィンストン・チャーチルは六月、選挙戦のラジオ演説で、「労働党政権が誕生すれば、社会主義を実現するため、ゲシュタポ（ナチス・ドイツ時代の秘密警察）のようなやり方で背後から襲いかかる」と訴えた。アトリーはその翌日、「保守党は階級の党である。（中略）労働党は国民生活の大河に流れる全ての主要な流れを反映する政党だ」と反論した。

「劣勢」の労働党は、先の「ベバリッジ報告」を基に「未来に立ち向かおう（Let us face the future)」との名称のマニフェスト（選挙公約）を作成した。欠乏、病気、無知、貧困、失業という五つの「巨悪」を打ち破ることを掲げた。マニフェストの責任者だったハーバート・モリソンは、自伝の中で、「労働党政権は、社会保険を最も広範な分野に広げると約束した」と解説した。この「未来に立ち向かおう」は、その後のアトリー政権の方向性を決定づけるものになった。マーガレット・サッチャーは後に、このマニフェストについて、「大変左翼的な文書だった」と皮肉った。

保守党は、アトリーと労働党の執行機関・全国執行委員会のハロルド・ラスキ委員長との関係を取り上げ、労働党議員は国民の様子ではなく、党執行部の顔色をうかがっていると批判した。

結果は労働党が三九三議席を獲得する地滑り的な勝利で終わった。保守党は前回よりほぼ半減して二一〇議席だった。自由党は一二議席に過ぎず、かつての二大政党の一角の面影はなかった。労働党が絶対多数を占めるのは初めてだった。労働党の得票率は四八％で、小選挙区の議席割合は六一％に達した。当選議員のうち、新人議員は三分の二で、地方組織が支援する議員の割合は六割を超えた。労組の推薦を得ていたのは三割だった。労組推薦者が当選した割合は高く、鉱山労働者の労組、運輸総労働者連盟（ＴＧＷＵ）、鉄道労組の候補者はそれぞれ九割以上が当選した。このほか、弁護士、教師、ジャーナリストら中産階級出身の若手が目立った。

多くの政治評論家は、この選挙結果について、有権者が社会改革とともに、二つの大戦で経験した経済不況と雇用危機から脱却することを求めた点を挙げた。このため、医療、年金、失業手当などの費用を公費などで充当する労働党の公約が信頼を得た。大多数の国民が貧困にあえぐ中、戦争で損傷した住宅建設を進め、産業を育成させるには社会主義的な政策が有効とみられた。また、大戦の遠因には一九三八年のミュンヘン会談があり、当時政権を担っていた保守党がその責任を負うべきとの民意が存在した。さらに、アトリーが党内で中道路線を取ったことで、労働党政権の左傾化に対する有権者の懸念を払拭できた。

アトリー政権は一九四五年七月二七日に発足した。ラスキやモリソンは、新議員により選出された新党首が首相になるべきだと主張したが、アトリーは耳を貸さなかった。アトリーはこの時、戦後処理を決めるポツダム会談から帰国し、選挙結果を知り、主要閣僚を任命した後に再び会談場所に戻った。

組閣では、アトリー自ら一九四六年まで国防相を兼務した。少数の閣僚で構成する戦時内閣の手法を放棄し、主要省庁を管轄する大臣と無任所大臣で総勢一九人の内閣をつくった。一九三一年に労組の連合体、労働組合会議（ＴＵＣ）との関係を悪化させ、政治力を失ったラムゼイ・マクドナルド首相（当時）の失敗を繰り返さないため、労働組合会議（ＴＵＣ）や主要労組と頻繁に協議を重ねた。労組の支持を受けた閣僚は六人に上り、アーネスト・ベビンは外相、除名経験のあるアナイリン・ベバンは保健相、ジョージ・イサアクは労相となった。イサアクは一九四六年、ゼネストを禁じた一九二七年の労働争議及び労働組合法を廃止した。労働組合会議はアトリー政権の基本政策を支持し、改革が前進する背景となった。

さらに、政策全般を統括するグループが構成され、ベビンやベバンのほか、モリソン枢密院議長（院内総務）、アーサー・グリーンウッド国璽尚書（社会保障担当）、ヒュー・ドールトン財務相がメンバーとなった。このほか、アトリーの党首就任に反対した女性議員エレン・ウィルキンソンを教育相に任命し、反主流派を懐柔する政治を見せた。一九人の閣内相は、党内各勢力や主張のバランスに配慮した人事となった。

産業公有化

発足したアトリー政権の最大の課題は戦後経済の復興だ。六年にわたった戦争中、九〇〇万人が軍需関係の仕事に就いていたが、戦後に全員を雇う余力はなく、失業者が街にあふれた。生活必需品は足りず、戦争で焼失・破壊された住宅は五〇万戸に上った。海外資産は戦中に売却したために激減していた。借入も増えて債務国となっていた。

労働党は経済政策で、一九三〇年代に流行したマルクス経済学を採用しなかった。ソ連で粛清が起こり、知識人の間でマルクス主義への拒否反応が起こったことが理由として挙げられる。代わって、経済政策の教科書となったのが、経済学者ジョン・メイナード・ケインズが一九三六年に刊行した『雇用・利子及び貨幣の一般理論』だ。雇用確保のため、自由放任でない介入政策を採用し、所得の再分配に基づく消費と公共投資の拡大により、経済情勢を好転させるという政策だ。自由党支持者だったケインズの経済理論は、労働党の頭脳、フェビアン協会の知識人に影響を与えた。例えば、経済学者のエバン・ダービンは、『民主社会主義の政治理論』を著し、資本主義のメリットである高い成長を保ちながら、デメリットの不平等や不公平を排除することが社会主義の目標と訴えた。こうした書籍は、党内穏健派の経済運営のバイブルとなった。

アトリーは、経済再建でアメリカに頼ることを決め、財務省諮問会議のメンバーだったケインズをアメリカに派遣し、六〇億ドルの財政援助を要請した。しかし、米政府が提示したのは、三七億五〇〇〇万ドルの貸与（年利二％）と、ポンドの為替自由化だった。アトリー政権はこれを受け入れざるを得ず、一九四五年一二月に対米協定を結んだ。

アトリー政権はこの後、公約した主要産業の公有化に乗り出し、その基本構想をモリソンに委ねた。私企業による労働力の搾取と不労所得を阻み、計画経済により労働者の生活改善を目指す狙いがあった。

選挙のマニフェスト「未来に立ち向かおう」に基づき、議会での圧倒的多数を受け、次々に公有化を進めた。保守党の反対はあまり注目されなかった。具体的には、イングランド銀行（一九四六年）、石炭（四六年）、電信（四六年）、民間航空（四六年）、電気（四七年）、鉄道（四七年）、ガス（四八年）と続いた。戦時中に統制経済が採用され、事実上、多くの産業が公有状態だったことも幸いした。モリソンの基本姿勢は、政府が資金を出し、トップの人事を決めるが、労働者の経営参加などの事業運営は公営企業に任せ、それに口出ししないというものだった。反発を抑えながら、様々な産業の公有化を円滑に進めるためで、旧所有者に公有化前の収入を保証する措置も取られた。

公有化の過程で論争となったのは鉄鋼産業だ。すでに利益を上げ、産業として好調だったためだ。保守党や業界団体が公有化反対に回り、労働党内からも、公有化により競争力が弱まるといった懸念の声が挙がった。議論は平行線をたどったが、アトリー政権は一九四九年、製品の種類や生産額に応じて公有化の度合いを色分けする妥協案を盛り込んだ法律を通過させた。

公有化の全てが実施されれば、経済の約二〇％が公的に所有されるという計算だった。

経済を直接統制する方針は、様々な政策に表れた。政府は、肉類や小麦などの重要な輸入食糧品をまとめて購入し、適当な価格で配給した。木材や鉄鋼などの重要な輸入原材料も、政府やその関連機関が一括して購入し、企業による製品の増産を促すことを目指した。

教育政策（一〇四ページ参照）でも様々な取り組みが行われた。義務教育の年齢を一四歳から一五歳に引き上げる教育法が施行されるとともに、大学への助成や奨学資金は増額となった。貧しい子どもに高等教育を受けさせるのが狙いだ。また、一九四八年の児童法により、父子や母子家庭、孤児へのケアを充実させた。

このほか、アトリー政権下で一〇〇万戸の公営住宅の建設が本格化した。政策として、国による土地の管理権を強め、住宅建設を進めやすい環境を整備した。また、戦後の物資不足の中、建築資材の利用に許可制を導入し、公営住宅向け以外に資材が流れないようにするとともに、公営住宅を建設する自治体に低利融資を認めた。

また、議員報酬を引き上げ、資金的な余力がなくても政治家になれるようにした。公務員組合が、職能別組合の連合体・労働組合会議（ＴＵＣ）に参加できるようにした。下院が可決した法案を上院が否決できる権限を縮小し、上院改革にも乗り出した。

経済は次第に戦後の混乱から回復し、生産や投資が持ち直し、雇用も改善した。

「揺りかごから墓場まで」

「揺りかごから墓場まで」とは、労働党が第二次世界大戦後に実行に移した社会福祉政策の標語だ。生まれた時から死ぬ時まで、最低限の医療や生活を提供するという意味で、国民全員が加入する国民保険と、国民全員が無料の医療を受けられる国民保健サービス（ＮＨＳ）から構成される。自由党政権が一九〇六年に実施した労働者災害補償法を起点とする社会保障制度を大幅に拡充した。その根底には、一部の困窮者を救済するのではなく、全国民による相互扶助という理念がある。

一九四六年に成立した国民保険法は、病気、失業、退職、妊婦、孤児、死亡時に給付する制度で、ジェームズ・グリフィス国民保険相が手掛けた。一九四二年の「ベバリッジ報告書」に基づき、一六～六〇歳の国民全員が加入し、勤労者や雇用主が保険料を支払い、日常生活を送れない場合や退職後に支給されるのが原則だ。一九四八年七月に施行された。これに併せ、就業中の事故や疾病《しっぺい》に保険金が支払われる産業災害国民保険法、国民保険料を払えない貧困者らに最低限の生活に必要な手当てを支給する国民扶助法がそれぞれ施行された。誰しも人生で必要となる費用を国が保証する画期的な政策となったが、問題点としては、所得の差によらず保険料が均一である点や、給付額が少ない点が指摘された。

一九四六年に制定された国民保健サービス（ＮＨＳ）法は、医療を原則無料で提供する制度で、ベバン保健相が担当した。健康保険制度は以前からあったが、扶養家族や自営業者が含まれず、医療水準も各地で異なっていたため、国民保健サービス（ＮＨＳ）の改革に乗り出したのだ。その基本的な考え方は、「満足できる保健サービスのため、富める者と貧しい者を同様に扱う」ということだった。病院を国営化し、各地に平等に配置し、医療と薬剤を無料にした。医師の少ない地域に医師を回し、全国くまなく一定水準の医療を提供することにした。国民は、事前に医師を選択して指定医に登録し、病気の場合にその医師の診察を受けられるようになった。医師は、登録患者数に比例した報酬を受け取り、法施行前と収入が変わらないように配慮された。財源は税金で賄われた。自費で治療費を払う自由診療も認められた。

労働党内で最左派と言われるベバンの主張に基づき、医師は「みなし公務員」とされたため、医師会は、診療の自由度が束縛されると反発した。ベバンは妥協案を提示し、今後三年間は医師に年間三〇〇ポンドの固定給を約束し、三年後に保険医か自由診療医を選択する権利を医師に与えるとした。医師会は態度を軟化させ、一九四八年七月の制度開始時には、医師の九〇%が保険医となり、二カ月後には国民の九三%がＮＨＳに登録した。揺りかごから墓場までの社会福祉事業がスタートした。

大英帝国の清算

アトリー政権は外交面では当初、米ソ両国と緊密に連携を取り、国連を中心とした安全保障体制を重視する方針を示した。米ソの台頭と国内の混乱で、もはや世界で帝国を維持する余力はなく、その役割を第三者に委ねるしかなかったためだ。アトリーは一九三五年、労働党党首として国会で初めて行った演説で、「国際連盟に従いながら、それと同時に従来の帝国主義型をとっていくことはできない」と訴えていた。

アトリーはベビン外相と意思疎通を図りながら対外交渉に臨んだ。一九二二年から一八年間、運輸総労働者連盟（ＴＧＷＵ）の書記長を務めたベビンを厚遇すれば、組合からの協力を確実に得られるとの読みもあっただろう。ＴＧＷＵ書記長のポストを継いだアーサー・ディーキンには、公的保険の社会保障財源を確保するため、組合員の賃金抑制を受け入れてもらった。

ベビンは元々、親欧州の政治家として知られる。戦後の安全保障の枠組みとして、フランスとの協力を軸にした「西欧同盟」構想を温めていた。同時に対米緊密路線を取った。背景には、頼りにしていた国連が、ソ連の拒否権発動で十分に機能しなかったためと言われている。ハリー・トルーマン米政権が一九四七年六月、戦争で疲弊した欧州各国を支援するための「マーシャル・プラン」を発表すると、ベビンはフランスと協力し、支援を受けるための「欧州経済協力機構（ＯＥＥＣ＝Organization for European Economic Cooperation）」の設立にあたった。

ただ、アトリーの本音は、欧州大陸で進む統合の動きには消極的だった。欧州で新たな戦禍を防ぐため、紛争の火種となってきた鉄鋼と石炭を超国家機関で管理しようとするフランスの構想に反対した。国内の公有化方針と矛盾するためだった。統合の推進役だったフランスのシャルル・ドゴール将軍が、統合にイギリスの参加を求めなかったという事情もある。英国民には欧州の一部ではないという感情もあり、アトリー政権がアメリカ寄りの外交を行う背景となった。アトリーとトルーマンは三回しか会わず、書簡のやり取りも少なかったが、厚い信頼関係を築き、その任期中に戦後の英米間の「特別な関係」が築かれた。特に、対ソ連で戦略的利害が一致し、同盟を深めたと言える。これに対し、労働党内からは社会主義的な外交が放棄されたとの批判の声も上がった。

アトリーは、ソ連の東欧進出の意図が明確になるにつれ、西欧諸国の結束を重視する方向にかじを切った。そこには、「欧州を指導するのはアメリカ人ではなくヨーロッパ人だ」と言う親欧州のベビンの意向もある。一九四八年三月、集団的自衛を目的として、英仏とベネルクス三カ国（ベルギー・オランダ・ルクセンブルク）の計五カ国が西欧連合条約（ブリュッセル条約）を締結し、ドイツの再軍備に備えた。この枠組みは後に、アメリカを含めた北大西洋条約機構（ＮＡＴＯ＝North Atlantic Treaty Organization）の創設につながる。アメリカにとっては、平時における初の集団軍事同盟となる。ベビンがオリバー・フランクス駐米大使を通じて、ディーン・アチソン米国務長官と緊密な連絡を取ったことが奏功した。また、アトリーは、ソ連が一九四八年六月にベルリンを封鎖すると、米政府と協力し、ベルリン西側に食糧や燃料などを送る空輸支援を実施した。

アトリーやベビンがソ連に強い敵意を抱いた背景として、ソ連を敵視していた情報機関とのつながりが指摘される。アトリーは第二次世界大戦中、戦時内閣の一員として、機密情報に接し、ドイツの暗号を傍受していた。戦後は国家保安部（ＭＩ５＝Military Intelligence Section 5）のパーシー・シリトー長官と良好な関係を築き、ＭＩ５本部を訪れた最初の首相になったと言われている。ソ連による英国内での諜報活動が指摘され、ＭＩ５の任務がより重要になったためだ。また、戦後のギリシャ内戦（筆者註：一九四六〜四九年に共産主義系の人民軍と反共産主義の政府軍が演じた戦い。冷戦を背景に大国が介入し、人民軍の敗北で終結した）で、ソ連が共産党系の人民軍を支持したのに対し、イギリスは自由選挙による民主化を訴え、意見が対立したことも、英ソ対立の一因となった。ソ連は一時、イギリスが利権を持つイランにも派兵を進め、両国関係は悪化した。

東西冷戦が深刻化するのに伴い、アトリーは、海軍と空軍の近代化に努めた。第二次世界大戦中のアメリカからの武器貸与が終わったため、独自にドイツの再軍備やソ連の脅威に対抗する必要があった。戦後のアメリカには孤立主義を復活させる兆しもあり、安全保障政策で対米依存できないと考えたようだ。原子爆弾の開発を進めたのもそれが理由だ。

アトリー政権では、世界の覇権国家の地位を降り、大英帝国の解体につながる外交政策も行われた。イギリスは戦争で打撃を受け、もはや帝国を維持する力がなくなったことに加え、世界的にも植民地での独立運動が始まろうとしていたためだ。アメリカもイギリスの植民地維持に反対していた。

最も注目を集めたのが植民地インドだ。労働党の元院内総務、スタフォード・クリプスら政府使節団は一九四六年三月、ヒンズー教徒主体の国民会議派と、イスラム教徒主体のムスリム連盟に対し、自治政府を樹立するという案を示した。しかし、両教徒の衝突と暴動が繰り返されたため、アトリーは一九四七年二月、インドからの英軍撤退方針を発表した。権限移譲を行うため、第二次世界大戦中に東南アジア方面軍総司令官を務めたマウントバッテン卿を全権代表に起用し、翌三月に現地に派遣した。マウントバッテン卿は情勢視察の結果、事態収拾にはイギリスからの分離独立しかないと報告した。ヒンズー教徒とイスラム教徒がそれぞれ、インド、パキスタンとして別々の国を作ることも決まった。アトリーはこれを認め、一九四七年八月一五日の独立となった。

英軍は、委任統治していたパレスチナからも手を引いた。アメリカは国内のユダヤ人勢力の圧力を受け、パレスチナ分割を主張したのに対し、アトリーは自治政府案を示し、米英の対立は先鋭化した。

一九四六年七月にエルサレムのキング・デイビッド・ホテルが爆破され、英国人二八人を含む九一人が死亡した。ユダヤ人テロ組織の犯行で、アトリーは事件後、テロ組織の捜索を続けたが、限界があった。結局、一九四六年八月にパレスチナ統治をあきらめ、一九四八年五月にパレスチナから撤退すると宣言した。

さらに、一九四八年一月にはビルマ（現ミャンマー）、四八年二月にはセイロン（現スリランカ）の独立が実現した。アトリーは「植民地支配は、現代の世界には通用しない」と主張したが、チャーチルら保守党要人は、アトリーの外交政策を帝国への裏切りとみていた。

イギリスはそれまでの自治領諸国（the Dominions）を連邦諸国（the Commonwealth）に改名し、旧植民地との間で、上下関係から水平的な関係への転換を目指した。独立した国々を英連邦（筆者註：イギリスの旧植民地や英国王を国家元首とする国々からなるゆるやかな国家連合で、現在は五〇カ国以上が加盟し影響力を発揮する）に招き、外交力の維持に努めた。

経済不振と外交とん挫

アトリーを苦しめたのは経済運営だった。ドールトン財務相が緊縮財政路線を取ったにもかかわらず、一九四五年に合意したアメリカからの多額の借款は一九四七年には底を付いた。このため、財政支出と貿易赤字が拡大するとの懸念が強まり、通貨ポンドの売り圧力が強まるという為替危機が発生した。一九四七年一月の大寒波では、石炭の備蓄が底をつく燃料危機が起こり、操業中止に追い込まれる工場が続出し、交通機関はまひした。

アトリー政権への支持率が下がる中、軍備費削減を認められず、アトリーに不満を募らせるドールトン財務相が、院内総務だったクリプス商務相と協力し、アトリーを辞任させ、後任として、労組に影響力を持つベビン外相を擁立する陰謀をめぐらす。ドールトンの意を受けたクリプスがアトリーに直接辞任を迫ると、アトリーはクリプスを前にベビンに電話し、その後、クリプスに「ベビンは首相などやりたくないと言っている」と伝えた。アトリーの老練さは、クリプスに新設の経済問題担当相を打診することに表れる。このポストは、経済関連の各省の政策を調整し、各省を監督する権限があるとされ、クリプスを引きつけた。ドールトンとクリプスを巧妙に離間させ、自らへの陰謀を葬り去ったのだ。一九四七年一一月、アトリーは、予算内容をメディアに漏らしたとして、ドールトン財務相を更迭し、後任にクリプスを横滑りさせた。クリプスは、財政支出抑制のため、賃金抑制策を提示した。

クリプス財務相は、アトリーを説得して、軍事費を削減して財政支出を減らすとともに、ぜいたく品や富裕層の資本所得への課税強化などで、債務危機を切り抜けようとした。労働党内からの反発にもかかわらず、食料品の価格安定のための補助金も削減した。主要省庁の官僚、大学教授、労使の代表らを集めた「経済計画委員会」の枠組みを生かし、経済の計画化に取り組むようになった。歳出超過にならない予算を組み、低金利政策をやめ、インフレの克服を目指したが、一九四九年になると、アメリカの不況の影響で、イギリスからの輸出額が落ち込んだため、通貨ポンドの対ドルレートを下落させることで、輸出を振興する選択しかなくなった。アトリー政権は、一ポンド＝四・〇三ドルから二・八ドルへ、約三〇％の切り下げを余儀なくされた。

労働党政権の象徴的な政策だった産業の公有化についても、以前に比べて生産性が上昇したわけではなかった。むしろ労働者の欠勤率が戦前よりも増加し、ストが相次ぐなど、その効果を疑問視する声が出始めていた。公有化は経済を停滞させる方向に働き、労働党の経済政策（一〇七ページ参照）は変更を迫られていた。党は一九四九年の政策「労働党はイギリスを信じる」の中で、「競争的公有企業」の考えを打ち出し、一般企業と競争させることで生産性を高める方針を示した。

しかし、経済不振の結果は、一九五〇年二月二三日の総選挙（定数六二五）の結果に表れた。労働党は前回よりも得票数を増やしたが、一九四八年の選挙法改正で、党支持者の多い都市部の議席が減ったため、獲得議席は前回比七八議席減の三一五議席だった。第一党は維持したが、第二党の保守党は二九八議席まで迫り、野党の総議席より五議席多いのみとなった。

その後は、外交でも内政でも難しい対応を迫られた。

一九五〇年六月に朝鮮半島で朝鮮戦争が起こった。イギリスは、韓国支援を表明した国連決議を支持し、米軍指揮の国連軍に派兵した。戦争は長期化しないとみられたが、中国軍が介入することによって、戦局が膠着状態に陥ると、労働党内では休戦を求める意見が支配的となった。アトリーは訪米し、トルーマン米大統領に戦線縮小を求めた。

アトリー政権は一九五〇年一〇月、東西冷戦の国際情勢に対応するため、兵役期間を一年半から二年に延長し、党内左派から軍拡路線との批判を招いた。朝鮮戦争の長期化は、輸入原料品の高騰をもたらし、インフレが起こり、国民生活に打撃を与えた。

この時期の外交で最大の懸案となったのがイランだった。新たに就任した民族派のムハンマド・モサデク首相が一九五一年五月、イランの石油産業を独占してきた英企業、アングロ・イラン石油会社の国有化を宣言し、イギリス人職員を追放することを決めた。労働党は元々、世界各地で利権を獲得してきた大英帝国の維持には反対の立場だったが、政府は国益を守るべきとの国内世論の圧力を受けていた。ベビン外相は一九五一年三月、体調不良から辞任したため、枢密院議長から後継の外相となったモリソンがこの懸案に対処した。モリソン外相は、モサデクを倒すため、アメリカと連携してイラン産石油を国際市場から排除する動きに出るとともに、国連安全保障理事会にこの問題を持ち込んだ。しかし、安保理の対応は鈍く、モリソンの外交は奏功しなかった。

軍事費拡大問題

内政では軍事費拡大問題が政権を揺るがした。

アトリーは一九五〇年一〇月、体調不良を理由に辞任したクリプス財務相の後任人事にあたった。候補となったのは、国民保険制度を創設したベバン、元燃料・動力相のヒュー・ゲイツケル、商務相のハロルド・ウィルソンだった。アトリーはウィルソンを買っていたが、まだ三五歳だった。ベバンを起用すると、モリソンが反発し、党内の勢力バランスが崩れる。アトリーが最終的にゲイツケルを財務相に起用したのは、こうした計算が働いたとみられる。クリプスは一九五二年に死去する。

ゲイツケルは一九五一年四月、今後三年間の防衛費を三四億ポンドから四七億ポンドに増額し、その支出の一部として、入れ歯とメガネ購入費を患者に半額負担してもらう方針を公表した。イギリスは一九五〇年六月に起こった朝鮮戦争に国連軍の一員として参戦し、二カ月後の八月に釜山上陸を行うなど、多額の戦費を必要としていた。また、ゲイツケルは、極端な社会主義化には反対の立場で、党内左派勢力とは一線を画しており、無料の医療制度には強い思い入れはなかったようだ。しかし、保健相として国民保険制度をつくり、労務・国家サービス相になっていた左派のベバンは、この方針を猛烈に批判した。ベバンはそもそも、財務相には自分が就任すべきだと考え、若いゲイツケルの就任に否定的だった。若手有望株のウィルソンやジョン・フリーマン供給省政務次官も反発し、辞意を示唆した。

ゲイツケルは、一九四五~四七年に財務相を務めたドールトンにはベバン、ウィルソン、フリーマンの「三人がいなくなっても構わない」との考えを伝えていた。政敵を排除する狙いもあったに違いない。当時、運輸政務官を務めていたジェームズ・キャラハンも「ウィルソンとベバンが辞任しても、党内では同情論は起こらないだろう」との見方を示した。実際、その他の閣僚はゲイツケルを支持していた。

こうした中、労組や党内左派ににらみを利かせていた前外相のベビンが一九五一年四月一四日に死去した。アトリーにとっては、左右両派の結束に重要な役割を果たした「同志であり親友」だった。ベビンの死は、党内の結束が壊れやすい状況をもたらした。

結局、ベバンは妥協せず、一九五一年四月二一日に労務・国家サービス相を辞任した。アトリーへの書簡で、「労働党が誇りとする社会サービスの崩壊の始まりだ」と批判した。

アトリー側はウィルソンに辞任を思いとどまらせるため、次期総選挙で当選確実な選挙区を提示した。内相や枢密院議長を歴任した党重鎮のモリソンはウィルソンに対し、「もし辞任すれば、今後二〇年間、君の労働党での政治生命は終わる」と脅した。ベバンもウィルソンに慰留を求めた。だが、ウィルソンは翌二二日に商務相を辞任した。フリーマンも後を追った。

ウィルソンの決断には、政治的野心を実現するためという見方があった。当時それほど目立つ存在ではなかったウィルソンが、この騒動によって、左派のリーダーとしてベバンに次ぐ地位を確保したためだ。フリーマンは「辞任はウィルソンがトップになるための最良の道を与えてくれる」とみていた。

ベバンやウィルソンらは「キープ・レフト・グループ」と呼ばれるようになった。このグループに所属する下院議員は一九五一年には三二人、五二年には四七人に増えたという。入れ歯とメガネ購入費問題だけでなく、防衛費増額にも非難の矛先を向けた。結果的にこれが労働党の内紛を促し、政権の崩壊につながったとの指摘がある。

アトリーは、現状を上回る多数派を得るため、新たに総選挙（定数六二五）を模索した。一九五一年五月に始まったテムズ川沿岸での大博覧会「フェスティバル・オブ・ブリテン」の期間や、国王ジョージ六世がオーストラリアやニュージーランドへ長期旅行に出かける翌五二年を避けて、一九五一年一〇月二五日を投票日に決めた。国王不在時の政治的混乱を回避する必要があった。保守党は、アトリー政権の経済失政が通貨ポンドの急激な減価をもたらしたと訴えたのに対し、労働党は、イラン問題で保守党政権時代の強硬な態度が戦火を拡大させたと主張した。アトリー自身は六八歳となり、十二指腸潰瘍の疑いで入院したこともあり、身体的な衰えを指摘されるようになった。

開票の結果、労働党は二九五議席にとどまり、保守党は過半数の三二一議席を得た。労働党は一三九四万票という党史上最多の票を獲得し、保守党よりも二三万票多かった。労働党が投票総数で上回りながら、過半数を維持できなかった理由として、労働者階級が多く住む地域で圧倒的な票を得ながら、支持がほとんど皆無という選挙区もあり、全国で平均的に得票できなかったという事情がある。保守党は、全国に支持層を持ち、圧倒的に強い選挙区はなくても、全国くまなく議席を獲得できる。このため、保守党が下院で過半数を確保するには投票総数の四四・五％を必要とするが、労働党は四六・五％も取らなければならないという推計が出ていた。

経済の社会主義化への不安が高まり、豊かになり始めた中産階級が保守党支持に回った背景も指摘される。また、一九四九年に一ポンド＝四・〇三ドルから二・八ドルに通貨の価値が下落し、製造業を中心に輸出が増えたが、朝鮮戦争で天然資源価格が上昇したことが影響した。さらに、入れ歯とメガネ購入費を巡る党内対立は、党固有の社会主義政策を推進するベバン派と、現実に合わせて修正していくゲイツケル派の抗争を表面化させ、有権者の離反を招いた面がある。

一方の保守党は、下野した六年間、地方組織を立て直し、有能な新人を立候補させ、党の再建に乗り出していた。

アトリー政権の六年間で、社会福祉制度の構築や大英帝国の解体など大きな変化が起こった。アトリーの政治手法として、幹部大臣のベビン、ベバン、ドールトン、モリソン、クリプスの「わがままな五匹の馬」に自由に仕事をさせ、自らは調整役に徹しておきながら、最終決断の場面では決してひるむことがなかったという。後に首相となるウィルソンはアトリーについて、「アトリーの強さは、決断する能力だ。内閣での態度は毅然としており、勇気を持っていた」と称賛した。

また、一九五一年の総選挙では、保守、労働両党の得票率の合計は全体の九六％に上った。二大政党制の最盛期とも言える。この合計得票率は時代とともに下がっていくことになる。

解説コラム　労働党の教育政策

労働党が党是の公正な社会を目指す上で、教育は重要な政策となった。結党当初から無償教育を掲げ、政権に就くと、進学制度の変更など様々な改革を実行してきた。

階級社会と言われるイギリスでは、高等教育は一部のエリート層に限られてきた。普通初等教育の開始は一八七〇年の教育法がきっかけとなっており、一八九〇年代に高等教育に進んだ子どもは二七〇人に一人しかいなかったと言われている。

労働者の利益を代弁する労働党は、無料の教育を広く普及させ、出自でなく能力が評価されるシステムを築き、階級社会を打破しようと考えた。初代党首のケア・ハーディは国会で無償教育を訴えた。この方針はその後、党の選挙公約となってきた。

一九四四年には新たな教育法が制定され、無償の義務教育が保障された。その際、地方教育当局（ＬＥＡ＝Local Education Authority）が運営するカウンティ・スクールと新たな公営のボランタリー・スクールが軸となった。また、親の経済力ではなく、子どもの学力により進学先を決めるようにするため、「イレブン・プラス制度」が導入された。小学校の最終学年が終わる一一～一二歳時に能力試験を受け、その結果に基づき、グラマー、テクニカル、モダンの三種類の中学校に進学させる制度で、裕福な親の子弟が集まるグラマー・スクール（日本の中高校に相当）に能力のある貧しい家庭の子どもを入学させる狙いがある。

イギリスの学校制度

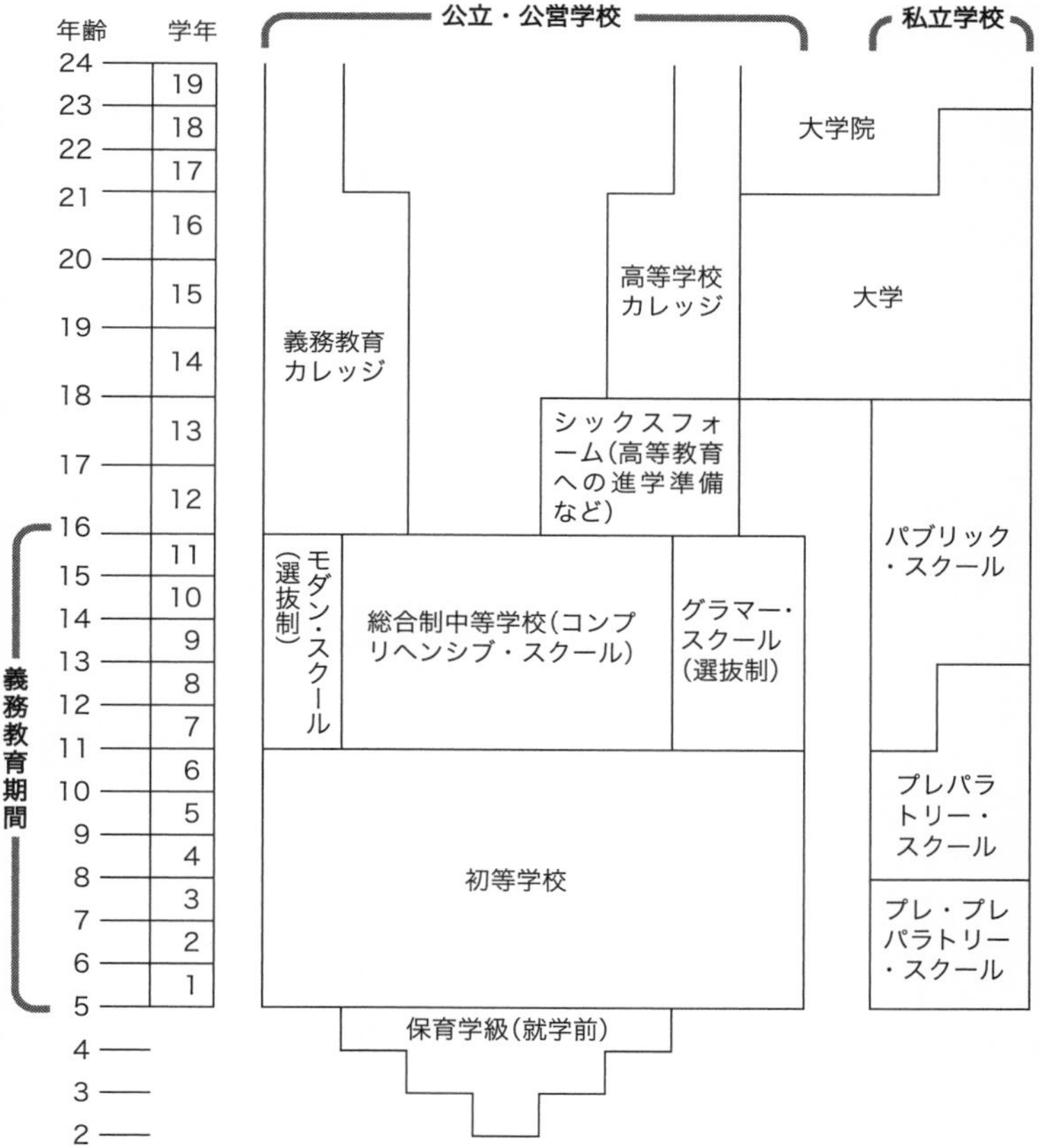

出典：文部科学省資料より（一部修正）

しかし、一一歳で将来を決めるのはあまりにも尚早との批判に加え、富裕層の子どもが進学するグラマー・スクールへの予算配分が多いとの非難もあり、労働党のウィルソン政権は一九六〇年代、中学校への進学を統合制中等学校「コンプリヘンシブ・スクール」に一本化しようと試みた。実際、この学校への進学率は上がった。

家業の雑貨店を手伝いながら、苦学して身を起こした保守党のマーガレット・サッチャー首相も教育には熱心だった。一九八八年に教育改革法を成立させ、公立学校で統一学力テストを一斉に実施し、その結果を公表し、親と子どもに自由に進学先を選んでもらうようにした。「選択と多様性」が新たな方針となった。これまで地域によって異なっていた教育内容を統一し、学校同士を競争させることで、子どもの学力と教育水準を向上させようとした。学校それぞれの自主裁量権も拡大し、自律的学校運営の政策が掲げられ、地方教育当局（ＬＥＡ）に与えられてきた人事や予算の権限を各校の学校評議会に移行した。

労働党政権では、トニー・ブレア首相が、教育を最優先課題に掲げ、地方教育当局（ＬＥＡ）に再び権限を与え、公立学校を改革した。教育予算を倍増し、校舎の建て替え、教育機器の導入、教員の増員を進めた。その対象は、就学前の幼児にも向けられ、無償で教育施設に通うことができる制度を構築した。各校の目標を数値化し、成果を出した学校の予算を増やした。「英国病」と呼ばれる経済疲弊が続く背景には、若者の学力低下があり、ブレアは教育の充実により国力を回復させようと考えたが、学校間の競争を刺激する方法は、サッチャー政権の教育改革の延長とも言われた。

解説コラム　労働党の経済政策

労働党の経済政策は、産業の公有化や貧困・失業の撲滅といった主要政策を実現するため、積極的な財政出動を前提としている。だが、戦後は輸出産業が伸び悩み、経常収支が悪化したため、財政出動の余力はなく、歴代の労働党政権は公約を実現できないジレンマに立たされた。

イギリスは一八～一九世紀、繊維や綿工業で生産技術の発展に伴い、産業革命の発祥の地となり、「世界の工場」となった。自国製品を輸出する市場として、世界各地に植民地が建設され、大英帝国が築かれた。一八一六年には、ポンドと金の交換比率を一定化させる金本位制を採用したことで、国際市場での決済通貨として、ポンドの信用と価値は高まった。国際金本位制はポンド体制と呼ばれるようになった。

二〇世紀に入り、労働党が勢力を伸ばしたのは、世界に先駆けて資本主義が発展し、それによって誕生した多くの労働者を支持基盤に取り込んだためだ。党が主張する失業や貧困対策を実行する財政余力もあった。

金本位制は第一次世界大戦の勃発により一時停止されたが、一九二五年に復帰した。だが、一九二九年に世界恐慌が起こると、イギリスの輸出産業は打撃を受け、債務が増加した。このため、ポンドが増刷されるとの懸念から、ポンドを金に換える動きが加速し、英国内から金の流出が止まらなくなった。労働党のラムゼイ・マクドナルド党首を首班とする挙国一致内閣は一九三一年、金本位制を維持できなくなり、通貨当局が通貨の発行量を調節する管理通貨制度に移行した。

第二次世界大戦後、イギリスの製造業が衰退したことも英経済を悪化させた。輸出競争力を失い、輸入超過となったため、ポンドの信用は低下した。労働党のアトリー政権は一九四九年、一ポンド＝四・〇三ドルから二・八ドル、ウィルソン政権は一九六七年、一ポンド＝二・八ドルから二・四ドルにそれぞれポンドの価値を切り下げ、英製品を外貨ベースで割安にして輸出を後押ししようとした。だが、通貨の価値が下がると、国内ではインフレとなり、労働者や低所得者層の生活を直撃する。労働党政権も、インフレを抑制するため、財政支出を抑える緊縮政策を取らざるを得ず、社会福祉の充実を望む支持者を失望させる結果となった。一九七八～七九年に起こった労働者の大規模スト「不満の冬」は、賃上げ抑制など労働党政権の緊縮政策に対する不満の表れだった。

労働党が目指す公正な社会の実現には、巨額の公費の支出が必要となるが、英経済が競争力を失って衰退すれば、財政支出は困難となる。一九九七年に誕生したブレア政権の「ニュー・レーバー」路線は、資本主義経済の競争原理を容認することで産業の発達を促すもので、生活水準が最終的に同レベルになるように富を配分する「結果の平等」よりも、全ての国民に平等なチャンスが与えられる「機会の平等」を掲げるようになった。失業手当を削減する代わりに、失業者の職業訓練予算を拡充し、就労を促したのはその一例と言える。

Ⅴ 内部対立

ベバン派

一九五一年一〇月の総選挙に勝利し、首相に返り咲いたのは、七六歳のウィストン・チャーチルだった。チャーチルは、労働党の得票数が保守党よりも多かった民意を尊重し、アトリー政権が行った国有化政策の大幅な修正には乗り出さなかった。ラブ・バトラー財務相の予算案は、労働党のヒュー・ゲイツケル財務相時代とほとんど変わらなかったため、この二人の経済政策は、それぞれの名前の一部を取って、「バツケル派」と呼ばれた。これは、野党の労働党が、与党・保守党の経済政策を攻撃することを困難にした。バトラーは「(私とゲイツケルは)ケインズ主義に近かった。私たちの目標は異なっていたが、政策は似ていた」と語っている。ゲイツケルは、国有化政策に失業、福祉政策を絡ませた修正社会主義の立場を取り、バトラーは、国家が介入する資本主義を目指し、貧困層や年金生活者の救済を重視した。チャーチルはバトラーの路線について、保守党の下院議員だった父親を引き合いに出し、「これこそ私の父が話していたトーリー・デモクラシー（保守党の民主主義）だ」とたたえ、結果としてクレメント・アトリー政権の国有化と社会福祉路線は事実上継承された。

チャーチルは国防相も兼任し、内政よりも外交により多くの関心を示した。アトリーはインドやビルマの独立を認めたが、チャーチルは大英帝国の維持にこだわった。ソ連を敵視して対米関係を基軸とし、欧州の統合には距離を置いた。

労働党では一九五一年の総選挙敗北後、アトリーが党首にとどまった。だが、党内抗争は激化した。党内左派は、元保健相のアナイリン・ベバンを中心に約五〇人に上り、「ベバナイト」（ベバン派）として、アトリー執行部の政策に異を唱えるようになった。執行部が再軍備の必要性と北大西洋条約機構（NATO）の重要性を主張するのに対し、ベバン派は、防衛費の増額に反対し、親米路線を改め、ソ連や中国との協力を模索した。ベバン派には記者出身者が多く、労働党系雑誌『トリビューン』で主張を展開した。「トリビューン・グループ」は党内左派の最大派閥となっていく。

対立は一九五二年以降も続く。この年の三月には、ベバン派の下院議員五七人が、ソ連の脅威に対抗するため、ドイツの再軍備を認めるか否かの採決で、反対票を投じた。アトリーは再軍備を認めていた。一九五四年六月には、党財政局長を務めていたアーサー・グリーンウッド副党首が死去した。この年の九～一〇月の党大会では、後継の局長ポストを巡り、左派のベバンに対し、ゲイツケルが戦いを挑んだ。ゲイツケルは影の燃料・動力相時代、炭鉱労働者の支持を集めていた。また、弱小の共産党員が労働党内に侵入していると訴えて、有力労組・運輸総労働者連盟（TGWU）などの信頼も得ていた。投票の結果、ゲイツケルがベバンのほぼ二倍の票を獲得して財政局長のポストを得た。

また、労働党は一九五五年三月、水素爆弾を製造することに同意した。ベバン派六二人は、下院の採決では棄権に回った。ベバンは議会での討論で、労働党執行部が水爆製造に関する政府の国防白書に修正案を提案した際、アトリーの発言をさえぎるような行動に出たため、執行部の怒りを招いた。労働党の影の内閣（一二〇ページ参照）は数日後、ハーバート・モリソン副党首らが中心となり、ベバンから院内幹事の地位を剥奪することを決議した。

世代交代

一九五五年四月、八〇歳のチャーチルの引退に伴い、首相となったのが、五七歳のアンソニー・イーデンだ。当時は、戦後の混乱が収束し、景気は回復し、財政出動の余裕も出ていた。イーデンは、こうした経済情勢の機会を逃さないため、翌五月二六日の総選挙（定数六三〇）実施を決めた。選挙結果は、保守党が前回比二四議席増の三四五議席、労働党は一八議席減の二七七議席、自由党は六議席、北アイルランドのカトリック系政党・シン・フェイン党（筆者註：アイルランド語で「我々自身」を指す。一八二〇年代のカトリック解放組織に起源を持つ。各地の政治団体が統合されて拡大し、当初はアイルランド人による自治権獲得を目指したが、やがて独立運動に発展する）は二議席だった。得票率は、保守党が労働党を上回り、労働党の得票数は前回を下回った。保守党と野党の総議席の差は、一九五一年の一七議席から今回は六〇議席へ増加した。

労働党の執行機関・全国執行委員会は、敗因を分析するため、ハロルド・ウィルソンを中心とする委員会に調査を指示した。委員会は報告書で、党職員への給料が低く、組織の士気が低下している点や、他党と票差が伯仲する選挙区への支援が不十分な点を指摘した。その上で、地方の党事務所への権限移譲、伯仲選挙区への支援強化、通年で党の宣伝活動の継続といった提案を行った。公有化の継続という政策も、執行部とベバン派の対立により具体策を打ち出せない結果、従来の主張を繰り返しただけであり、有権者にとっては新味に欠ける内容となっていた。

このほか、勝利したイーデンは「野党は指導者が独りでテレビに出るという冒険をしていなかった」と振り返った。新たな訴えの手段となっていたテレビを活用しなかったことが敗北の一因になったようだ。

アトリーら影の内閣のメンバーは七〇歳を超えて高齢化し、改革を実現できるかについて疑問符が付いていた。かつて財務相を更迭されたヒュー・ドールトンは、アトリーに書簡を送り、自ら引退を表明するだけでなく、六五歳以上の影の閣僚に辞任を促した。党内では、ドールトンが後継者とみるゲイツケルが頭角を表していた。アトリーは一九五五年一二月に党首を辞任し、影の閣僚もこれに続いた。アトリー時代は二〇年で幕を閉じた。

アトリーは辞任の意向をイーデンにも伝えた。イーデンはその際、戦時内閣での経験を振り返りながら、「私は彼を仲間として信頼し、ライバルとして尊敬した」との言葉を残している。

ゲイツケルの改革

後任の党首選は一九五五年一二月一四日に行われた。若手右派のゲイツケル、ベテランで副党首のモリソン、左派のベバンの三人が出馬した。影の燃料・動力相時代に労組とのパイプを築いたゲイツケルは四九歳と最年少で、運輸総労働者連盟（ＴＧＷＵ）書記長のアーサー・ディーキンや全国石炭労組のウィル・ローサーらの支持を得て、順調な戦いを続けた。ベバンは強硬左派とみられて支持が広がらず、六七歳のモリソンは高齢のため不適任とみられた。結果は、ゲイツケルが一五七票、ベバンが七〇票、モリソンが四〇票だった。副党首選は、モリソンの辞任を受け、翌五六年二月に行われ、アトリー政権で国民保険相を務めたジェームズ・グリフィスが一四一票を取り、ベバンの一一一票を破って選出された。ゲイツケルは党内融和のため、ベバンを影の外相で迎えた。

イーデンは、鉄道などの公有化や国民保健サービス（ＮＨＳ）を維持し、国民の支持をつなぎとめたが、国外ではスエズ危機（筆者註：一九五六年一〇月、エジプトのガマル・アブドゥル・ナセル大統領は、イギリスが利権を持っていたスエズ運河の国有化を宣言し、これに反発する英仏両国がイスラエルを誘って共同でエジプトに出兵した危機。第二次中東戦争とも呼ばれる。アメリカの反対で三カ国は撤兵を余儀なくされた）により動揺していた。交渉による解決を主張したゲイツケルは、イーデンによる軍事介入について、「破滅的に愚かな行為」と批判した。ベバンと協力し、イーデンを攻め続けた。この時、アトリー時代にみられた与野党党首の個人的関係の構築はみられなかった。ベバンはこの時、核兵器の一方的廃絶という党左派の伝統的な政策を放棄していた。

一九五七年一月、イーデンがスエズ危機の責任を取って辞任した。体調の悪化も影響した。この危機の重大さは、対植民地、対米、対欧州という英外交の三つの根幹を揺るがしたことだった。特に、事前に出兵の了解を得ていなかったアメリカから撤兵を迫られ、受け入れざるを得なかったことは、イギリスの国力の低下を示した。

後任は財務相のハロルド・マクミランだった。イーデン内閣のほぼ全閣僚の支持を得た。一九五七年一月に就任したマクミランは、ジョン・F・ケネディ米大統領と緊密な関係を築き、スエズ危機で冷却化した対米関係を修復した。国内の経済政策では「バツケル派路線」を守り、ケインズの政策を採用し、失業率の上昇を防いだ。世界経済は比較的好調で国内経済への悪影響は少なかった。マクミランは、インフレを抑えるため、財政支出の抑制に乗り出し、その一環として労働者の賃金抑制を目指したが、労組の要求を一部受け入れる柔軟な対応を示して、深刻な対立を回避した。

労働党はこの時期、党内の左派と右派（一二二ページ参照）の対立に揺れていた。左派が産業の公有化の継続を掲げたのに対し、右派が公有化以外の手法による格差解消を訴えて論争を挑んだ。その折衷案として、非効率で労使関係の悪い産業を公有化する一方、公有化しない産業の株式を国が一部買い取るという方針がようやく決まった。また、教育問題では、富裕層の子弟が通う「パブリック・スクール」を廃止し、全ての子どもに平等な制度の設計を訴える左派と、貧困層の優秀な子弟を「パブリック・スクール」に通わせようとする右派の主張は食い違った。

マクミランは最大野党のこうした混乱を見て、一九五九年九月に議会を解散し、総選挙（定数六三〇）の投票日を一〇月八日と決めた。労働党は、選挙区の選挙統括者を任命し、年金制度や教育制度の改革を提言したほか、増税せずに財政支出を拡大すると訴えた。ゲイツケル党首は、全国を遊説し、テレビにも出演し、誠実な指導者の印象を与えようとした。これに対し、保守党は、労働党が産業公有化に執着していると非難した。

獲得議席の結果は、保守党三六五、労働党二五八、自由党六、無所属一で、労働党の得票率は前回比二・六ポイント減の四三・八％まで低下した。巧みな政権運営を続けたマクミランの勝利だった。ゲイツケルの「増税しない」という訴えは、票目当ての提案とみられ、支持が広がらなかった。

一九五一、五五、五九年と三回連続の総選挙敗北になった理由として、右派が、公有化政策にこだわり過ぎたと総括したのに対し、左派は公有化の訴えが足りなかったと反論した。右派のゲイツケルは、労組や労働者への依存体質が、一般の有権者に敬遠されたと感じたに違いない。選挙後の一一月に開かれた党大会でこう訴えた。

「なぜ、国有化を訴えているのに票を失うのか。現在の国有化産業が不人気であるためだ。結局、民間部門の最優良企業と同等の業績を出さなければ、国有化は積極的には評価されないだろう」

ゲイツケルはその上で、国有企業の生産性を上げるため、「生産、分配、交換手段の共同所有」を明記した党綱領第四条を改正すべきと主張した。党が一九一八年、社会主義国家の建設を目指して採択した綱領の根幹となる条文だ。ゲイツケルは、これを削除し、産業の私的所有を認め、競争を促し、経済を活性化させようと考えた。これに対し、ベバンは、「労働党に投票しなかった人が、公有化を支持しなかったからだと考えるのは正しくない」と述べ、産業公有化の方針は依然として支持されており、党綱領第四条は必要との考えを示した。

一九六〇年三月、ゲイツケルは、労働党の執行機関・全国執行委員会に対し、綱領第四条を見直すよう理解を求めたが、全国執行委員会は、第四条には手をつけず、資本主義の成果を認める声明を加えることを主張した。結果的に、ゲイツケルの提案は拒否される公算が高かった。左派だけでなく、古参党員らが反対に回った。ゲイツケルは、敗北を避けるため、提案を取り下げた。

不慮の死

保守党のマクミラン政権下で、イギリスの核兵器開発は進んだ。これに対し、一九五八年に核兵器廃絶運動（CND＝Campaign for Nuclear Disarmament）が発足するなど、左派勢力の反核運動は高まりを見せていた。だが、労働党右派のゲイツケル党首は一九六〇年夏、新たな防衛政策を発表し、労働党の基本指針である一方的な核兵器廃絶（一二四ページ参照）の修正を求めた。しかし、この年の一〇月に中部スカーボローで開かれた党大会で、運輸労組をたばねる運輸総労働者連盟（TGWU）のフランク・カズンズ書記長は、一方的な核兵器廃絶を求める決議案を提出した。この案は僅差で採択され、党首の方針が否定されるという異例の事態となった。当時は、ソ連上空を飛行していた米偵察機U２が撃墜され、核戦争の可能性が指摘されていた。決議案採択の背景には、核兵器廃絶を求める国際世論があった。さらに、左派勢力は、党員の間で根強い人気があり、右派勢力にはこれを抑え込む十分な力はなかった。

ゲイツケルの威信は低下した。一九六〇年一一月に行われた党首選で、ゲイツケルは影の財務相だったウィルソンの挑戦を受けた。現職の党首が自らの部下と党首選で争うのは異例の事態だった。結果は、ゲイツケルが一六六票を獲得し、八一票のウィルソンを破った。ウィルソンは、左派の立場から、国内の米軍基地に懸念を示し、自国が水素爆弾を持つことに反対したが、すでにベバン派から離れており、左派から十分な支持を得られなかった。

ゲイツケルは選挙後、ウィルソンを影の財務相に留任させ、翌六一年一一月には影の外相として処遇した。実際には影の内閣から排除することも考えたが、そうすると危険だと判断した。副党首選では、運輸労組出身でアトリー内閣の建設相だったゲイツケル派のジョージ・ブラウンが一三三票を取り、一〇三票だった左派のフレデリック・リーを破った。

ゲイツケルは政権奪還に動き始める。当時、貿易の輸入超過が問題となったため、通貨ポンドを切り下げて、輸出を促すのではないかとの観測が強まった。保守党のセルウィン・ロイド財務相は一九六一年七月、ポンドの信用を維持するため、公共支出を削減しようと、賃金抑制策を発表し、国民の不満を高めた。さらに、マクミランがこの月、欧州経済共同体（EEC＝European Economic Community）に加盟申請すると、ゲイツケルはこれまでの加盟支持の姿勢を一変させ、反対を表明した。

ゲイツケルは一九六一年一〇月にイングランド北部ブラックプールで開かれた労働党大会で、敵対国の核兵器保有の有無によらず、進んで核兵器を廃絶する政策の破棄を承認させた。前年の党大会での雪辱を果たし、一方的な核兵器廃絶を嫌う多くの有権者の期待に応えた。党内のゲイツケル派が「民主社会主義運動」というグループを結成し、商店、鉄道、機械の三つの主要な労組に働きかけ、核政策の変更を促した結果だった。

さらに、ゲイツケルは一九六二年一〇月にイングランド南部ブライトンで開かれた党大会で、英連邦の維持を主張する一方で、保守党が目指す欧州経済共同体（ＥＥＣ）への加盟について、「独立した欧州の国家としてのイギリスは終わる。数千年に及ぶ歴史の終わりだ」と非難した。党内では総じて、左派が加盟に反対、右派がＥＥＣとの協力に前向きだったが、ゲイツケルは左派寄りの立場を取った。結果として、運輸総労働者連盟のカズンズ書記長は後にゲイツケルに融和的な態度を取るようになる。会場にいた党員は、ゲイツケルの変わり身に困惑したが、妻のドラ・ゲイツケルによると、「それでも人々は拍手喝采を送った」という。

一九六二年には、経済状況は悪化し、イングランド北部や北アイルランドで失業者が増え始めた。こうした地域で元々盛んだった炭鉱や鉄鋼など伝統的な産業が衰退したためだ。ロイド財務相の厳しい緊縮財政政策が理由と批判され、保守党は支持を失いつつあった。この時、ゲイツケルは突然病魔に襲われた。一九六二年一二月、ロンドンのミドルセックス病院に搬送された。医師は全身性エリテマトーデスと診断した。炎症が様々な臓器に転移する珍しい病気で、特に女性に多いとされる。心臓と肺が冒され、後に全ての重要な臓器に転移し、翌六三年一月一八日に死去した。

五六歳の若さでの急死だけに様々な臆測が飛び交った。温帯地域ではほとんどない病気で、ゲイツケルが最近、これに感染した証拠はなかったためだ。ゲイツケルに近い国家保安部（ＭＩ５）の科学技官、ピーター・ライトはゲイツケルがソ連の国家保安委員会（ＫＧＢ）に暗殺された可能性が高いと結論づけた。アメリカへの亡命を求めたＫＧＢ少佐の証言によれば、ゲイツケルが産業国有化を明記した党綱領第四条の改定を迫るなど、ソ連にとって不都合な人物だったことが背景にあるという。

ゲイツケルの死は、ライバルだったウィルソンの不遇を変えていく。

解説コラム　影の内閣(shadow cabinet)

野党が政権交代に備え、与党の内閣と同じポストで構成する党内組織の名称で、シャドー・キャビネット（shadow cabinet）と呼ばれる。与党に政策の対案を示し、政権運営能力があることをアピールする狙いがある。

創設は一九世紀にさかのぼる。一八四一年の総選挙で野党・保守党が勝利すると、ビクトリア女王がロバート・ピール党首に組閣を命じたことから、野党第一党は「女王陛下の反対党」（Her Majesty's Opposition）として公式に認知されるようになった。その後、保守党と自由党の政権交代が繰り返されたため、野党が影の閣僚を形成し、次の政権運営に備えることが慣例となった。

通常は、野党党首が影の首相となり、党所属議員の中から影の閣僚を指名し、影の内閣を形成する。野党が政権を取れば、影の閣僚が実際の閣僚になることが多い。議会下院では、与党席の前列（フロント・ベンチ）に並ぶ閣僚に対し、影の閣僚が野党席の前列に並び、舌戦を繰り広げる。例えば、財務相が予算案を発表すると、影の財務相は野党の対案を出し、与党との違いを強調する。国もこの制度を支援し、影の閣僚に特別の手当を与えている。

実際に閣僚の交代につながった例もある。一九九二～九四年に労働党のジョン・スミス党首の下で、影の内相となったトニー・ブレアは、「犯罪に厳しく、犯罪の原因にも厳しく」というスローガンを掲げ、保守党が取り組んでいた厳罰方針だけでなく、犯罪を生む社会を改革する方針を打ち出した。二歳の子どもが一〇歳の少年に殺害される事件が起こった際には、少年が両親から虐待されていた社会的背景を問題視し、家庭対策に乗り出す必要性を主張し、対応が後手に回った保守党の内相は更迭された。

日本でも、「万年野党」と言われた社会党が一九九一年、政権奪還を目指し、影の内閣を発足させた。その後も、政権交代可能な二大政党制を目指す野党の民主党や民進党は「次の内閣」を構成したが、有効に機能していないとの指摘が出ていた。

解説コラム　左派と右派

左派が社会主義国家の建設を目指し、産業の公有化や核兵器の一方的廃絶を掲げるのに対し、右派は公正な社会の建設を掲げ、資本主義路線を否定しない中道路線を取る。一九五〇年代以降、両派は対立を深めるようになり、党内抗争が政権奪還を困難にしたとの指摘もある。

労働党は元々、労働組合が主体となった政党で、党首の大半は労働者階級出身者だった。一九一八年に採択された党綱領は、「民衆の政治的、社会的、経済的な解放」を掲げ、資本家階級との階級闘争を明確にしており、左右両派の路線対立は目立たなかった。

しかし、党勢が拡大し、様々な人材が集まる中で、労働組合出身者が多い左派と、知識層や中間層が主体の右派との対立が先鋭化していく。代表的な例として、ウィルソン政権下で一九五一年、防衛費増額の財源として、入れ歯とメガネの購入費を患者が一部負担する方針を示したゲイツケル財務相に対し、無料の医療制度を創設したベバン労務・国家サービス相ら左派グループが反発し、党内抗争に発展した。また、ウィルソン首相が一九七五年、イギリスが欧州共同体（ＥＣ＝European Communities）に残留するかの是非を問う国民投票実施を決めると、加盟に反対するトニー・ベンら左派は、執行機関・全国執行委員会を動かし、加盟反対決議を採択させる対抗措置に出た。

この頃の左派は、労働組合出身者のほか、左派系のトリビューン誌に寄稿したジャーナリスト出身の政治家らが中心勢力となっていた。アトリー以降の党首が、労働者階級出身ではなく、学歴の高い知識層出身だったことも、左派の闘争心をかきたてる一因となった。

双方の対立が先鋭化するのは、労働党が総選挙に敗れ、野党になった時だ。一九七九年の総選挙で敗北した際には、左派は党の中道路線が敗因だと主張し、トリビューン派の代表格だったマイケル・フットを党首選で擁立した。二〇一〇年の総選挙敗北後の党首選では、ブレア政権の中道路線に批判的なエド・ミリバンドを左派が支援した。

両派の対立が限界点を越えると党分裂を招く。一九八一年には、フット党首の左派路線に反発した右派の元閣僚ら四人が離党して新党・社会民主党を結成する事態になった。ただ、通常は、共通の敵である保守党に総選挙で勝利するという目標を掲げ、党大会で選挙公約（マニフェスト）を採択した後は表向きは結束して戦う。

解説コラム　労働党の「核兵器廃絶」路線の変遷

イギリスは一九五二年、原爆実験に成功し、アメリカとソ連に次ぐ第三の核兵器保有国となった。労働党左派は自国が率先して核兵器を廃絶し、世界的に反核の流れを作るべきだと訴えたが、右派は核兵器の保有を許容し、党内対立の一因となった。

チャーチル戦時内閣は第二次世界大戦中、アメリカによる原子力爆弾の製造計画に協力した。しかし、アメリカが一九四六年、イギリスとの共同研究を中止したため、労働党のアトリー政権は翌四七年以降、独自の核開発を認めた。後継のチャーチル保守党政権は一九五二年、オーストラリア近海での原爆実験を成功させた。マクミラン保守党政権も一九五七年に水爆実験を行った。

このため、市民の反核運動は高まり、翌五八年には、市民団体「核兵器廃絶運動（CND）」が発足した。後に労働党党首となるフットやジェレミー・コービンはこの運動に参加した。保守党の核兵器推進路線に対し、労働党内では一九六〇年代以降、核兵器を保有するか否かを巡る対立が本格化した。左派は核兵器の一方的な廃絶を訴えたが、右派は、核兵器を保有することで平和を維持する機能を主張した。ゲイツケル党首は、一方的に核兵器を廃絶しない方針を掲げ、運輸総労働者連盟（TGWU）など党を支える主要な労組と対立した。ウィルソン政権は、核戦略でアメリカと連携する大西洋核戦力（ANF＝Atlantic Nuclear Force）構想を打ち出し、左派の反発を買った。

サッチャー保守党政権は一九八〇年、核弾頭が搭載可能な潜水艦発射型弾道ミサイル（SLBM＝

Submarine Launched Ballistic Missile)・トライデントの導入を決めた。これに対し、労働党のフット党首は、一九八三年の総選挙のマニフェスト「イギリスの新たな希望（the new hope for Britain）」で、「トライデント・プログラムの中断、核兵器の配備基地の一掃」を掲げたが、保守党に大敗した。

労働党は以後、核兵器を保有しつつ、核戦力の削減に努めるという主張を展開するようになった。ニール・キノック党首は一九八八年の党大会で、一方的な核兵器廃絶路線を放棄する採択にこぎつけた。ブレア政権は一九九八年、「戦略防衛再評価（SDR＝Strategic Defence Review）」を発表し、投下型の核爆弾を廃棄するとともに、トライデントなどに搭載した核弾頭数を半減するとした。さらに、二〇〇六年には、二一世紀前半の核抑止力構想を発表し、トライデント・ミサイル搭載潜水艦の後継艦の建造計画を示し、核兵器保有の意思を示した。この方針は、デイビッド・キャメロン保守党政権にも引き継がれ、二大政党の核兵器戦略は一致したこともあった。

二〇一五〜二〇年に労働党を率いたコービン党首は、トライデント・ミサイルの廃棄を掲げたが、後継艦の建造に数千人の雇用が生まれていることもあり、大きな変革には乗り出さなかった。

VI　政権責任政党

ウィルソン時代

ハロルド・ウィルソンの秘書マルシア・ウィリアムズは、一九六〇年一一月の党首選でヒュー・ゲイツケルに敗れた後のウィルソンについて、「政治生活にとって最悪の時だった」と振り返っている。だが、ゲイツケルの死去によって、ウィルソンの政治生命はよみがえる。

ゲイツケル死去後の後継党首選には、副党首のジョージ・ブラウン、ゲイツケル系の右派ジェームズ・キャラハン、影の外相だったウィルソンの三人が立候補した。本命はブラウンだった。一九六二年の副党首選でウィルソンを破っていたためだ。だが、選挙戦では、様々な醜聞が飛び交った。ブラウンは酒癖が悪く、情緒が不安定であるという類だった。

一九六三年二月七日に行われた第一回目の投票では、予想に反して、ウィルソンが一一五票、ブラウンが八八票、キャラハンが四一票だった。上位二人による二月一四日の決戦投票では、ウィルソンが一四四票、ブラウンが一〇三票だった。ウィルソンはこの時、四六歳だった。後に労働党左派の代表格となるトニー・ベンは「ジョージの性格が強い反発を招き、ハロルドの勝利に貢献した」と分析した。ブラウンは労組出身のため、右派に不人気だったことも災いしたようだ。

ウィルソンは党首就任後、キャラハンを影の財務相、パトリック・ゴードン・ウォーカーを影の外相、デニス・ヒーリーを影の国防相に起用した。ゲイツケル時代に冷遇された左派政治家の復権にも努めた。そして、一九五一年以来の政権奪還に向けて戦略を描くことになる。すでに一九六一年以降、労働党の支持は保守党を上回るようになっていた。保守党のハロルド・マクミラン政権は迷走を重ねていた。欧州経済共同体（EEC）への加盟交渉を続けていたが、フランスのシャルル・ドゴール大統領は一九六三年一月、イギリスがアメリカ寄りであることを理由に加盟申請を拒否した。マクミランにとっては大きな外交的な失点となった。

さらに、スキャンダルがマクミラン政権に追い打ちをかけた。ジョン・プロヒューモ国防相が、ソ連大使館の海軍武官ウジン・イワノフ大佐と関係を持っていた娼婦クリスティーン・キーラーと情事を交わし、国防機密がソ連に流れたのではないかという疑惑が表面化した。ウィルソンの元には、一九六三年三月一〇日、労働党下院議員のジョージ・ウィグからこの情報がもたらされた。プロヒューモは当初、「キーラーさんと私は友人関係にあり、不適切なものはない」と弁明したが、後に下院での声明で、キーラーとの関係でうそをついたことを認め、辞任した。ただ、ウィルソンはプロヒューモ問題を強く追及しなかった。下院での演説で「この疑惑を利用しないことが責任ある野党としての責務だ」と明言し、新たな指導者の姿を示した。

マクミランはこの問題の責任を問われ、一九六三年一〇月、女王に辞任の意向を伝えた。当初は、ラブ・バトラー副首相が後継とみられたが、マクミランはアレクサンダー・ヒューム外相を推し、新内閣を組閣するよう女王に求めた。ヒュームは補選に当選して下院議員となり、首相に就任した。

ヒュームは伯爵家に生まれた一四代目で、温厚な人柄によって保守党の指導者に担ぎ出された。外交に詳しく、党内右派から支持を得ていた。家族ぐるみで付き合っていた長年の友人のバトラーを外相に据えた。しかし、内政に明るくなく、数字に弱いとされ、「金の計算ではマッチ棒を使う」というエピソードがまことしやかに語られた。経済政策はエドワード・ヒースら若手に一任され、ウィルソンはそれを激しく批判した。保守党内でもヒュームの人気は高くなく、入閣を拒否する議員もいた。

これに対し、ウィルソンは、保守党に代わる政権構想を訴えた。一九六三年一〇月に中部スカーボローで開かれた党大会の演説で、「科学調査の結果を産業に利用する」と述べ、科学技術を基にしたイギリスの「現代化」を唱えた。著書では地域社会に経済を統括する力を与えるため、公的所有を拡大しつつ、資本主義との調整を図ると主張した。このほか、国防では、北大西洋条約機構（ＮＡＴＯ）の役割を認めながら、核兵器を放棄すべきだと強調した。教育では、富裕層向けの私立学校「パブリック・スクール」の統合を訴えた。

大衆受けするＰＲも忘れない。秘書のウィリアムズは、ウィルソンに対し、急速に普及していたテレビに頻繁に出演することを勧め、テレビ対策の顧問もついた。「普通の男」を演出するため、テレビではよくパイプをくわえた。妻のメアリ・ウィルソンは、有力紙とのインタビューで、「ハロルドは朝食を作るのが得意で、ソーセージがおいしいです」と打ち明けた。イギリスの朝食の定番であるソーセージを引き合いに出し、ウィルソンの家庭人ぶりをPRしたものだ。ウィルソンの支持率は上向いた。

選挙が近づくと、右派メディアは、ウィルソンが秘書のウィリアムズと不倫関係にあると示唆して攻撃したが、支持率を下げるには至らなかった。

保守党は人気低迷により、解散できず、任期満了に伴う一九六四年一〇月一四日にようやく総選挙（定数六三〇）が行われることになった。結果は、労働党が三一七議席、保守党が三〇四議席、自由党が九議席だった。労働党は五九議席増加し、野党に四議席差で与党となり、一三年ぶりに政権を奪還した。労働者階級や労働党支持層が頭打ちになる中での勝利について、保守党の長期政権への飽きやウィルソンの力量が指摘されている。特に、ウィルソンは、経済問題に詳しく、毎日のように記者会見を開き、驚異的な記憶力を武器に経済的指標を挙げながら、政府の無策を的確に批判した。また、経済成長の鈍化に対応し、有効な産業政策を実行するため、国家による経済戦略が必要になるという考え方「社会民主主義のルネサンス」への理解が有権者の間に広がった。

「現代化」事業

ウィルソンは四八歳の若さで首相に就任し、組閣に臨んだ。影の閣僚をほとんどそのまま昇格させ、経済相兼副首相にブラウン、財務相にキャラハン、外相にウォーカー、国防相にヒーリー、大法官〔註〕に著名弁護士のガーディナー卿、新ポストの技術相に運輸総労働者連盟（TGWU）のフランク・カズンズを起用した。主要閣僚はすべてウィルソンよりも年上だった。なお、ウォーカーはこの選挙で落選したため、一九六五年一月、労働党支持者が多い「安全区」と呼ばれたロンドン北西部のレイトン選挙区で行われた補選に出馬したが、再び落選した。このため、ウィルソンは、ウォーカーの起用を断念し、外相にマイケル・ステュアートを指名した。

態勢を整えたウィルソンは、公約の実現に着手した。まず、イギリスの「現代化」のため、財務省、商務省、労務省を指揮下に置く経済問題省を新設し、ブラウン副党首をトップに全国計画の策定にあたらせた。策定には、外部の専門家も加わり、確実な経済成長に向けたビジョンを示すことにした。貿易赤字が拡大し、輸出振興のため、通貨切り下げは必至の情勢だった。

一九六五年九月に公表された全国計画は、経済成長の伸び率や輸出拡大で目標値を盛り込んだ。例えば、経済成長率は一九六四—七〇年に二五％を目指すという野心的な内容だったが、財務省が想定した成長率を上回り、実現性が疑われていた。また、現場の労使交渉では賃上げが重要課題となり、この計画の実現性は考慮されなかった。

一方で、「現代化」事業は、社会面では数々の変革を生んだ。肌の色や人種・民族・国籍を理由にした差別を非合法化した人種関係法（一九六五年）、死刑廃止法（六五年）、違法だった中絶を合法化する中絶法（六七年）、舞台での検閲を廃止した劇場法（六八年）、二年間の別居後に離婚を認める離婚改革法（六九年）が成立した。

一九六三〜六八年の予算の増加率を見ると、住宅が一〇％、教育が七％、社会保障が七％だった。

住宅分野では、一九六五～七〇年に一三〇万戸が建設され、この時期以前の保守党政権の六年間の建設戸数を上回った。低所得者の住宅購入者には、住宅ローンの利子減免措置を取り、住宅の購入を促した。長期間にわたり借家住まいをしている住民に住宅保有を認める借地権改革法も導入した。

教育分野では、総合制中学校「コンプリヘンシブ・スクール」の普及を進めた。それまでは一一歳ごろに試験を受け、その結果で、グラマー、テクニカル、モダンの三種類の中学校に進学する制度だった。一一歳で事実上子どもの将来を決めるのは不適切という意見を踏まえ、この三種類の学校を一つにまとめ、学力の違う子どもが一緒に学ぶことを可能にしたのが、コンプリヘンシブ・スクールだ。一九六六～七〇年にこの学校に通う割合は一〇％から三〇％に増えた。ただ、一部地域では、選抜制のグラマー、モダンに振り分ける場合もある。

さらに、教育水準を上げるため、大学へ行く機会のなかった労働者らに対し、テレビなどの通信手段で高等教育の機会を与える「オープン・ユニバーシティー」を開設した。このほか、既存大学の入学定員を拡大したことで、学生数は毎年約一割増え、一九六四～六七年に教員数は約三割増加した。ウィルソン政権下で、教育予算が初めて防衛予算を上回った。

しかし、公的支出の拡大と貿易赤字により、政権発足後から通貨ポンドを切り下げて、輸出の振興を図り、貿易赤字を解消する圧力にさらされた。ウィルソン、キャラハン財務相、ブラウン経済相兼副首相は、切り下げを否定する決断を下し、財政建て直しでしのぐことを決めた。クレメント・アトリー政権時代の一九四九年、切り下げを決断し、二年後に政権を失った苦い経験があるためだ。

一九六四年一二月、政府、経営者団体の英産業連盟（ＦＢＩ＝Federation of British Industries)、労組

の労働組合会議（ＴＵＣ）の三者は、過度の賃上げ要求を抑制することで合意し、財政支出の削減に動いた。一九六五年二月には三者の協議機関として、中央審議会が設置され、政府はこの年の四月、賃金・物価上昇の基準を三～三・五％とする方針を示した。また、一五％の輸入課徴金を導入するとともに、輸出奨励金を支出して貿易赤字を是正しようとした。さらに、酒などの物品税増税や支出削減により、財政の健全化を本格化させた。

ところが、医療や年金の支出を補充するには至らず、結果的に、年金や雇用を充実させるという選挙公約を実現できなかった。

〈註〉大法官＝「だいほうかん」と読み、英語ではLord Chancellorと記す。元々は、国家の印章を管理する中世時代の役職で、国王に助言する秘書官が務めていたが、次第に行政上の職務を行使し、司法権も持つようになった。行政事務の細分化により徐々に権限が縮小され、現在では、最高位の裁判官として司法省を管轄する閣僚という位置づけとなっている。

通貨下落と親米欧路線

ウィルソンは、安定多数の下で改革を断行するため、一九六六年三月三一日に二度目の総選挙（定数六三〇）を行うことを決めた。保守党は、一九六四年の総選挙で敗れたヒュームが辞任し、翌六五年七月、下院議員による初の公選で、ヒースが党首となっていた。労働党のマニフェスト（選挙公約）は「決断の時（Time for Decision）」、スローガンは「皆さんは労働党政府が機能していることを知っている」で、これまでの政権運営を問う内容となった。改めて住宅政策を強調し、年間五〇万戸の住宅建設も掲げた。鉄鋼産業の国有化を打ち出したものの、伝統的な左派政策を前面に出さなかった。

結果は、労働党は三六四議席で、前回よりも四七議席を上乗せし、他党よりも九八議席上回った。保守党は二五三議席、自由党は一二議席、北アイルランドの政党は一議席だった。ウィルソンは安定した首相像をアピールし、ヒース党首の保守党を圧倒した。大きな争点が見当たらない中、ウィルソンの堅実な政権運営が認められた。

選挙後に乗り出したのが、ポンド下落を防ぐため、インフレを招きかねない支出増加を回避し、雇用と経済成長を後回しにする戦略だ。インフレ収束まで景気拡大を抑える「ストップ」と、経済活動を活性化させる「ゴー」を繰り返す保守党の「ストップ・アンド・ゴー政策」との違いも出そうとした。一九六六年七月、たばこやワインへの増税、財政支出削減、金利引き上げ、物価及び賃金の六カ月凍結を発表した。ウィルソンは翌八月、ブラウン経済相とステュアート外相のポストを入れ替え、財政再建を軌道に乗せようとした。しかし、翌六七年六月の第三次中東戦争や鉄道ストをきっかけにポンドが売られる通貨危機が再燃した。この年の一一月、キャラハン財務相は一ポンド＝二・八ドルから二・四ドルへの切り下げを余儀なくされた。この責任を取ってキャラハンは内相に転じ、後任のロイ・ジェンキンス財務相は二年間、住宅の建設計画を凍結するなど厳しい緊縮予算を採用した。

ウィルソンが一九六八年一月、英軍を一九七一年末までにスエズ以東地域から撤退させる方針を発表したのも、軍事費の削減が狙いだった。一九六九年には法人税も増税した。結局、一九六四―七〇年の経済成長は平均二％余で、保守党政権時代に及ばなかった。ポンドの下落を阻止するため、景気拡大よりも支出削減を優先したが、経済成長が鈍化し、ポンド切り下げに追い込まれることになった。

労組は政府の緊縮案に黙っていない。労組出身のカズンズ技術相は一九六六年七月、政府の賃金凍結方針に反対し、閣僚を辞任した。三カ月後の一〇月に開かれた党大会では、政府の所得政策はかろうじて可決されたが、労組の反発はくすぶっていた。一九六八年九月に開かれた労働組合会議（TUC）の大会では、政府の所得政策を拒否する決議案が圧倒的多数で採択された。就労現場ではストが頻発しており、労組側は政府への圧力を強めた。これに対し、ウィルソン首相とバーバラ・キャスル労相は翌六九年一月、白書「争いに代えて」を発表し、抜き打ちでのスト実施を認めず、不適切な労組の法的地位の取り消しなど労使紛争に介入する方針を示した。ところが、労働党議員と労組がこれに猛然と反発する。労働党議員五三人が白書に反対を表明したほか、党の執行機関・全国執行委員会も白書に反対する決議を採択した。政府は提案の撤回に追い込まれた。

ウィルソンは外交で対米基軸を掲げた。「特別な関係」ではなく、「緊密な関係」と英米関係を形容した。野党党首時代の一九六三年四月にジョン・F・ケネディ米大統領を訪ねた時、ウィルソンは知人に「労働党政権が必ずしも反米ではないと説明する」と語った。ウィルソンは、ワシントンでの演説で、「我々は北大西洋条約機構（NATO）と西側の同盟を強く支持する。我々の政策に中立はあり得ない」と訴えた。首相就任後は、リンドン・ジョンソン米大統領と緊密な関係を保ち、ソ連の脅威に対峙した。ただ、ウィルソンは、ジョンソンからのベトナム戦争への派兵要請を拒否し続けた。ジョンソンは、ウィルソンとの電話会談で、「ベトナムへの対策に口出ししないでほしい」と当てつけた。

ウィルソンはその一方で、これまで党として否定的だった欧州統合（一五〇ページ参照）に積極的な姿勢を示す。イギリスを中心とした欧州自由貿易連合（ＥＦＴＡ＝European Free Trade Association）を軸にした欧州秩序を目指したが、欧州経済共同体（ＥＥＣ）の優位が変わらなかったためだ。一九六六年三月の総選挙で、ウィルソンはＥＥＣ加盟に前向きな姿勢を示し、選挙後には、親欧州派のブラウンを外相に起用し、政府内で加盟申請に向けた検討に入った。翌六七年に入り、ウィルソンはブラウンとともに、ＥＥＣ加盟国を歴訪し、イギリスの加盟に対する反応を探り、この年の五月にＥＥＣ加盟申請を行うと正式に発表した。ＥＥＣはこの年の七月、欧州共同体（ＥＣ）に発展していた。ところが、フランスのドゴール大統領は一一月、イギリスが加盟すれば、アメリカが間接的な影響力を強めることを憂慮し、その加盟申請を拒否する考えを示した。ウィルソンは対欧政策の見直しを迫られた。

ただ、英外交にとって英連邦の重要性が下がり、欧米重視の流れに変化はない。その流れは、英政府組織にも表れ、植民地省はコモンウェルス省となり、やがて外務省に統合された。イギリスからの独立を巡り、騒乱状態が続いた南ローデシア（現ジンバブエ）では一九六五年一一月、ローデシア共和国が独立を宣言し、大英帝国の支配下から脱却した。

労働組合の抵抗

ウィルソンは一九七〇年六月一八日に総選挙（定数六三〇）を実施した。貿易収支が改善して黒字が拡大し、労働党支持が回復していたためだ。ウィルソンは、自分か保守党党首のヒースかを選択する選挙と位置づけた。主要メディアも労働党有利と予測した。だが、投票三日前に国際収支の推計が赤字となったことが公表され、ヒースはこれをウィルソン政権の経済失政と非難した。また、この頃になると、ウィルソンの特別顧問や秘書ら一部の取り巻きが政策決定のプロセスで影響力をふるう「キッチン・キャビネット」（私設顧問団）の弊害を非難された。さらに、一九五〇年代からウィルソンの秘書を務めたウィリアムズとの不倫関係も疑われた。結果として、保守党は三三〇議席、労働党は二八八議席、自由党は六議席となり、労働党は下野した。労働党の地方組織が弱体化し、学生らが労働党を支持しなくなった点も指摘された。ウィルソンは労働党党首の地位にとどまった。

事前の予想を覆して勝利した保守党のヒース党首は大工の息子で、保守党には珍しい労働者階級の出身だった。ヒース政権の課題は、懸案だった欧州共同体（EC）への加盟だ。これまでイギリスの加盟申請に反対してきたフランスのドゴール大統領が一九六九年四月に辞任したことで風向きが変わり、一九七一年一〇月に議会承認を得た上で、一九七三年一月に加盟が実現した。親欧州のヒースは、フランスのジョルジュ・ポンピドゥー大統領に「英米に『特別な関係』はない」と伝え、アメリカがイギリスを通じて欧州に影響力をふるうことはないと強調した。この年に起こった第四次中東戦争では、ヒース政権は、アメリカが求める停戦監視活動と距離を置いた。

このほかの難題も山積していた。北アイルランドのロンドンデリーでは一九七二年一月、カトリック教徒のデモ隊に治安当局が発砲し、一三人が死亡する「血の日曜日事件」が起こった。基幹産業の造船と麻工業が低迷する中、カトリック教徒は、公営住宅の入居者選考で締め出され、貧困にあえいでいた。イギリスとの連帯を主張するプロテスタント主体のユニオニスト政権（筆者註：一九二〇年のアイルランド統治法により認められた公選の自治議会で、多数派を占めて発足した政権。英本土との連合〈ユニオン〉を主張し、北アイルランドの独立に反対してきた）は、特別権限法に基づき、反発するカトリック教徒を徹底的に取り締まる緊迫した状態だった。ヒースは一九七二年三月、ユニオニスト政権が混乱を収拾できないことを理由に、北アイルランド自治を停止し、直接統治に乗り出した。枢密院議長だったウィリアム・ホワイトローを北アイルランド相に任命し、プロテスタントとカトリックに交渉させた結果、翌七三年七月、双方の分権を定めた新たな議会が設置された。英政府、アイルランド政府、北アイルランドの新議会の三者による交渉の末、この年の一一月、北アイルランドに自治政府が設置され、住民の同意なしにイギリスによる統治を変更しないとした「サニングデール協定」が結ばれた。しかし、プロテスタント強硬派はこれを認めず、ゼネストに乗り出したため、発足したばかりの自治政府のブライアン・ファルコナー首相は辞任した。

ヒース政権は労組対応にも追われた。政権発足からまもなく、電力労働者のストに直面する。財政再建を軌道に乗せ、通貨ポンドを下落から守るためには、労組による賃上げ要請を阻止し、財政支出を抑える必要があった。ヒース内閣は一九七一年、労使関係法を成立させ、労組に公的な登録を求め、非公式のストや労組による契約違反を処理する労使関係法廷の設立を認めた。労組は反発し、労働組合会議（TUC）は傘下の労組に登録を拒否させ、法律は事実上骨抜きとなった。翌七二年一月に炭鉱労働者がストに突入し、造船所など一〇〇カ所以上の製造現場に拡大した。炭鉱では閉山が相次ぎ、賃上げが実現せずに不満がたまっていた。

労働党は一九七〇年六月の総選挙で敗北したが、ウィルソンが党首に再選された。副党首だったブラウンが落選したため、右派のジェンキンスがマイケル・フットを破って副党首に選出された。だが、党内では総選挙の敗北により、左派が巻き返しに出た。この年の一〇月の党大会では、ウィルソンは党首が兼務していた議会労働党の議長の座を譲り、権限の移譲を余儀なくされた。この党大会では、左派が強く要求していた欧州共同体（EC）への加入反対も決議された。議会労働党や労働組合会議（TUC）もこの決定に従い、EC加盟を支持してきた右派議員は主導権を失った。

保守党に対しては対決姿勢を鮮明にした。一九七一年の党大会で、ヒース内閣が成立させた労使関係法の廃案を求めるとともに、翌七二年一月に党と労働組合会議（TUC）との間で連絡協議組織を発足させ、双方の意思疎通を図った。ヒース政権は一九七二年九月、物価・賃金を抑制しながら、低賃金労働者や年金労働者を優遇しようとしたが、労働組合会議（TUC）はこの態度を信用しなかった。労働党は翌七三年に政策「社会主義への民主的転換を可能にする戦略」を公表し、「国家企業庁」を創設し、有力民間企業との間で計画化協定を締結するなどの政策で、政権を奪還する姿勢を示した。

こうした中、一九七三年一〇月に第四次中東戦争が勃発した。世界的なエネルギー不足により、石炭需要が増えるとみた炭鉱労働者は攻勢を強め、翌一一月、全国石炭庁が提示した賃上げ案を拒絶し、時間外労働を停止することを決めた。ヒース政権は一九七四年二月、全国炭鉱労組に対し、物価委員会が策定した賃上げ案を示したが、炭鉱労組はこれを拒否し、全国ストを決行した。

ヒースはここで賭けに出る。労組対応について国民から信任を得るため、一九七四年二月二八日の総選挙（定数六三五）実施を決め、女王に下院解散を申し出た。工場の操業が滞り、経済が停滞するのは労組とその支持政党である労働党の責任だと主張し、審判を有権者に仰いだのだ。

一方の労働党はマニフェスト「ともに働こう（Let us work together）」でさらに左派色を鮮明にした。要点は、ヒース政権が組合を規制した労使関係法の廃案、資産や資本移転への課税、土地と鉱山権の国有化だった。労働組合会議（ＴＵＣ）が賃金抑制に協力する代わりに、労働党政権がＴＵＣの意向に沿った社会改革を目指す「社会契約」が盛り込まれた。

総選挙での獲得議席は、労働党が三〇一議席、保守党が二九七議席、自由党が一四議席、スコットランド民族党が七議席、ウェールズ国民党が二議席だった。北アイルランドのカトリック系政党・シン・フェイン党は議席を得られなかった。これまで九〇％を超えていた二大政党の得票率は今回七五％に下がり、票の分散化傾向が出始めた。どの政党も過半数に達しなかったのは戦後初めてだった。ヒースは、自由党との連立を模索したが、自由党が求める比例代表制の導入でまとまらなかった。ヒースは三月四日に辞意を表明し、ウィルソンが組閣のため招請された。一九七四年三月、ウィルソンの単独少数政権が誕生し、労働党は権力に返り咲いた。

政権奪還と高インフレ

首相に返り咲いたウィルソンは、組閣に乗り出した。国防相を務めたヒーリーが財務相、右派のキャラハンが外相、ジェンキンスが内相、左派のフットが雇用担当相、キャスルが厚生相、ベンが産業相となった。議会では、新人議員五四人のうち二六人が左派の「トリビューン・グループ」に加入していた。左派系のトリビューン誌に寄稿した政治家を起点にしたグループで、閣僚も左派勢力が強くなった。少数派政権のため、ウィルソンは党内結束を図る必要があった。

フットは、ヒース内閣が一九七一年に成立させた労使関係法を破棄した。ヒーリーは一九七四年七月の予算で、付加価値税を一〇%から八%に減税した。政策面でも左派色が強まった。大幅な賃上げで炭鉱ストを収拾し、年金の増額や食料費の補助といった政策で労働者階級の支持を集めた。ただ、党の基本政策には意見の食い違いもあり、例えば、ベンは国有化政策を強化することを提案し、ジェンキンス内相と対立した。

ウィルソンは一九七四年九月、権力基盤を固めるため、翌一〇月一〇日に再び総選挙（定数六三五）を実施すると表明した。第二次政権発足後からわずか七カ月後だったが、少数与党から脱するのが狙いだった。労働党のマニフェストは「イギリスは労働党とともに勝利する（Britain will win with Labour）」で、労働者に新たな権利を付与する雇用保護法を盛り込み、左派色の強い内容となった。結果は、労働党が三一九議席、保守党が二七七議席、自由党が一三議席で、単独過半数を獲得した。

政権を安定させたウィルソンが直面したのは混乱する経済情勢だった。ウィルソンは、左派に配慮して国家企業庁を創設し、政府の計画に基づき商品の生産や資源の配分を行う計画経済を推進する方針を示したが、一九七四年一二月、インフレは年率二〇％を超え、貿易赤字は続いた。失業者は一〇〇万人を超え、労働者階級の不満が高まっていた。ヒーリー財務相は「インフレの主要な原因が賃上げだ」との認識だった。政府は翌七五年、賃上げを抑制し、所得税や消費税を増税し、インフレ対応を本格化させた。政府と労使の三者による「社会契約」は、労組がインフレ抑制に協力する見返りに、政府は年金改革や減税を行うというものだった。経済界や労組幹部と協調的な関係を維持し、計画経済を進めることで、経済的衰退からの脱却を図ろうとした。

国家企業庁による計画経済は後回しとなり、ベンら党内左派はウィルソンへの反発を強めた。組合の連合体・労働組合会議（ＴＵＣ）は当初、政府の政策に協力的で、一九七五年の労働組合会議の大会では、幹部のジャック・ジョーンズが多くの労働者に同一額の賃上げ案として、「週六ポンドの一律引き上げ」を決めた。しかし、加盟組合はこれを不十分として反発した。

ウィルソンが首相官邸の権限を強化し、政府高官と専門家を集め、政策を練り上げるスタイルにも左派の批判が集まった。政権与党でありながら、政策決定に何ら関与できなかったためだ。

執行部と左派の対立が明白になったのは、保守党のヒース内閣が一九七三年に加盟した欧州共同体（ＥＣ）への対応だった。ウィルソンは首相就任後、ＥＣの共通農業政策（ＣＡＰ＝Common Agricultural Policy）やＥＣ予算分担金の改革に乗り出した上で、ＥＣ残留を相当とする政府勧告を出した。労働党内では左派が加盟に反対、右派が賛成の立場を取った。左派は労組を動かし、一九七五年三月の全国執行委員会で、ＥＣへの加盟反対決議を賛成多数で承認させた。このため、ウィルソンはこの月、ＥＣ残留の是非を問う国民投票を六月五日に実施することを決めた。左右両派が混在する内閣で統一歩調を取るのは困難とみたウィルソンは、各閣僚が賛否を自由に表明することを認めた。労働党では、党の方針と自らの意見が食い違う場合は、採決で棄権する権利「良心条項」が認められている。加盟賛成派は、ウィルソン、ヒーリー、キャラハン、反対派はベン、フット、キャスルらだった。投票率が六五％となった国民投票の結果は、賛成が六七％、反対が三三％だった。この結果、労働党内では、ベンやフットら左派の発言力が低下していく。ベンは産業相から格下のエネルギー相に異動させられた。ウィルソンは、インフレ抑制とポンド下落阻止の対応を優先させることになる。

とはいえ、労働党は一九七五年六月の補選で敗れ、下院で過半数を失いかねない状況となったため、党内左派との協力は不可欠だった。ベンを閣内にとどめたのもそれが理由だ。さらに、自由党との協力も余儀なくされた。

経済情勢が好転せず、党内対立も続いていた一九七六年三月一一日、ウィルソンは六〇歳の誕生日を知人宅で祝った。その後、議会に向かう車にキャラハンと同乗し、自ら辞任する意向を伝えた。その上で、キャラハンに後継の出馬を要請した。それから五日後の三月一六日、実際に辞意を表明し、後継は年齢にこだわらない考えを示し、六三歳のキャラハンに道を開いた。「突然の辞任」に国内外に衝撃が走った。

ウィルソンは辞任の理由を挙げた。下院議員を三一年間務め、政界で長期間活動してきたこと、他の政治家に首相を経験してもらうこと、後継者に次期総選挙まで十分な時間を与えること、だった。

多くの歴代首相と異なり、深刻な政治危機や総選挙での敗北に直面しない中での辞任となった。

キャラハンの「不満の冬」

党首選には、キャラハンのほか、ヒーリー財務相、ジェンキンス内相、アンソニー・クロスランド環境相、フット雇用相、ベン・エネルギー相の計六人が立候補した。政権を握る中で、これだけの候補者が出て党首選が行われるのは初めてだった。一九七六年三月二五日の第一回投票、三月三〇日の第二回投票を経て、中道右派とみられたキャラハンと左派のフットが決選投票に進んだ。四月五日に行われた最終投票で、キャラハンが一七六票を取り、フットの一三七票を抑え、勝利した。キャラハンは当時、六四歳になったばかりで、六人の候補の中では最高齢だった。

キャラハンはライバルを重要閣僚に据え、政権基盤の安定化を図った。ヒーリーが財務相、クロスランドが外相、ジェンキンスが内相、ビル・ロジャースが運輸相、フットが地方への権限移譲を担当する枢密院議長という布陣だった。ウィルソン内閣よりも右派寄りとみられた。

キャラハンが直面したのは、通貨ポンド危機の再来だった。キャラハンは就任当初から、ヒーリーやイングランド銀行のゴードン・リチャードソン総裁に対し、ポンドの為替相場を安定させるために必要となる十分な外貨がないため、国際通貨基金（ＩＭＦ＝International Monetary Fund）からの融資が必要だと伝え、ＩＭＦとの交渉を始めさせた。融資実現には、財政支出の削減が必要となるため、ヒーリーが、週六ポンドの賃上げを求める労組の連合体・労働組合会議（ＴＵＣ）と交渉し、週二・

五ポンドを原則とし、最大週四ポンドまで認める賃上げの暫定案をまとめた。ポンドは一九七六年九月下旬、一年半前に比べると、二割下落し、一ポンド＝一・六〇ドル台となっていた。労組の要求に応じて財政支出を拡大すれば、インフレとなってポンドは売られてしまう。ポンドのさらなる下落を阻止するためにも、歳出抑制は避けて通れない政策となった。

キャラハンは一九七六年九月二八日、中部ブラックプールで開かれた党大会で演説し、「失業の原因は何でしょうか。私たちが生産する以上に消費してきたということです。（中略）不景気の時も、減税して政府支出を増やせば、生活資金を獲得できると考えてきたが、もはやそのような選択肢は存在しない」と宣言した。公共投資によって需要を喚起し、景気を刺激するケインズ主義の終焉を宣言したかのような内容だった。演説に影響を与えたのは、秘書官のバーナード・ドナヒューだったと言われる。演説の内容は閣議の審議を経ておらず、労組は一斉に反発した。歳出を抑えるヒーリーにもブーイングが起こった。キャラハンは、労働組合会議（ＴＵＣ）幹部のジャック・ジョーンズとの間で、賃金上昇基準を決めることで合意したが、その基準について、キャラハンは三％、ジョーンズは五％をそれぞれ提案し、物別れに終わった。このため、労働組合会議は政府との交渉をあきらめ、労使交渉を自由に行うことを決めた。

強気の労組を後押ししたのは、勢力を盛り返した党内左派の存在だった。一九七六年一〇月、エドワード・ショート副党首の辞任に伴い、副党首選が行われた。左派のフット枢密院議長が、右派のシャーリー・ウィリアムズ教育相を破った。フットを中心に産業国有化の勢力が強まり、造船や航空かった。

業界で国有化の動きが加速した。調整型政治家のキャラハンは左派の政治力を無視するわけにいかなかった。

国際通貨基金（ＩＭＦ）の交渉団は一九七六年一一月、イギリスで交渉を本格化させた。交渉役のヒーリーは、ＩＭＦへの要求額として過去最多の三九億ポンドを求めるとともに、翌七七年度に一〇億ポンドの歳出削減を提示した。難交渉の末、一九七六年一二月に合意したが、閣僚は意見が割れ、クロスランドは融資受け入れに反対し、翌七七年二月に外相を辞任した。ただ、ＩＭＦとの合意により、ひとまず金融危機を脱した。

キャラハンは一九七七年三月、保守党から提出された内閣不信任案を退け、経済安定に向けた取り組みを加速させる。キャラハンはこの年の一二月の閣議で、一九七八年八月から次年度に向けた賃上げ上限を五％にすることを決め、労働組合会議（ＴＵＣ）に譲歩する姿勢を見せた。しかし、ＴＵＣは要求を吊り上げ、一九七八年九月の労働組合会議の大会や、翌一〇月の労働党大会で五％方針を拒否し、各組合による自由な労使交渉に突入した。

一九七八年に入ると、景気は回復傾向となった。北海油田の輸出が好調で、貿易収支が黒字になった。輸出促進のため、通貨ポンドを切り下げる必要もなくなり、インフレもひと段落した。労働党の支持率は回復し、キャラハンがこの年の秋に総選挙に打って出るとの観測が流れた。労働党内でも選挙準備が始まっていた。この年の九月、テレビに出演するキャラハンが総選挙実施を表明するのではないかと注目が集まったが、発表したのは年内に総選挙を実施しないということだった。これが後にキャラハン政権で「最も重要な出来事」と言われる解散時期の決断だ。キャラハンは後に「一九七九年春までに国民の信頼を固めることができる」と述べ、支持率を上昇させた上で解散する考えだったことを明かしている。

しかし、事態は思わぬ方向に転がり始める。一九七八年一〇月の党大会で、政府が求める五％の賃上げ率の上限に反対する動議が採択された後、労組は各業界で、五％を大幅に上回る賃上げ率を要求し、労使交渉が紛糾する事態となった。要求が受け入れられないと労組はストに出た。その波は、スコットランドからイングランドやウェールズにも及んだ。一九七九年一月に外遊からロンドンに戻ったキャラハンが、ストを過小評価するかのような発言をしたと伝えられると、混乱に拍車がかかった。清掃作業員のストにより、都市はゴミの山だらけになり、救急隊員やトラック運動手らが業務を中断したことで、病院は閉鎖され、生活必需品は品切れとなり、パンや牛乳を求める長蛇の列ができた。マスコミが大きく伝えたニュースとしては、イングランド北西部リバプールで、墓掘りの作業員が起こしたストにより、遺体が放置されたままになったことだ。

一九七九年初頭まで続いたこの社会騒乱は「不満の冬」と呼ばれるようになった。シェークスピアの演劇「リチャード三世」の冒頭のセリフで、国王リチャード三世となるグロスター公が「今や我らが不満の冬は去り、ヨーク家の太陽、わが兄エドワード王の輝く夏」と話したことから取った。労組を制御できない労働党に国民は愛想をつかした。

「不満の冬」の後、キャラハン政権は、少数与党の危機にも直面した。きっかけは一九七七年七月、スコットランド出身の二人の労働党議員が、中央政府からの権限移譲を進めるため、スコットランド労働党を設立したことだ。その後、スコットランドやウェールズへの権限移譲法案を審議する中で、労働党からの離党者が相次いだ。このため、キャラハンはこの年、自由党のデイビッド・スティール党首との連立政権で合意した。フットが動いた連携だったが、両党の蜜月は長く続かなかった。自由党は、欧州共同体（ＥＣ）の選挙に比例代表制導入を提案したが、労働党はこれに反対した。このため、スティール党首は翌七八年七月、連立の解消を表明した。

政権運営が困難となったキャラハンは、スコットランド民族党やウェールズ国民党との連立を模索した。一九七九年三月一日、両地域に権限を移譲する住民投票を行ったが、スコットランドでは選挙成立の条件の四〇％超の賛成票を得られず、ウェールズでは否決された。

一方、一九七九年三月、欧州で安定した通貨圏を創設することを狙い、欧州通貨制度（ＥＭＳ＝European Monetary System）が創設されたが、キャラハンはＥＣ加盟国で唯一これに参加しなかった。欧州の一員となっても、通貨統合には加わらない姿勢が表れている。

サッチャーと民営化

保守党のヒース党首は、一九七四年一〇月の総選挙敗北後も党首にとどまった。だが、総選挙での連敗が続いたため、党内ではその指導力に批判が高まっていた。こうして、翌七五年二月に党首選が行われることになった。元々の本命は、出馬表明した元社会保障相のキース・ジョセフだった。しかし、「国に頼らなければ子どもを育てられない国民に避妊の仕方を教えるべきだ」などと国民を侮蔑するような発言をして猛烈な批判を浴び、出馬辞退に追い込まれた。そこで白羽の矢が立ったのが、マーガレット・サッチャーだ。

サッチャーは党首選を前に、「私が生きている間に、女性が党首や首相になるとは思えない」と発言し、出馬を否定していた。ところが、ジョセフが失言によって出馬を断念したことで、立候補を決め、事実上、ヒースとの一騎打ちとなった。

ベテラン議員や党内左派はヒース支持、若手や党内右派はサッチャー支持という構図だった。二月四日の第一回投票は、サッチャー一三〇票、ヒース一一九票だった。この選挙から、当選のためには、過半数に一定の票数を加えた得票差が必要となったため、第二回投票が行われる予定だった。しかし、ヒースが出馬を断念したため、ウィリアム・ホワイトロー影の内相らが出馬して、二月一一日に二回目の投票が行われ、サッチャーがホワイトローの得票の二倍近い一四六票を獲得して当選を決めた。

サッチャーは当選後、党内融和のため、ヒース派のベテラン議員を多く影の閣僚に登用した。だが、基本政策では、閣僚に所轄分野以外での問題提起を認めないと伝え、役割分担を重視した。

サッチャーは自由市場と「小さな政府」を掲げ、政権奪還を目指す。一九七九年三月一日にスコットランドへの権限委譲を問う国民投票が不成立に終わると、スコットランド民族党はキャラハン政権の打倒に動き、自由党との協力を模索した。この動きを察知したのがサッチャーで、この機を見て、キャラハン政権への不信任案を提出したのだ。一九七九年三月二八日に行われた採決では、三一一対三一〇票の一票差で可決されてしまった。労働党は三一九議席あったので、党内から造反者が出たことになる。そして、キャラハンは五月三日の総選挙（定数六三五）実施に追い込まれた。

労働党のマニフェスト「労働党の道はより良い道（The Labour way is the better way）」には、資産課税の導入、年金の増額、住宅助成、保健サービスの改善が盛り込まれた。これに対し、保守党は、労働者にストを促すピケ制度の改革、所得税減税、民営化などを打ち出した。結果は、保守党が六二議席増の三三九議席で単独過半数を得た。労働党は五〇議席減らして二六九議席、自由党は二議席減らして一一議席だった。労働党は、ロンドンやイングランド南部の議席を保守党に奪われた。一九七九年五月四日、キャラハンは首相を辞任、エリザベス女王はサッチャーに組閣を要請した。

労組出身のキャラハンは、結果的に「不満の冬」と呼ばれた労組の反乱で退場することになった。主要労組が肥大化し、それをたばねるはずの労働組合会議（TUC）も抑えきれず、政府もなす術がなかった。この事態を見た多数の国民は、労働党政権の統治能力の欠如が原因だと考えた。労働党はこの後、長い低迷の時代を迎えることになる。

解説コラム　欧州統合

労働党は、第二次世界大戦後に始まった欧州統合の動きには否定的だった。だが、経済的なつながりを深める欧州諸国との関係を強化する必要から、統合賛成に舵を切っていく。

欧州統合は、大戦の原因となった鉄と石炭を複数の国で管理する構想から始まった。しかし、労働党の支持者には、この業界で働く労働者が多く、主権を明け渡すべきではないとして構想には反対だった。労働党のアトリー政権はこの構想への参加を拒否した。一九六一年に、保守党のマクミラン政権が欧州経済共同体（ＥＥＣ）への加盟を目指す方針を表明すると、労働党のゲイツケル党首は反対した。英外交は英連邦を軸とすべきとする党内右派の主張に配慮した。

一九六四年に発足したウィルソン政権も当初、アメリカや英連邦との関係を重視し、欧州統合に距離を置いた。だが、かつての植民地が次々に独立する中、経済再建が喫緊の課題となり、貿易相手として欧州諸国の重要性が高まった。ウィルソンは一九六七年五月にＥＥＣ加盟申請を行うと正式に発表したが、フランスのドゴール大統領の反対で加盟を拒否された。

保守党のヒース政権は一九七三年、ＥＥＣが発展した欧州共同体（ＥＣ）への加盟を実現した。これに対し、労働党は労働者の権利保護があいまいであることなどを理由に反対し、ＥＣ脱退を選挙公約（マニフェスト）に掲げた。この方針が変化するのは、一九八八年にＥＣのジャック・ドロール委員長（フランス出身）が、南部ボーンマスで開かれた党の支持組織・労働組合会議で演説し、欧州が雇用と労働政策を本格化させると表明した時だ。保守党のサッチャー政権の「労組つぶし」に直面していた組合員はＥＣに対する見方を変え、ニール・キノック労働党党首は親ＥＣ路線を取った。ＥＣが一九九三年に欧州連合（ＥＵ）となった後も、労働党は欧州諸国との協調や連携を模索した。

Ⅶ　野党暮らし

左派フットと党分裂

政権交代が起こると、再び左派が動き出した。労組を主体とした社会主義勢力は、政策的に中道にすり寄ったことが一九七九年の総選挙の敗因と主張した。一〇月に南部ブライトンで開かれた労働党大会で、トニー・ベンに指導された左派が、

- 議員候補者の選出には選挙区の党組織の承認が必要
- 党首選には一般党員も参加
- 選挙政策は党の執行機関・全国執行委員会が作成

という規約改正案を持ち出した。総選挙での敗北を受け、右派が優勢の下院議員団に対し、労組を軸とした左派が巻き返しに出た形だ。ベンの要求はすべて実現しなかったが、翌八〇年九～一〇月に

中部ブラックプールで行われた党大会で、ベンは、北大西洋条約機構（NATO）と欧州共同体（EC）からの脱退と一方的核兵器廃絶を党綱領に追記することを求めた。

こうした中、一九七九年五月の総選挙で敗北したジェームズ・キャラハンが翌八〇年一〇月、影の内閣を集め、辞任を表明した。これを受け、党首選が一一月四日に行われた。キャラハンが後継指名した右派のデニス・ヒーリー元財務相が一一二票を取って首位となり、これにマイケル・フット副党首の八三票、影の産業相のジョン・シルキンの三八票、影の外相のピーター・ショアの三二票と続いた。一一月一〇日の決戦投票で、フットが一三九票を取り、ヒーリーの一二九票を抑えて当選した。

フットは元々、この選挙には乗り気ではなかったと言われる。だが、総選挙敗北後に巻き返しに出た左派からの出馬要請を拒否できなかった。選挙参謀を務めたのは、後に党首となるニール・キノックだった。左派の党首は、一九三二年のジョージ・ランズベリー以来と言われた。党内左右両派の対立が深まる中、フットは、ヒーリーの当選を阻止するため、左派が急ごしらえで擁立した候補で、労組がフル回転で支援した。フットは、核軍縮を主張し、欧州共同体（EC）加盟にも反対していた。

サッチャーは当時、難しい経済問題に直面していた。特に、一九七八〜七九年のイラン革命で、オイルショックが起こり、物価上昇率は一〇%を超えていた。サッチャーは、歴代の労働党政権が「国家主義を増強させた」と批判し、国家の規制や関与を減らす方向に舵を切った。公共投資の拡大や賃上げによる財政赤字がインフレをもたらしているとして、公共支出や補助金を削減し、所得税減税や民営化による景気刺激策を訴えた。ジェフリー・ハウ財務相の下、最初の予算で、所得税率を三三%

から三〇%に、最高税率も八三%から六〇%にそれぞれ引き下げた。一方で、八〜一二・五%だった付加価値税の税率は、食料品などの必需品を除き、一律に一五%とした。公営住宅の払い下げなど住宅関連の支出が大幅に削減された。膨れ上がった公務員の数を減らすため、新規採用も凍結した。

その経済政策は、市場の役割や通貨供給量を重視したアメリカの経済学者ミルトン・フリードマンの主張にならい、金融政策を重視する「マネタリスト」(通貨主義者)と呼ばれた。クレメント・アトリー政権が築いた福祉国家路線を否定し、自助の精神を経済運営の根幹に据えようとした。折しも、政府が公共事業などで需要を創出するケインズ主義の限界が指摘され、労働党のキャラハン首相も一九七六年、政府の需要拡大策で経済を好転させるケインズ主義の事実上の終焉を宣言していた(二四四ページ参照)。

しかし、インフレ抑制策は失業者を増加させ、失業率は一〇%を超えたままだった。イングランド北部、スコットランド、ウェールズで失業者があふれた。政権不信の高まりは歴代政権の発足当初にはないほどだった。特に有色人種の移民労働者が職を失い、ロンドンなど都市郊外のスラム化した居住区では若者らによる暴動が発生した。警察にはこれに対抗するための防護ヘルメットなどの装備が不十分だった。福祉予算を抑制したため、病院の閉鎖や診療待ちの長期化も顕在化した。公共の交通料金は値上げされ、市民の不満は高まった。

不人気のサッチャーに保守党内からも反発が出たが、産業相や雇用相ら主要閣僚を頻繁に入れ替えて、自らに忠誠を尽くす人材をそろえる純化路線を進めた。サッチャーは自らの政策を実現する政治家を「ドライ」、労働党に共鳴する政治家を「ウェット」と呼び差別化した。「ウェット」が有力紙ガーディアンに反政府的な情報を提供していると非難した。

フットはこの機会を生かし切れなかった。それどころか、党内で勢力を強める左派に右派が反発し、党が分裂する事態を回避できなかった。

一九八一年一月二四日に臨時党大会が開かれ、党首の選出方式が議題となった。それまでの下院議員による投票に反発する左派の攻勢で、労組、選挙区労働党、議会労働党の票の配分をそれぞれ四〇％、三〇％、三〇％とする案が可決された。翌二五日、デイビッド・オーエン元外国英連邦担当相、ウィリアム・ロジャーズ元運輸相、シャーリー・ウィリアムズ元教育相、ロイ・ジェンキンス元財務相の「四人のギャング」と呼ばれるメンバーが、フット党首による党の左傾化に反発して、離党を宣言した。ロジャーズが、オーエンやウィリアムズに持ちかけ、「三人のギャング」と呼ばれていたが、これにジェンキンスが加わる形となった。四人は「ライムハウス宣言」を発し、「イギリスは政界再編に直面している」と宣言した。こうして一九八一年三月に社会民主党が発足すると、支持率は三割台に達し、どの党よりも高かった。参加した労働党の下院議員は二八人に上った。フットの党運営に反発した右派議員がその大半だった。

もっとも、新党は結成直後から路線対立が表面化し、市場経済でカバーできない部分を国家介入で補うべきだとするオーエンにジェンキンスが反発し、対立を深めた。また、労働党の分裂は、党内右派の離党をもたらし、結果的に党内左派の延命を手助けしたという指摘を呼んだ。

南部ブライトンで一九八一年九～一〇月に行われた党大会でも、左派と右派が対立する局面があっ

トニー・ベン（2008年撮影）

た。副党首選は、再選を狙うヒーリーが、左派のベンの挑戦を受けた。ベンは、後に労働党党首となるジェレミー・コービンら強硬左派をたばねて選挙運動を進め、選挙区労働党の八割以上の支持を得たが、ヒーリーを支援するキノックらは労組と下院議員の六割以上を固め、再選を勝ち取った。

党内対立の影響で、フットの人気は今一つだった。政策だけでなく、外見や振る舞いも批判の対象となった。一九八一年、ロンドンで行われた戦没者追悼記念式典で、フットは作業服を着て出席したと批判された。フットは、着用していたのは短いオーバーコートで、「式典に合った服装」だったと反論し、その服装で女王の母親にほめられたと強弁した。だが、タブロイド紙は、非愛国的と表現した。また、「フットはＫＧＢ（旧ソ連の諜報機関・国家保安委員会）工作員だった」という報道も流れた。フットは就任時に六七歳で、白髪でつえをついて歩いていたことから、労働党下院議員の中からは、フットが「失業中の作業員にみえる」との失笑もこぼれた。

フォークランド紛争

労働党内がごたついているうちに、サッチャー政権を浮揚させる出来事が起こる。サッチャー自身が「最も緊張に満ちた日々」と振り返るフォークランド紛争だ。一九八二年四月二日、アルゼンチン軍が、領有権を主張するマルビナス諸島（フォークランド諸島のアルゼンチン名）の奪還を目指し、英領サウス・ジョージア島に上陸し、その後、西方にあるフォークランド諸島を占領した。ピーター・カリントン英外相は四月五日、アルゼンチンの動きを予想できなかった責任を取って辞任し、二人の外務省高官も後を追って辞めた。国防相を務めたフランシス・ピム枢密院議長が翌六日に後任の外相に就任した。国内には紛争を避けるべきとの慎重論もあったが、サッチャーは奪還を目指し、国連に働きかけた。国連安保理は四月三日、アルゼンチンに即時撤退を求める決議五〇二を採択した。さらに、アメリカに対し、アルゼンチンに経済制裁を科すよう要請した。

フットは当初、アルゼンチン軍を非難し、島の奪還を宣言したサッチャー政権を支持したが、武力行使は最後の手段であると主張し、後にアルゼンチン軍政と平和的な解決が必要だと強調した。しかし、サッチャーはあくまでも強気で、主戦論を展開した。

サッチャーは、旗艦ハーミーズや空母インビンシブルなどの艦隊を派遣し、奪還に向けて動き始めた。ロナルド・レーガン米大統領も同盟国イギリスを支援し、アルゼンチン批判に傾くようになった。英連邦も一部を除きイギリスを支持した。ピム外相がアレクサンダー・ヘイグ米国務長官の意向を受け、仲介案を提案したこともあったが、サッチャーは強硬姿勢を貫いた。英軍は四月二五日にサウス・ジョージア島に上陸し、奪還した。さらに、五月に入り、陸海空軍や特殊部隊がフォークランド諸島に上陸し、アルゼンチン軍を攻撃した。アルゼンチン軍の巡洋艦ベルグラノは魚雷攻撃で撃沈され、約三二〇人が死亡する惨事となった。六月四日にアルゼンチンは降伏した。

「私たちは退却する国であることをやめ、新しい自信を持った」と勝利宣言したサッチャーの支持率は上昇した。翌七月の政党支持率は、保守党が四七%、労働党が二八%、自由・社民連合が二四%だった。失業率の悪化で低迷していた支持率は大きく挽回した。


一方、多くの右派が離党した労働党内では、左派内部の対立が先鋭化していた。フットを軸とする穏健左派は、国有化政策に歯止めをかけ、公営住宅の売却を容認するなど、社会主義路線を修正すべきだと主張した。これに対し、ベンら強硬左派は、労働者による階級闘争を堅持し、党が一九七三年に発表した政策「社会主義への民主的転換を可能にする戦略」を維持し、国有化の推進、欧州共同体(EC)からの脱退、一方的な核兵器廃絶といった伝統的な政策を訴えた。一九八二年九~一〇月に中部ブラックプールで開かれた党大会で、銀行の国有化については認められなかったが、一方的な核兵器廃絶の提案は採択され、強硬左派の影響力を印象づけた。

ただ、時代はソ連の国力衰退が著しくなり、階級闘争による社会主義路線は魅力的でなくなろうとしていた。党内や支持団体のフェビアン協会からは、社会主義路線の修正が必要との見解が広がることになる。

一方、一九八三年三月に中部ヨークシャー地方の鉱山閉鎖を契機に全国でストが起こった。一九七八年の「不満の冬」以来、国民はこうした闘争に辟易しており、フットはその責任を問われた。結局、労働党の支持率は、内部対立とストの責任論から二割台に低迷した。

一九八三年五月の地方選の直後、サッチャーは六月九日に総選挙（定数六五〇）を行うと表明した。元々は一〇月の実施を考えていたが、フォークランド紛争を終結に導き、支持率が高いうちに総選挙に打って出た。任期満了前だったため、フットは「大あわての選挙」と批判した。事前の世論調査では、保守党が労働党を大きく上回っていた。

労働党のマニフェスト「イギリスの新たな希望（The new hope for Britain）」には、経済の計画化、富裕層増税、失業対策などに向けた歳出拡大、産業国営化、労働者の経営参加、欧州共同体（ＥＣ）の共通市場からの撤退、上院廃止、一方的な核兵器廃絶などの政策が含まれた。フットは元々、党内右派や中間派の穏健左派の支持を求めたが、年に一度の年次党大会で可決した決議に基づくマニフェストを主張していたため、党内で発言力を強めていた強硬左派の主張を盛り込まざるを得なかった。労組も支援組織「労働党勝利のための労組」を発足させ、資金を集めた。ただ、マニフェストは、旧態依然の内容と言われて不評だった。ジェラルド・カウフマン下院議員は、その長さも批判の対象として、マニフェストを「史上最長の遺書」と揶揄した。落選を恐れた二四人の労働党下院議員が社会民主党に移籍した。さらに、防衛政策を巡る意見の不一致も露呈した。ヒーリー副党首は、ソ連との軍縮交渉がうまく行けば、ミサイル「ポラリス」搭載の潜水艦を放棄可能と発言したが、キャラハンは一二年の耐用年数を超え、さらに一〇年間、「ポラリス」潜水艦を運用すると主張した。

これに対し、保守党はマニフェストで、ブリティッシュ・テレコムなどの民営化を進展させるとともに、労組執行部を選挙で選ぶなど労組の改革を主張し、労働党と真っ向から対立した。フットは国中を回る選挙戦で支持を集めようとした。これに対し、保守党は、サッチャーの地方遊説のほか、テレビを重視する選挙戦を展開し、見えない有権者への浸透を図った。

この選挙以降、下院の定数は、人口の増加と一票の格差是正のため、一五議席増えて六五〇議席となった。イギリスでは、選挙区ごとの票数を均等化するため、主に人口が増えたイングランドで議席数を少しずつ増やしてきた。結果は、三九七議席を獲得した保守党の大勝だった。労働党は、サッチャーに批判的なスコットランドやウェールズで議席を取ったが、イングランド南部では惨敗して、合計で二〇九議席しか取れず、一九四五年以降では最悪の結果となった。強硬左派のベンも落選した。労働党の得票率は二八％で、前回七九年の総選挙の三七％を大きく下回り、三割を割り込んだのは一九二二年以来だった。

大敗の理由としては、左派寄りのマニフェストや内部対立のほか、有権者の変化が指摘される。ブルーカラーの肉体労働者層は減り、ホワイトカラーのサラリーマンが、全体の四一％に達した。この層はイングランド南部に多いが、この地域の一七六議席のうち、労働党が取ったのはわずかに三議席に過ぎなかった。

一方、労働党から離党した「四人のギャング」が結成した社会民主党は、自由党と連携し、「連合(Alliance)」で戦った。労働党に近い得票率を獲得したが、単純小選挙区制のため、議席獲得に結びつかず、自由党一七議席、社民党六議席の計二三議席にとどまった。「四人のギャング」のうち、ロジャースが議席を失った。イギリスで第三勢力が伸びにくい状況を改めて示す結果となった。

七〇歳を前にした選挙で大敗したフットはすぐに辞任した。一九八〇年一一月の党首選で、ヒーリー元財務相が勝利していたら、サッチャーは敗北していたとも言われた。その後、労働党は右派勢力が主流派となる。総選挙で八四五万人が党に投票した成果を誇るベンに対し、党内からは社会主義路線がもはや有権者の支持を得られないとの声が上がった。

キノック時代と労働組合衰退

一九八三年六月の総選挙で大敗後、フットとヒーリーはそれぞれ党首と副党首を辞任した。この年の秋に南部ブライトンで開かれる党大会で後継者が選出されることになった。一九八一年に採択された労組四割、議会労働党三割、選挙区労働党三割という新たな票割合が適用された。一〇月二日、フットを支えた穏健左派のニール・キノック影の教育科学相が、議会内外から約七割の支持を得て選出された。副党首には、影の環境担当相を務めたロイ・ハタースリー下院議員が、左派の若手、マイケル・ミーチャー下院議員を破った。これは中間派や穏健左派の選挙運動が浸透した結果だった。

労働党は、キノック党首の下で、イメージの刷新に成功し、支持率で保守党を上回った。しかし、一九八四年後半に入ると、支持率は拮抗するようになった。それは炭鉱労組への対応が原因だった。

二期目に入ったサッチャーは、自治体の権限を弱めるため、一九八四年レイツ法（地方税法）を制定して、自治体予算の増額を制限するとともに、労組対策に乗り出した。一期目で労組改革を訴えたが、政治基盤が安定せず、改革に乗り出せずにいた。イギリスが戦後、産業競争力を低下させたのは、過剰な人員配置といった労組の影響力行使が一因とみていた。サッチャーは、非効率な労組が多いほど失業率は高くなるという考えの持ち主でもあった。

イギリスでは当時、製鉄、電力、運輸部門の労組が反政府色を強めていたが、中でも炭鉱労組は、若い組合員を動員して実力行動部隊を組織するなど、戦闘性が高かった。サッチャーが壊滅を目指したのがこの炭労だ。この国で豊富に取れる石炭は、労働党のエネルギー政策（一七七ページ参照）の根幹だった。だが、経営状況は悪化し、炭鉱の七割以上が赤字だった。

サッチャーは、スコットランド出身で在米の実業家イアン・マクレガーを石炭公社総裁に起用した。経験と行動力を評価した上での抜擢だった。炭鉱労組のストに備え、石炭の備蓄を増やし、それが枯渇しても国外から安価な石炭を輸入するという綿密な対応策を立てた。マクレガーは一九八四年三月、サッチャーの意をくみ、「一九八五年末までに経営環境の悪い二〇の炭鉱を閉鎖し、炭鉱労働者二万人の合理化を行う」と発表した。これに対し、全国炭鉱労組のアーサー・スカーギル委員長はスト決行を指示した。炭労内部では、ストの決行派と反対派に分裂し、反対派の職場は正常化していた。炭労の内規で、全国スト実施には全組合員の五五％以上の賛成を必要とするが、スカーギルは投票を経ずに全国ストを指令していた。それでもストの波は全国に広がり、石炭を輸送する鉄道やトラックへの妨害行為も起こった。だが、サッチャー政権はスト決行派のピケに警官隊を派遣する方針を下院に伝え、鎮圧しようとした。サッチャーはスト派を「法ではなく暴徒による支配を持ち込んでいる」と非難した。

対立が膠着状態に陥り、ストから離脱する労組も出始めた。炭鉱労働者の妻は夫の職場復帰を求め、首相官邸に陳情した。こうした中、政府と炭労の勝敗を決したのは、スカーギルがスト継続のため、リビアのカダフィ大佐に資金要請を行ったとの疑惑だった。英紙サンデー・タイムズがこれを報じると、世論の批判が高まった。スカーギルは疑惑を否定したが、ソ連の炭鉱労組から資金提供を受けていた疑惑も浮上していた。価値観を共有しない国々の力を借りて続いたとされるストを世論は見放した。職場に復帰する労働者が相次いだ。

スト開始からほぼ一年が過ぎた一九八五年三月三日、炭労の全国代表者会議が開かれ、九八対九一でスト続行を退ける動議が採択された。スカーギルはスト中止の宣言に追い込まれ、威信を失った。以後、これまで保守党政権が手をつけられなかった労組は力を失っていく。入社と同時に自動的に組合に加入させられる「クローズド・ショップ制」は廃止となった。

労働党は、ストに対する世論を読み誤った。一九八四年一〇月に中部ブラックプールで開かれた年次党大会で、スカーギル委員長が「我々は皆さんのために戦っている」と訴え、党は炭鉱ストへの支持を決めた。キノックの本意ではなかったが、党運営のため、労働組合の意向を無視できず、党内左派を抑えきれなかった。警察の暴力を批判するだけで、抜本的な解決策を提示できなかった。だが、世論は、鉱山ストが収まらず、社会的混乱を招いた責任を労働党に転嫁した。ピケ隊がストに反対する組合員の就労を阻止したり、警官を襲撃したりする行動がエスカレートしても、労働党はそれを容認していると批判された。

党内のごたごたも続いた。党の選挙区支部では、依然として党内左派が力を持っていた。下院議員は現職でも選挙のたびに、党支部幹部の候補者審査を受けることになっており、これを通過しなければば、選挙に出られない仕組みだった。キノックはブラックプールの党大会で、この候補者審査制度を改正し、党員投票で審査しようとしたが、この改正案は労組の反対で否決された。

キノックは一九八五年に入り、ケンブリッジ大学で経済学を学び、労組の連合体の労働組合会議（TUC）で勤務した経歴を持つラリー・ウィティを新書記長に抜てきした。また、一九三五年に党首選でクレメント・アトリーと戦ったハーバート・モリソンの孫、ピーター・マンデルソンを広報責任者に据えた。いずれの人事も「党の近代化」が狙いだった。

一九八五年九〜一〇月、南部ボーンマスで党大会が開かれ、ウィティ書記長は、党が党規則の制定で主導権を握ることを提案し、左派の影響力をそごうとした。この提案は、翌八六年九〜一〇月に中部ブラックプールで開かれた党大会で、「全国政党綱領委員会」の設立によって承認された。キノックはこの党大会で、国有化の表現を「社会的所有」に改め、国有化を共産主義ととらえる否定的なイメージを払拭しようとした。また、女性候補の擁立を進める方針を示し、屈強な労働者の党というイメージを変えようとした。

キノックは一九八六年、経済再建の道筋を描いた著書『道を切り開こう（イギリスの将来のための投資）』を刊行した。国が経済活動で十分な役割を果たすためには、市場原理を効果的に導入する必要があるとして、その機能強化のため担当省庁の改革を訴えた。

一方、この時期、サッチャーは、金融部門の規制緩和で着実に評価を得ていた。通貨ポンド防衛のため、様々な対策を取った。例えば、イギリスの投資家が外国証券を購入する場合、割高な外貨を購入する必要があったが、サッチャーはこうした規制を撤廃した。さらに、一九八六年には株式手数料を自由化する「ビッグバン」政策に乗り出した。イギリスに資金が集まり、金融業が拡大した。それにより、経常収支の赤字を削減しようとした。一九八一年に発足したレーガン米政権が、減税と規制緩和を柱とする経済政策「レーガノミクス」で、「小さな政府」改革に乗り出したことも、サッチャーの経済路線が国際的な認知を受けるきっかけとなった。

サッチャーはレーガンと緊密な関係を築き、英米間の「特別な関係」は、フォークランド紛争だけでなく、対ソ外交でも存在感を示し、新自由主義路線が影響力を強めるきっかけとなった。

一九八七年五月に行われた地方選で保守党は勝利した。サッチャーはこの勢いに乗るため、翌六月一一日に総選挙（定数六五〇）を実施することを決めた。

労働党のマニフェスト（選挙公約）「イギリスは労働党で勝利する（Britain will win with Labour）」は、評判の悪かった一九八三年のマニフェストの内容をがらりと変えた。貴族院廃止、欧州共同体（EC）からの撤退といった前回公約は封印し、三〇〇万を超えていた失業者対策や国民保健サービス（NHS）の充実をうたった。左派色を薄めるため、党のシンボルマークを旗からバラに変えた。

結果は、保守党が四二％を得票して二一議席減の三七六議席を獲得、労働党は得票率三一％で二〇議席増の二二九議席だった。自由党と社民党の連合勢力は二三％を取ったが、今回も単純小選挙区制の影響を受け、一議席減の二二議席にとどまった。保守党はスコットランドで議席を減らし、労働党はイングランド南部で退潮となった。

保守党が総選挙で三連勝したのは、フォークランド紛争に続き、手ごわい炭鉱労働組合を瓦解させたサッチャーの評価が高まったためだ。一方、労働党の敗北の理由として、有権者に占める労働者の割合が、三〇%から二三%に減り、支持基盤が脆弱になった事情がある。政策はフット時代よりも中道色を強めたが、一方的な核兵器廃絶の放棄が依然として残るなど、一般有権者にはなお左派色が濃いと映った。

キノックは、議席を増やしながら、政権を奪還できなかったことで、中道化をさらに進める必要があると考えた。その中身は、市場経済を容認し、欧州統合を支持し、一方的な核兵器廃絶を放棄し、産業の公的所有を社会的所有に改めることだった。

総選挙連敗と中道路線

キノック党首は一九八七年七月、新たな影の内閣改造に乗り出した。その中心人物として、ジョン・スミスを影の財務相、ジェラルド・カウフマンを影の外相にそれぞれ起用した。この年の九～一〇月に南部ブライトンで開かれた党大会で、圧倒的多数で党の政策の再検証（一七九ページ参照）を決めた。総選挙で三連敗しており、産業の社会的所有や核兵器廃絶の方針を転換させることが焦点となっていた。その際、政策の原案の作成には、党執行機関・全国執行委員会だけでなく、影の内閣もこの作業に加わることとし、党、議会、有力団体幹部で構成される七つの委員会が再検証の作業に関わることになった。

キノックの中道路線を阻止したい左派は動いた。一九八八年一〇月に中部ブラックプールで開かれた党大会では、前々回の総選挙で落選後、補選で下院議員に返り咲いていたベンが党首選に挑んだ。ウェールズ出身で、一五歳で社会に飛び出し、ホテルのポーターから身を起こしたジョン・プレスコットと、一〇代から建設現場で働いたエリック・ヘッファーが副党首選でハタースリーに挑戦した。結果は、キノックが九割近い、ハタースリーが七割近い得票で、それぞれ圧勝した。もはや党の中道化路線は否定できない方針となり、キノックは党大会の演説で、経済運営の最重要課題として、社会的公正と効率性を挙げた。また、一方的な核兵器廃絶を放棄し、多国間で核軍縮を進める核兵器廃絶案を目指す決議を採択させた。さらに、党の政策再検証グループは、公有化に代わり社会的所有の提案を柱とする報告書「社会的公正と経済効率性」を公表し、採択された。キノックとハタースリーが目指した中道化路線は、党の社会民主主義化であり、限界が指摘されていたケインズ主義的社会民主主義路線の代替案を示すことだった。

この後、ベンの政治的影響力は低下した。一九九四年に議員を引退し、欧州連合（ＥＵ）の欧州委員会委員となった。

党勢は悪くなかった。当時、失業者は三〇〇万人を下回ったが、インフレが七・五％に達し、サッチャー首相への風当たりは強まっていた。サッチャー政権が一九八八年地方自治法を制定し、学校給食や清掃業務などにも競争入札制度を導入すると、「行き過ぎた自由化」として、自治体からの批判が高まった。労働党は支持率を回復し、一九八九年六月の欧州議会選（二六四ページ参照）では、イギリスに割り当てられた八一議席のうち四五議席を獲得し、保守党の三二議席を上回った。

一九八九年一〇月に南部ブライトンで開かれた労働党大会で、キノックは民営化や減税といった保守党的な政策も取り入れ、中道化路線を推し進めた。党内左派はこれを批判したが、キノックはこれに動じなかった。経済分野では、若手有望株のゴードン・ブラウンが、政策策定を主導することになった。ブラウンは、国家主導の経済運営に見切りをつけ、貿易を活性化させるため、欧州共同体（EC）との協調を目指した。特に、ECのジャック・ドロール委員長（フランス出身）が、労働者の権利を重視する姿勢を示したことから、統合に否定的なサッチャーとは対照的に、親欧州色を際立たせた。このほか、核政策では、一方的な核兵器廃絶を改め、核抑止論を容認し、交渉による核兵器廃絶を目指すことになった。

一九九〇年九〜一〇月のブラックプールでの党大会では、様々なポストに女性を登用することを決めた。選挙区候補者を党員一人一票で選出し、労組の影響力をそぐ改革も行った。

キノックは一連の党改革で、中道路線に賛同する若手を次々に抜てきした。ブラウンのほか、マーガレット・ベケット、トニー・ブレアら次世代を担う人材を重職に据えた。彼らは後に、キノックの改革を継承することになる。

一方、サッチャー政権は三期目で、教育と医療の改革に着手する。

歴代の保守党政権は、アトリー労働党政権が築いた福祉国家の路線を踏襲した。この方針は、二大政党による「戦後コンセンサス」と呼ばれた。国民から一定の支持を得ていたことに加え、貧困層の救済を富裕層の義務とする考えが広がっているためだ。上流階級出身の保守党員にはそうした発想の政治家が多かった。このため、エドワード・ヒース首相までの保守党政権は、これに大きな変更を加えようとしなかった。

だが、サッチャーのように、下層階級からのし上がった保守党員には、福祉の充実は国家ではなく、自助努力で行うものとの考えが強かった。国家の介入を最小限に抑え、自由な経済・社会活動を志向することが党内右派の考えだ。しかも、サッチャーは、前任のヒース政権が、公約に掲げながら、実現できなかった公的支出削減に意欲的だった。総選挙で三連勝したことにより自信を深め、教育や医療分野を聖域とせず、市場原理を導入して、活性化を図ろうとしたのだ。

教育分野では、一九八八年に教育改革法を制定し、学校が所定の地域以外からの生徒を受け入れることを可能にした。学校を選択できる制度に変えることで、学校間の競争を促し、教育の質を高めようとした。医療分野では、一九八九年に白書「患者のための運営」を発表し、国営だったＮＨＳを独立法人「ＮＨＳトラスト」とし、経営感覚を身につける仕組みにした。多くの患者を集めたかかりつけ医（ＧＰ＝General Practitioner）には多くの予算が与えられ、競争を促した。

「鉄の女」の退場

サッチャーを辞任に追いやるきっかけとなったのは、ポール・タックス（人頭税）とＥＣ（欧州共

栃木県を訪れたマーガレット・サッチャー（1996 年撮影）

同体）への対応だった。

サッチャー政権は一九八七年総選挙のマニフェストで、レイツ法（地方税法）の一種である固定資産税を廃止し、人頭税を導入する構想を発表した。固定資産税は、不動産の所有者が支払う税だが、自治体が設定するため、労働党の自治体で税額を高く設定することが多く、富裕層から不満が出ていた。資産を客観的に評価できないという指摘もあった。人頭税は、貧富に関係なく、一六歳以上の住民に均等課税するもので、より客観的な徴税が可能と考えられた。

総選挙で勝利したサッチャーは、人頭税への理解が得られたとして、一九八九年からスコットランドで導入した。だが、累進制に逆行しているほか、移動する人の把握が困難との批判が広がった。ナイジェル・ローソン財務相もこれに反対し、この年の一〇月に辞任した。ローソンは、サッチャーが側近の経済補佐官アラン・ウォルターズを取り立て、財務相をないがしろにしたと批判した。この頃のサッチャーは、首席報道秘書官のバーナード・インガムら側近を取り立て、閣僚を軽視していると非難されるようになっていた。財務相の後任は、ジョン・メージャーだった。

イングランドでの人頭税導入を翌日に控えた一九九一年三月三一日、ロンドンで人頭税廃止を訴えるデモは二〇万人規模に膨れ上がり、デモ隊は中心部のトラファルガー広場で警官隊と衝突し、多数の負傷者を出した。これを機にデモは全国に拡大した。保守党内でも、選挙の影響を恐れ、人頭税廃止を声高に訴える議員が相次いだ。

ＥＣへの対応では、サッチャーは超国家機関がイギリスの国益を損なうことを恐れた。ＥＣが介入主義や連邦主義を採っているとして、一貫して警戒感を持ち続けた。一九八〇年代末、ＥＣでは、各国通貨の変動を一定の範囲内にとどめる欧州為替相場メカニズム（ＥＲＭ＝European Exchange Rate Mechanism）の議論が起こっていた。通貨統合の環境整備が狙いだが、サッチャーはこれに強硬に反対した。英国経済はＥＣ経済への依存を強めており、ハウ外相が統合賛成派だった。サッチャーは一九八八年九月二〇日、ベルギー・ブルージェで演説し、ＥＣはソ連型の中央集権に向かう「ヨーロッパ超国家」として批判し、ハウとの主張の違いを鮮明にした。ハウは、「ハード・エキュ」構想〈筆者註：エキュ＝ＥＣＵ〈European Currency Unit〉は、「欧州通貨単位」の英単語の頭文字を合わせた呼び名。自国通貨と同様に流通させようとする構想で、事業や旅行向けから使用を開始する計画だった〉を掲げ、これにより通貨統合とは別の方策を探ることができるとサッチャーを説得しようとしたが、サッチャーはエキュにも反対した。サッチャーは一九八九年七月の内閣改造で、ハウを外相から外し、副首相兼下院院内総務にあてた。外相に比べて閑職であることは明白だった。

サッチャーは一九九〇年一〇月三一日、議会であらゆるヨーロッパ統合の動きに「ノー、ノー、ノー」と表明し、「ハード・エキュは広く使われない」と発言した。これを受け、ハウは一一月一日に辞任を発表した。ハウは一一月一三日の下院本会議での辞任演説で、サッチャーの政治手法をクリケットにたとえ、「試合で打席に入ろうとした時、主将が試合前にバットを壊していた」と批判した。そして、「今こそ誰かが立つべきだ」、「ＥＣをこれ以上敵視すれば、イギリスは世界で孤立し、国民も分裂するだろう」と訴えると、議場は静まり返った。元側近が公然とサッチャーへの反旗を呼びかけた一八分間の歴史的な演説だった。

この演説の翌日、マイケル・ヘーゼルタイン元国防相が党首選への出馬を表明した。ハウの辞任演説など党内の混乱を受けて、一九九〇年一一月二〇日、保守党下院議員の投票による党首選が行われた。サッチャーは二〇四票で、ヘーゼルタインの一五二票を上回った。当選の条件とされた全下院議員数の一五%の票差には四票足りず、決戦投票に持ち込まれることになった。サッチャーは当初、二回目の投票で勝利する意欲を示したが、閣僚の支持を得られず、辞任勧告を受けたことを知り、衝撃を受けた。結局、サッチャーは一一月二二日、第二回投票には参加しないことを決め、首相辞任を表明した。

このため、一一月二七日に行われた第二回投票では、メージャー財務相とダグラス・ハード外相も立候補し、ヘーゼルタインも含めて三人の争いとなった。結果は、メージャーが一八五票、ヘーゼルタインが一三一票、ハードが五六票だった。第三回投票が行われる予定だったが、ヘーゼルタインとハードが出馬を取り下げ、メージャーの当選が決まった。

メージャー首相は一九九一年一二月、オランダ南東部マーストリヒトで行われた欧州理事会に出席し、欧州共同体（EC）が連邦組織を目指すとの文言を排除し、イギリスが単一通貨の導入や欧州共通の社会政策から外れることを認めさせた。自国が欧州統合に埋没することを恐れる支持層に配慮した外交だった。EC加盟を続けながら、イギリスを統合に深く組み込ませない権利を得たことで、メージャーの交渉力は評価を得た。また、低所得者層の税率を下げ、ポール・タックス（人頭税）を廃止するなど、総選挙を意識した対策を次々に打ち出した。

任期満了に伴う総選挙（定数六五一）は一九九二年四月九日に予定された。主な争点は経済運営だった。保守党は、英国石炭公社の民営化を掲げ、法人税や所得税の減税を主張するなど、サッチャー時代の新自由市場経済路線の成果を主張した。これに対し、労働党は、インフラ整備や高額所得層への課税を訴えた。

多くのメディアは労働党が有利と伝えた。一九八九年の欧州議会選で労働党は保守党に勝利するなど、全国レベルの選挙での実績もあった。翌九〇年一一月にサッチャーが辞任した際には、保守党の支持率は労働党に二〇ポイント以上引き離されていた。保守党政権は、インフレを抑えるため、高金利政策を取ったことで、経済成長が鈍化し、失業率も一〇％程度で高止まりしていた。

労働党はマニフェスト「イギリスが再び動き出す時（It is time to get Britain working again）」で、住宅・交通・教育の充実、スコットランドやウェールズへの権限移譲と議会創設、核保有の権利容認などを訴えた。マニフェスト実現には増税不可避との保守党の批判が高まり、労働党のスミス影の財務相は、富裕層への増税を提案した。

ふたを開けてみると、保守党の勝利だった。前回比三九議席減だったが、過半数を一〇議席上回る三三六議席を獲得した。労働党は四二議席増の二七一議席だった。保守党から労働党へ票が流れたが、労働党は四回連続で総選挙に敗北することになった。社民党と自由党が合流した自由民主党は二〇議席だった。

保守党の勝因としては、メージャーの外交力によって、イギリスは欧州統合と距離を置き、不評だった人頭税を廃止し、新たな地方税カウンシル・タックスを創設すると発表したことだ。カウンシル・タックスは、住居用家屋の不動産価格に連動した税を課すもので、税額の開きに一定の制限を設けた。労働党の敗因としては、前回総選挙に続き、南部で伸び悩んだことが指摘された。中間層が多いイングランド南部での労働党の獲得議席は、一七七のうち一二にとどまった。中間層は、非熟練労働者ら低所得者層の人口割合を超え、大きな有権者の塊になっていた。大都市郊外の一軒家に住む彼らは、労働党を労組偏重、インフレの党とみなしており、こうしたイメージを払拭できなかった。実際、労働党はこの選挙で、高額所得層への増税を主張し、保守党に攻撃材料を与えていた。

キノックは「政党は理念だけでなく、政権を取ることが重要」と訴え、現実路線に舵を切ったが、選挙結果をみると、その取り組みは十分とは言えなかった。

スミスの急死

一九九二年四月九日の総選挙後、キノックとハタースリーはそれぞれ党首、副党首からの辞意を表明した。七月一八日、ロンドンで新党首選が行われ、スミス影の財務相とブライアン・グールド影の環境相の一騎打ちとなった。影の重要閣僚を歴任し、決断力の政治家と言われたスミスが九一％を得票して圧勝した。副党首選には、グールドのほか、ベケットとプレスコットが出馬し、ベケットが当選した。七月二三日に影の内閣が選出された。次世代を担うと言われたブラウン影の財務相、ジャック・カニングハム影の外相、ブレア影の内相、ロビン・クック影の通産相の四人のほか、プレスコット影の運輸相、デイビッド・ブランケット影の保健相が注目を集めた。

総選挙での勝利を目指すスミスは、労組の影響力排除に乗り出した。一九九二年九～一〇月に中部ブラックプールで行われた党大会では、翌九三年に発足が予定されていた欧州連合（ＥＵ）への加盟を確認したほか、全国幹部会の選挙で、ブラウンとブレアを選出させた。一九九三年九～一〇月に南部ブライトンで行われた党大会では、党首・副党首選出の際、それまで四〇％、三〇％、三〇％としていた労組、選挙区労働党、議会労働党の票の配分を改め、労組主体の加盟組織、個人党員、議員にそれぞれ三分の一を割り当て、「一人一票制」でその総計を各配分の中で反映させた。

労働組合員は一九七九年、約一三二一万人に上ったが、一九九五年までには約八〇三万人まで減少した。スミスにとっては、組合員ではなく、一般有権者に党の近代化を示す狙いがあった。メージャー政権は一九九三年七月、労働組合改革・雇用権法を新たに制定し、労働争議を行う場合の一週間前の通告を義務化し、実際に争議行為が公共サービスを妨害した場合にそうした行為の停止を要求できるとした。労働党党首のスミスにとって本来なら真っ向から反対する法案だが、労組を抑え込みたいスミスは強く反対しなかった。

一連の改革は労働党の変化を印象づけ、支持率の上昇につながった。世論調査で保守党を二〇ポイント上回る時期もあった。これは保守党の人気不足も影響していた。メージャー政権は、教育問題に力を入れ、教育水準局（ＯＦＳＴＥＤ＝Office For Standards in Education）を創設し、学校を視察させ、改善指導を行う改革に乗り出した。しかし、経済不安と党内の混乱が政権を揺さぶった。一九九二年九月一六日、通貨ポンドが下落したため、政府は金利を上げ、ポンド買いを促そうとしたが、下落の流れは止まらなかった。欧州諸国が為替相場を一定の割合に収める欧州為替相場メカニズム（ERM）の範囲内にとどめることもできず、ERMからの離脱を余儀なくされた。経済政策に対する保守党の信任は揺らいだ。一九九三年五月、マーストリヒト条約（筆者註：欧州共同体〈EC〉加盟一二カ国が、欧州連合〈EU〉設立のために締結した条約で、欧州連合設立条約とも言われる。政治・経済分野の統合を進めるための基本方針を定め、一九九二年二月にオランダ・マーストリヒトで調印式が行われていた）の交渉にあたったノーマン・ラモント財務相は更迭され、ケネス・クラークが後継となったが、失業率は高いままだった。

一九九三年七月二二日には、マーストリヒト条約に盛り込まれた欧州の共通社会政策からイギリスを除外することを支持する政府提出の動議が、八票差で否決された。そもそも条約に否定的な保守党の欧州懐疑派らが反対に回ったためだった。条約の批准に政治生命をかけるメージャー首相は、政府への信任投票を翌二三日に行うと発表した。信任されなければ、下院解散・総選挙となる。保守党の惨敗は確実視されていたため、多くの保守党議員が支持に回り、政府は信任された。これを受け、政府はマーストリヒト条約の批准を完了させた。

保守党の迷走から、スミスの次期首相は間違いないとみられていた。しかし、一九九四年五月、スミスは心臓発作のため、他界してしまった。

解説コラム　労働党のエネルギー政策

労働党は労働組合を土台にして結成された政党であり、労組の中核となった石炭産業を支え続けてきた。しかし、近年は、環境意識の高まりから、温室効果ガスを排出しないエネルギーを重視する政策に移行している。

一八世紀後半に始まった産業革命は、蒸気機関の燃料となった豊富な石炭によって支えられた。特にスコットランドでは鉱山開発が進み、炭鉱労働者が数十万人に上った。一九〇〇年に誕生した労働党の党首には、鉱山労働出身者が多く、炭鉱とその労働者の保護は、党のエネルギー政策の根幹となった。

賃下げに抗議して炭鉱労働者が一九二六年にゼネストに乗り出した時、労働党幹部はこれを支持した。一九二九年の総選挙では、石炭採掘の生産性を高め、労働時間を短縮する狙いから「炭鉱・鉱物資源の国有化」を選挙公約に掲げた。一九四五年に発足したアトリー政権は、この方向に沿って、石炭業界の公有化を実現した。

これに対し、保守党政権は一九五五年、将来のエネルギー需要の拡大に備え、原子力発電計画を発表し、翌五六年には世界初の原発の商業運転を開始した。また、ヒース政権は一九七一年、炭鉱労働者が賃上げを求めて起こすストが英経済を麻痺させているとして、労組によるストを困難にする労使関係法を成立させた。さらに、サッチャー政権は一九八〇年代、炭鉱ストを徹底的に取り締まるとともに、核エネルギーの研究開発への予算配分を充実させた。

労働党のエネルギー政策に変化が起こるのは、一九九〇年代以降だ。欧州では当時、石炭の燃焼による二酸化炭素の排出が地球温暖化につながっているとして、環境保護系の政党が勢力を伸ばしていた。英国石炭公社の非効率な運営も改革の必要が叫ばれていた。

ブレア党首は一九九七年の総選挙で、支持基盤の石炭業界には触れず、「環境重視」の原則を示し、太陽光や風力など再生可能エネルギーの開発を訴えた。この方針はその後の党首にも受け継がれ、コービン党首は二〇一九年の総選挙で、「緑の産業革命」を掲げ、二酸化炭素を排出しないエネルギー利用を主張した。

解説コラム　労働党の政策再検証

労働党の政策は、執行機関・全国執行委員会が開催する年次党大会で承認されるのが原則だ。政権党にある時も、党首は重要議題を年次党大会の採決にかけ、党の方針としてお墨付きを得て、政策実現に乗り出す。このため、党首には、労働組合出身者が多数を占める全国執行委員会幹部と良好な関係を保つことが求められてきた。

一九八七年の年次党大会では、キノック党首は、公務員労組出身で全国執行委員会メンバーのトム・ソーヤーと連携し、今後三年間で税や社会保障政策を見直すことを提案し、了承された。翌八八年五月には、産業公有化や欧州共同体（ＥＣ）からの離脱という左派の主張を退ける再検証の内容が判明し、この方針は、一〇月の党大会で正式に了承された。総選挙で三回続けて敗北し、政権奪還には大幅な政策変更は避けられないとの考えが労組内部に浸透したことが背景にある。

政策決定についてはその後、キノック党首の後継のスミス、ブレア両党首による改革が継続して行われた。党所属議員、労組、社会主義組織、支持団体から構成される全国政策フォーラム（ＮＰＦ＝National Policy Forum）のメンバー約二〇〇人が、全国執行委員会と共同で設立した経済、教育、社会保障など八つの委員会に分かれ、政策の立案や変更を協議する。必要があれば、年次党大会に提案し、投票により了承されれば党の正式な方針となる。多くのメンバーを政策決定に関与させ、労組主体の二〇人余の全国執行委員会の権限を弱める狙いがある。総選挙のマニフェストについては、前年に集中的な議論が行われる。

Ⅷ　ニュー・レーバー（新しい労働党）

党綱領第四条

ジョン・スミス党首が死去した翌月の一九九四年六月、欧州議会選（二六四ページ参照）が行われた。労働党はマーガレット・ベケット副党首が臨時党首を務め、人口比に応じてイギリスに割り当てられた八七議席のうち六二議席を獲得した。主要政党の中では、保守党の一八議席、自由党の二議席を大きく突き放して圧勝した。国政を決める選挙ではないが、保守党が有権者の信頼を失っている現実が改めて示された。

このため、翌七月に行われる労働党の党首選は、事実上、次期首相を決める選挙でもあった。ベケット副党首、労組出身のジョン・プレスコット影の運輸相、トニー・ブレア影の内相の三人が立候補した。ゴードン・ブラウン影の財務相が出馬するとみられていたが、ブレアとの間で選挙協力の合意があり、ブレア支持に回った。合意の中身については、ブレアが二期首相を務めた後にブラウンにその地位を禅譲するという内容とみられ、この合意を巡り、その後の二人の関係は緊張をはらむものとなる。

ブレアが標榜したのは、コミュニティー主義だ。政治の目標は、人が生活するコミュニティーの建設であり、社会主義者はこの共同体建設の障害を資本と考えるが、現在は、肥大化した公共活動がコミュニティーの障害になっており、社会主義と市場システムがともに機能すべきだと主張した。ブレアは以前から、党改革の必要性を訴え、党執行部を「白黒テレビ」や「祖父母から学んだ諺を繰り返している」と批判していた。古参党員から非難されたが、総選挙で四連敗すると、もはやブレアの主張が的を射ているように見えた。

ブレアは党首選で全体の五七％を得て当選した。船員組合で頭角を表したプレスコットが副党首となり、労組の声に配慮する形も整った。自らを支持したブラウンを影の財務相で遇した。

一九九四年一〇月に中部ブラックプールで開かれた党大会は、ブレアが党首として初めて臨む大会となった。ブレアは党首演説で、コミュニティー論に基づく「ニュー・レーバー」を披露する。人はコミュニティーの中で生活しており、保守党が訴える個人の自由な活動だけでは不十分だが、マルクス主義もこのコミュニティーをうまく機能させることはできない。時代に即した制度や政策を通じて社会主義的なコミュニティーを再構築するという内容だった。その上で「国民を代表する党」になると宣言した。そして、党綱領第四条の改定を提案した。一九一八年の党大会で採択された党綱領は、第四条で「生産、分配、交換手段の共同所有」を明記していた。ブレアは、この第四条を冷戦終結後の状況に合わない象徴的な政策とみなし、社会主義に資本主義路線を取り込んだ「第三の道」の実現に乗り出したのだ。

ブレアは一九九五年四月に開かれる臨時党大会で党綱領改定の承認を得ることを目指し、この年の二月から全国遊説に出かけた。有力労組の運輸総労働者連盟（ＴＧＷＵ）や地方公務員・医療・介護職員組合（ＵＮＩＳＯＮ）は改正に反対したが、多くの地方党員がこれを支持した。世論調査では労組員の九割が改定に賛成していた。

一九九五年三月、党の全国幹部会は、第四条の改定案を承認し、社会主義を抑える方向性を確認した。翌四月の臨時党大会で、第四条改定は六五％対三五％の大差で可決された。背景には、病院の順番待ちが恒常化し、水道料金が上がるなど、公的サービスの水準が悪化していたことがある。

翌九六年七月四日、ブレア影の内閣は、次期総選挙を念頭に置いた政策文書「労働党の政権公約への道」を発表した。この文書には、「ニュー・レーバー」路線の具体的政策が網羅された。高福祉・完全雇用路線を放棄し、少人数クラスの実現など教育改革を推し進め、歳出抑制で財政均衡の維持を図るとした。保守党政権が実施した鉄道の民営化を容認し、最高税率を引き上げなかった。ブレアはその日に記者会見し、「（労働党は）課税と支出の政党ではない」と訴えた。

党の中道化路線は、保守層への歩み寄りにもみられた。ブラウン影の財務相は一九九七年一月、労働党が政権を取っても二年間は保守党政権の歳出計画を採用し、所得税で二三％の基本税率と四〇％の最高税率を五年間引き上げないことを柱とする経済公約を表明した。好調な経済の下地を作ったとみられた保守党の減税や民営化路線の継続を掲げ、公共支出の総額を決めて抑制するコントロール・トータル制度を継続することにし、労働党政権への警戒感に配慮した。教育や医療の追加支出も、コントロール・トータルの枠内で支出されるとした。

その保守党政権の迷走は止まらなかった。イギリスでは、政党支持率が下がると、次期総選挙での落選を恐れた議員から、党首降ろしの動きが強まる。支持率で労働党に差をつけられていたジョン・メージャー首相に対しても、一九九五年春以降、その動きが表面化した。このため、メージャーは賭けに出た。この年の六月、保守党党首を辞任し、党首選を実施し、再選を目指すと表明したのだ。ウェールズ相のジョン・レッドウッドが対抗馬で出馬した選挙の結果は、メージャーが二一八票、レッドウッドが八九票で、党内での支持を内外に示す結果となった。

しかし、離党者は後を絶たず、与野党の議席差は縮まり、一九九六年一月に保守党は過半数を失った。スキャンダルも相次いだ。武器調達閣外相がサウジアラビアから高級ホテルの宿泊費を肩代わりしてもらっていたとの疑惑や、デイビッド・メラー国民文化相が女優との不倫で辞任し、政権の支持率は低下した。メージャーの指導力には疑問符がつき、統率力がないとする割合は世論調査で七割に達し、逆にブレアを強い指導者とみる割合は八割近くに達した。首相としての適任者を聞くと、ブレアがメージャーを大きく上回った。

イギリスのメディア（二三〇ページ参照）は政党支持を明確に打ち出す。それまで一貫して保守党支持を打ち出していた有力大衆紙サンは労働党支持に回った。日刊全国紙一〇紙のうち六紙は労働党支持となった。もはや保守党政権の崩壊は時間の問題だった。

一九九七年三月一七日、メージャーは任期満了により四月八日に下院を解散し、五月一日に総選挙（定数六五九）を実施すると発表した。労働党は、マニフェスト「ニュー・レーバー＝イギリスはもっと良い状態に値する（New Labour because Britain deserves better）」を発表した。今後五年間に行う公約として、①教育は最優先課題、②所得税の基礎・上限割合の引き上げ停止、③安定した経済成長、④二五万の無職青年の雇用保障、⑤ＮＨＳ（国民保健サービス）の再建、⑥犯罪と犯罪の理由に強い姿勢、⑦強い家庭と強いコミュニティーの構築、⑧環境保護、⑨政治浄化と政治権力の分権化、⑩欧州で指導力発揮——の一〇項目を挙げた。

選挙結果は、労働党四一八議席、保守党一六五議席、自由民主党四六議席だった。労働党の歴史的圧勝で、獲得議席のうち、女性は一二〇議席を数えた。「ニュー・レーバー」路線で一八年ぶりの政権奪還に成功した。保守党は、一九〇六年の一五七議席に次ぐ歴史的大敗を喫し、スコットランドとウェールズでは議席を取れなかった。投票結果をみると、労働党の得票率は四三％にとどまっており、保守党支持者の多くが棄権したことが影響したとみられる。

一八年ぶりの政権奪還

一九九七年五月二日未明、イングランド北部にある自らの選挙区セッジフィールドからロンドンに戻ったブレアは、テムズ川を見下ろすロイヤル・フェスティバル・ホールで演説し、「新しいイギリスの夜明けだ。変革への勇気があれば、変革は可能だ」と訴えた。その後、ロンドン・イズリントンの自宅で仮眠を取った後、バッキンガム宮殿に向かい、エリザベス女王から「私が在位してから、あなたは一〇人目の首相です」と組閣を要請された。二〇世紀で最も若い四三歳の首相の誕生だった。

その後、恒例の首相官邸前での初演説で、「一八年もの間、我々は野党だった。今日、わが党は政府の重い責任を背負っている。議論は終わった。仕事を始めるときだ。我々はニュー・レーバーとして選ばれた。ニュー・レーバーとして統治する」と宣言した。

この日、メージャーは党首からの辞任を表明した。一九九七年六月に行われる保守党の党首選では、欧州懐疑派で、共通通貨ユーロを採用しないと主張するウィリアム・ヘイグが選出されることになる。官邸入りしたブレアは二日、さっそくプレスコット副首相、ブラウン財務相、ロビン・クック外相ら主要七閣僚を任命した。翌三日には、一四閣僚を任命し、平均年齢で五一歳の若い布陣を構成した。このうち、女性閣僚は五人で歴代政権で史上最多となった。

ブレア政権は連日のように新たな政策を発表した。政権発足から三カ月だけでも、以下のような重要な政策転換が行われた。

- 私立学校への補助金を廃止し、余剰資金を乳児補助に充てる方針発表（五月二日）
- 外務省の国際援助部門を独立させ、国際開発省の創設方針を発表（五月三日）
- イングランド銀行の政府からの独立発表〔註1〕（五月六日）
- 下院で火曜と木曜の週二日、それぞれ一五分間行われた党首討論を水曜日の週一日、三〇分間へ変更（五月九日）
- スコットランド、ウェールズへの権限移譲を問う国民投票法案提出（五月一六日）
- 欧州社会憲章（筆者註：欧州の社会的統合を進めるため、欧州の人権監視機関、欧州評議会が一九六一

年に採択した国際条約で、労働者の権利などが明記されている）に参加（六月一六日）
■「福祉から就労へ（welfare to work）」（筆者註：国が生活を保障するのではなく、就労を促して自立させる社会政策）という予算案発表（七月二日）
■ロンドンに市長設置〈註2〉（七月二九日）

イギリスのメディアには、政権発足から一〇〇日後に滑り出しを評価する習慣がある。この時期に重要公約を矢継ぎ早に実行に移し、ブレアはその改革を「統治の変更」と位置づけた。就任三カ月後の支持率は八割を超え、異常な人気ぶりを誇った。ブレアには、政治は迅速かつ果断に行うのが重要との考えがあった。

就任直後に最も衝撃が大きかったのは、中央銀行の政府からの独立だ。ブラウン財務相は五月六日の記者会見で、金利など金融政策の決定権を政府からイングランド銀行に移管すると発表した。イングランド銀行は総裁以下九人の多数決で金利の水準を決めることになり、同じ日、公定金利（貸出最低金利）は〇・二五％引き上げられ、年六・二五％となった。労働党が、景気浮揚を優先させ、巨額の財政支出を行うため、インフレになりかねない金融緩和を実施するのではないかと心配していた市場の不安を払拭し、インフレ予防に役立った。ブラウンは二カ月後の七月に発表した補正予算案で、法人税率を三三％から三一％に引き下げる改革も実施し、保守党のお株を奪うとともに、政府の優先課題に沿う予算構成を目指し、包括的な歳出の見直しに着手した。

歳出見直しの具体策は一九九八年七月に白書として公表され、省庁予算の大枠を三年間保証し、中期的な視点で公約実施に取り組む方針とした。その際、財務省と各省が三年間の目標値を定め、結果重視の姿勢を打ち出した。一方で、公共資本の整備に民間のノウハウを活用するＰＦＩ（Public Finance Initiative）制度を採用して、メージャー政権の方針を継承し、歳出の抑制とサービスの向上を目指した。

ブレアにとって就任直後の最初の試練は、チャールズ皇太子の妻だったダイアナ元妃の死去だった。一九九七年八月三一日未明、エジプト人の恋人、ドディ・アルファイドとパリのホテルで食事した後、アルファイドの自宅に向かう途中、車が中央分離帯の壁に正面衝突し、死亡したのだ。有名人を追いかけるカメラマン（パパラッチ）のオートバイと車が競り合ったことが事故の原因とみられた。地雷廃絶やエイズ撲滅に取り組んだ「ダイアナ死去」のニュースは世界を駆け巡った。

ブレアはこの夜、地元セッジフィールドの自宅にいた。夜が明けた三一日午前、自宅近くの教会で待ちかまえていた報道陣を前に、「イギリスだけでなく、世界中の人がダイアナを支持し、ダイアナを愛した。彼女はピープルズ・プリンセス（民衆のプリンセス）だった。これからもそうであり続けるでしょう」と沈痛な表情で語った。「民衆のプリンセス」はこうしてダイアナの代名詞となった。ブレアは「偉大なコミュニケーター」と呼ばれるようになる。ダイアナとは首相就任前からの知り合いだった。チャールズ皇太子との離婚で傷ついた人生を歩みながら、社会活動で民衆と接したダイアナの死に国民は大きく反応すると直感した。三一日夕、ロンドン郊外のノーソルト空軍基地に赴き、パリから移送されるダイアナの遺体の到着を待った。

対照的だったのが王室だ。事故があった時、一家は夏の避暑地であるスコットランド・バルモラル城にいた。ロンドン郊外のウィンザー城には半旗を掲げなかった。コメントを出すこともなく、日常生活を続けた。ダイアナは離婚後、妃殿下（ＨＲＨ＝Her Royal Highness）の称号を剥奪され、王室とは無縁な存在となっていたためだ。だが、民衆の落胆は、無関心を装う王室に対する怒りとなって表れる。ダイアナと縁を切ったはずのロンドン・バッキンガム宮殿の前には、多くの花束が置かれ、その数は日に日に増えていった。メディアも王室たたきを始め、王室不要論まで飛び出した。

九月三日、ブレアはチャールズ皇太子に電話し、「女王は国民に話さなければならない」と伝えた。バルモラル城にこもるエリザベス女王を説き伏せ、弔意を出させるため、息子の皇太子に働きかけたのだ。皇太子は女王にそれを伝えた。翌四日には、ブレアは女王に電話し、国民向けのメッセージを要請した。女王は五日、バッキンガム宮殿で国民向けに、ダイアナが「優しさと温かさにあふれていた」と功績をたたえた。

ブレアは九月六日にダイアナの葬儀が行われるウェストミンスター寺院までの葬列の距離を伸ばすよう働きかけた。出発地点は当初のセント・ジェームズ宮殿から、ダイアナの住まいだったケンジントン宮殿に変更となり、国民は長くなった葬列の沿道から「民衆のプリンセス」に別れを告げた。ブレアは翌七日、ＢＢＣテレビとの会見で、ダイアナを人道問題に関する英国大使に任命する考えだったことを明らかにした。ダイアナの死が政権を揺さぶりかねないという政治的本能によって、ブレアは王室に影響力を行使し、民衆から一層の支持を得るようになった。

〈註1〉イングランド銀行＝フランスに対する戦費を賄うため、一六九四年に設立された銀行。一八世紀に入ると、企業に融資して産業革命を支え、中央銀行の役割を果たした。クレメント・アトリー政権の産業公有化政策の中で、一九四六年に国有化され、正式に政府の支配下に置かれた。しかし、その金融政策は、政権与党の意向を受けた政治的偏向が目立つと批判された。このため、ブレア政権は一九九七年、金融政策の決定権をイングランド銀行に委ねることを決断した。

〈註2〉ロンドン市長＝イギリスでは、地方自治体の首長を直接選挙で選ぶ習慣はなく、公選の地方議会が各種委員会を創設し、地方公務員とともに行政にあたってきた。首都ロンドンでは一八八八年法によりロンドン市議会が創設され、その後に拡大した大ロンドン市議会の議長が権限を握ってきたが、保守党のマーガレット・サッチャー政権は一九八六年、中央集権化を進めるため、大ロンドン市議会を廃止した。以後はロンドンの三三の特別区が住民行政を担当していた。労働党のブレア政権は一九九七年、地方分権を図る狙いから、ロンドンに市長公選制の導入を決めた。二〇〇〇年五月に行われた初の市長選では、ブレア首相と対立して労働党を除名された左派のケン・リビングストンが当選した。保守党党首として後に首相となるボリス・ジョンソンも二期八年務めた。

ブレア政権一期目――北アイルランド和平

ブレアの一期目で最大の功績とされるのが、北アイルランド紛争の調停だ。

グレートブリテン島の西側に位置するアイルランド島は昔から、イングランドの侵攻に直面してきた。一八〇一年に正式に併合し、国名を「大ブリテンとアイルランド連合王国」（二三二ページ参照）

とした。しかし、二〇世紀に入り、アイルランド人の反英闘争は激しくなり、一九三七年には、南部二六州が独立を達成した。その際、プロテスタント系住民が多かった北アイルランドの北部六州は独立に反対し、イギリスに残留することが決まった。カトリック系住民はアイルランドへの編入を主張し、その後の火種となった。

対立が激化するのは一九六〇年代後半だ。英政府は六九年、北アイルランドに軍を常駐させ、紛争に介入する姿勢を示した。これに反発するアイルランド共和軍（ＩＲＡ）がさらに武装闘争を強める。一九七二年一月三〇日には、北部ロンドンデリーで、カトリック系のデモ隊に英軍が発砲し、一三人が死亡する「血の日曜日事件」が起こった。英政府はこの年の三月、治安維持のため、直接統治に乗り出した。その後、プロテスタント、カトリック双方の合意形成を目指す方針を掲げたが、一九八四年一〇月には南部ブライトンで、サッチャー首相ら保守党幹部を狙った爆弾テロが発生し、五人が死亡するなど、ＩＲＡによる反英テロが相次いだ。メージャー政権下でプロテスタント、カトリック両派住民による和平交渉が行われたが、実質的な進展は乏しかった。

ブレアは一九九七年の総選挙では、北アイルランド和平を選挙公約に掲げた。最初に和平を実現させ、英国残留かアイルランド統合かの帰属については、その後、住民が決定するという構想を描いた。ブレアは、北アイルランドの諸政党による和平会議を九月一五日から開始し、ＩＲＡが会議の六週間前までに停戦を宣言すれば、ＩＲＡの政治部門であるシン・フェイン党の会議への参加を認めるという提案を行った。和平協議と同時に武装解除も進める狙いだ。シン・フェイン党のジェリー・アダムズ党首がＩＲＡに停戦を呼びかけたことで、ＩＲＡは七月、停戦を宣言した。こうしてシン・フェイン党の会議参加が決まった。

和平会議が始まると、ブレアはトップ同士の対話を進めようとした。一二月一一日には、ロンドンの首相官邸にアダムズを初めて招いて会談し、仇敵と直接向き合う姿勢を示した。シン・フェイン党幹部の首相官邸訪問は一九二一年以来だった。

一九九八年一月、英・アイルランド両国政府は、北アイルランドにプロテスタント系、カトリック系の双方が参加する自治政府を発足させ、住民の意向を行政に反映させるという共同提案を行った。三月に入ると、主要八政党は四月九日の最終期限に向け、ビル・クリントン米大統領の推薦でアイルランド移民の子孫のジョージ・ミッチェル元米民主党上院院内総務を仲介役とし、実質的な協議を開始した。

シン・フェイン党党首ジェリー・アダムズ（2008 年撮影）

ブレアは四月七日夜、北アイルランドの中心都市ベルファストに入り、アイルランドのバーティ・アハーン首相、プロテスタント、カトリック両勢力代表と個別に会談した。郊外のストーモント城が交渉の舞台となり、プロテスタント側に合意草案を作成させ、カトリック側に修正させる形を取った。この中で、シン・フェイン党は四〇ページもの修正を要求し、合意は困難かと思われた。

修正項目で妥協点を探る中で、最後に残った懸案が、IRAの武装解除だった。ブレアは、合意につなげるため、プロテスタント系のアルスター統一党（UUP＝Ulster

Unionist Party）のデビッド・トリンブル党首に対し、IRAが武装解除しなければ、IRAを合意から排除すると確約した。その後、IRAの政治組織であるシン・フェイン党のアダムズ党首との交渉を通じて、IRAから武装解除の確約を得たようだ。

一九九八年四月一〇日の金曜日、包括和平合意（グッド・フライデー合意）は成立した。ミッチェルが、ストーモント城で、合意実現を発表した。合意内容は以下の通りだ。

- 南北アイルランドの多数の意向がない限り、北アイルランドはイギリスに残留し、アイルランドは全島領有の憲法規定を削除し、最終的な帰属は将来的に住民が判断する。
- 任期五年・定数一〇八の自治議会と、主要政党が参加する閣僚一二人の自治政府を設置する。
- 南北アイルランド政府の対話機関「南北閣僚評議会」を設置する。
- 英・アイルランド両国政府による調停機関を創設する。
- 武装解除は一九九八年六月からほぼ二年以内、二〇〇〇年五月二二日を解除完了期限として努力する。

ブレアは合意後、「和平の機会が生まれた」と合意の意義を強調したが、一方で、「我々は勝者であり、敗者である」とも述べ、双方に妥協を求めた。

五月に行われた北アイルランドの住民投票では、賛成七一％で包括和平合意は承認された。アイルランドでは、包括和平合意に盛り込まれた憲法改正の是非について国民投票が行われ、賛成九四％の圧倒的な高さで承認された。これにより、六月、北アイルランド自治議会選（定数一〇八）が行われ、プロテスタント系のアルスター統一党が第一党（二八議席）、カトリック系の社会民主労働党（二四議席）が第二党となり、穏健派が過半数に迫り、自治政府首相にはトリンブルが就任した。強硬派は、プロテスタント系の民主統一党（ＤＵＰ＝Democratic Unionist Party）が二〇議席、カトリック系のシン・フェイン党が一八議席で、多数派の形成には至らなかった。

和平合意が成立したのは、ブレアの交渉アプローチの成果と言われる。「血の日曜日事件」など過去の凄惨な事件の原因について調査を命じ、カトリック系政党が交渉のテーブルにつくことを後押しした。さらに、ブレアは当初一泊の予定だったベルファスト滞在を四泊に延ばし、トリンブルやアダムズらと日夜交渉にあたり、信頼関係を深めていった。一九九八年一〇月、トリンブルと、カトリック系の社会民主労働党党首、ジョン・ヒュームへのノーベル平和賞受賞が発表されたが、背後にブレアの存在が大きかっただろう。

しかし、合意後も武装闘争は収まらなかった。一九九八年八月一五日、北アイルランド中部オマーの商店街で、車に仕掛けられた爆弾が爆発し、二八人が死亡、二〇〇人以上が負傷した。和平路線に反発するＩＲＡの分派「真のＩＲＡ」の犯行だった。

競争原理の導入

ブレアが一期目に実現した内政の功績としては上院改革がある。イギリスの上院は、「ハウス・オブ・ロード（The House of Lords）」と言われ、長く貴族階級が占めていた。一家で代々受け継がれる「世襲貴族」と、社会的功績により政党や政府が推薦する「一代貴族」からなり、歳費も任期もない。二〇世紀に入り、下院で自由選挙が定着し、階級社会が崩れるのに伴い、「上院の民主化」が課題となった。一九一一年、自由党のハーバート・アスキス首相は、上院が予算に関する法案を修正・否決できなくする改革を実行した。一九四九年には、法案に対する上院の権限は、下院が可決した法案を二会期（一年）遅らせることができるのみとなった。

ブレアは一九九四年に労働党党首に就任した際、選挙による上院議員の選出を掲げ、一九九七年の総選挙でもそれを公約に掲げた。その年の政権発足時、「世襲貴族」は七九〇人、「一代貴族」は四〇二人に上った。一九九九年二月には、上院で世襲議員廃止を盛り込んだ報告書が完成し、上下両院での法案審議を経て、世襲議員を九二人まで減らす改革が実現した。

ブレアが内政の柱に掲げたのは教育政策だった。それを象徴するのが、首相就任前の一九九六年一〇月に中部ブラックプールで開かれた年次党大会での演説だ。翌九七年の総選挙を前に、野党・労働党の主要政策を示す必要があった。

「私の政府で三つの主要課題を聞かれれば、私はこう答える。教育、教育、教育だ」

その直後、拍手喝采がわき起こった。このメッセージは、側近のジョナサン・パウエル首席補佐官が考え出したものだった。ブレアが新政権で教育政策を重視することは、これによって相当明らかになった。事実、イギリスの教育は荒廃していた。小学生の約四割は、十分な読み書き能力がないまま卒業していた。中学校の義務教育終了時に全生徒が受ける中等教育終了試験（ＧＣＳＥ＝General Certificate of Secondary Education）の成績は低調だった。

ブレアは首相就任後、教育相兼雇用相に全盲のデイビッド・ブランケットを任命した。生まれつき目が見えないブランケットは、少年時代に父親を亡くしたが、苦学して中部シェフィールドの大学を卒業し、地元の市議、市議会議長を務め、一九八七年に下院選に当選した苦労人だ。野党時代に影の教育相を務め、首相討論では、盲導犬ルーシーを連れて、最前列に座り、点字資料を指でなぞりながら発言した。

ブランケットはブレアの意を受け、教育環境の充実に着手する。予算を増額し、教員の増員、教員給与の引き上げ、学校施設のＩＴ化などに着手した。一クラスの生徒数は最多で三〇人となり、パソコンの学校配備も拡大した。一部のエリート層だけでなく、全国で教育水準の底上げを図ることで人材を育成すれば、経済発展の原動力となり、国力の増強につながるという発想だ。結局、教育関連予算は、二〇〇七年の首相退任時には、就任直前時より倍増し、約六五〇億ポンドに達した。

全土での教育行政は、実質的には貧困地域での対策を意味した。都市部で貧困層が多い地域などが「教育行動地域（ＥＡＺ Education Action Zones）」に指定され、成績不良の子どもの多い学校の改善策に予算が投入された。

ブレアは一九九九年九月、南部ボーンマスで開かれた労働党大会で演説し、貧困撲滅を念頭に、教育と医療への資金投入拡大を訴えた。そして、社会学者アンソニー・ギデンズが提唱した「第三の道」は、教育行政にも競争原理の導入をもたらした。教育水準局は各地の教育局に成績到達目標を設定させ、さらに各校に子どもの学力に関する目標を掲げてもらい、自己評価する制度を新たに導入し、実際に成果を出していれば学校予算が増額される仕組みにした。その指標として、初等学校では授業を理解した子どもの割合、中学では中等教育終了試験（ＧＣＳＥ）で成績優秀者の割合などが数値化された。ただ、教育水準局から評価されず、学校長が早期退職に追い込まれるなど、競争原理の導入が現場に混乱をもたらした点は否めない。政府から学校への通達は二～三日おきに出され、教員への過重な圧力が報告された。公立中学校でテストが多くなり、ストレスを抱える子どもが増えているとの指摘も相次いだ。


競争原理は、福祉の現場にももたらされた。

ブレアは一九九七年九月、南部ブライトンで開かれた労働党の年次党大会で、「福祉の受益者は国家に頼ることなく、仕事に戻るべきだ」と訴えた。その基本原則は「福祉から就労へ（welfare to work）」だった。生活の面倒を見るのではなく、自立可能な国民に対しては、就労訓練を通じて職場復帰させるという考えだ。こうした自助努力支援型の福祉国家構想を推し進めたのは、医療費・社会保障費が国家予算の四割に上り、財政を圧迫していたためだ。

就労支援の具体策としては、一六歳未満の子どもを持つ親が、週に一定時間を就労すると一定額の税額控除を受けたり、一八～二四歳の若年層の失業者に対しては、就労支援のプログラムを提示し、この支援を拒否すれば、失業給付金を一定期間停止するという内容だった。

一連の政策は、「第三の道」を具体化させたものと言われる。「第三の道」は、社会主義者が重視する「公正」と、新自由主義者が掲げる「効率」を両立させる政策で、東欧やソ連の社会主義政権が崩壊したことを受け、社会民主主義を刷新したものだった。

一方で、就労支援を理由に福祉が切り詰められることには反発が起こった。ブレアは一九九七年一二月、母子家庭や身障者の生活保護世帯の月額受給額を四五ポンド減額する改革案を出した。低所得者層への支援を党是とする労働党内左派から猛烈な反対の声が上がった。マルカム・チショルム・スコットランド問題担当閣外相はこれに反発して辞任した。

診療待ちの待機患者が増加している問題も課題になっていた。「かかりつけ医（GP）」の予約を取るまで何日も待つ状況となり、イングランドだけでその数は一〇〇万人を超えていた。ブレアは、待機患者の一〇万人削減を公約に掲げ、医療予算の国内総生産（GDP＝Gross Domestic Product）比を六・八％から八％まで増やすとも約束した。一九九九年になると、医療予算を今後三年間で増額して二一〇億ポンドにすることを決定した。

地方自治の改革にも着手し、一九九九年地方自治法が制定され、自治体業務の競争入札制度を廃止し、国による自治体予算への強権発動を停止した。いずれもサッチャー政権時代の不評な政策の変更だった。

倫理外交と軍事介入

外交面では「倫理外交」が前面に出た。人道的に正しいと思うことを実行に移し、場合によっては軍事介入も辞さない方針だ。キリスト教の教えに基づき、道徳的な価値観を追求する姿勢は、一九世紀後半に首相を四度務めたホイッグ党（自由党）のウィリアム・グラッドストン以来と言われた。その象徴的な例が、一九九九年のコソボ紛争だった。

コソボは冷戦時代、ユーゴスラビアの一部で、セルビア共和国内の自治州としての権限を与えられていた。だが、住民の多数を占めるアルバニア人と、支配階級のセルビア人の対立が絶えなかった。冷戦後、スロベニア、クロアチアなどがユーゴから次々に独立していく中、コソボのアルバニア人勢力も、ユーゴからの独立を目指し、セルビア人勢力と衝突した。特に、セルビア人のスロボダン・ミロシェビッチが一九九七年、ユーゴ連邦大統領に選出されると、セルビア共和国内でもアルバニア人への迫害が強まった。

欧米諸国は当初、内政不干渉の立場だった。特に、アメリカは欧州の問題として消極的だった。だが、ブレアは、「民族浄化を行った独裁者を罰しなければならない」と繰り返し、人道的介入の必要性を訴えた。一九九八年一二月には、情報機関から「過去数カ月で数十万人のアルバニア人が避難民となり、二〇〇〇人が死亡」との報告を受け、ブレアは軍事介入が必要との思いを強めた。クリントン米大統領を説き伏せ、北大西洋条約機構（ＮＡＴＯ）による空爆実施で合意し、翌九九年三月に空爆が始まった。中国大使館への誤爆もあったが、軍事施設を中心にした攻撃は効果を発揮した。ブレアはさらに、空爆の効果は限定的だとして、難民帰還のための地上軍の投入を呼びかけた。ブレアは「コソボの平和は国際社会が保証するもので、住民の不安に対処するため、多国籍の地上軍を展開する必要がある」と主張し、野党・保守党からの支持も得ていた。しかし、クリントンは地上軍には懐疑的だった。結局、四月二一日に米ホワイトハウスで行われた米英首脳会談で、当面空爆を継続することで意見が一致したが、クリントンはブレアが求める地上軍の派兵を採用しなかった。

こうしたブレアの対外姿勢は、翌四月二二日、米シカゴで行った演説で示された。国際社会の当事者は、他国の人権侵害を改める義務を負うとする内容で、後に「国際共同体のドクトリン」や「ブレア・ドクトリン」などと呼ばれた。ブレアにとって、コソボはこのドクトリンを実行に移す舞台だった。

一九九九年六月、ユーゴは米欧露の和平案を受諾した。ミロシェビッチはコソボから完全撤退することを受け入れ、七五万人の難民の帰還が動き出すことになった。こうした外交に英国民は理解を示し、コソボに介入したブレアの国内支持率は六割を超えた。ブレアは紛争後、「善が悪に勝利した」とも述べ、カトリック教徒としての一面ものぞかせている。

ブレアの対外政策は、常に対米連携の中で実行に移され、クリントン、ジョージ・W・ブッシュ両米大統領と親密な関係を築いた。

一方で、コソボ介入にみられるように、ブレアの欧州への関心は、保守党政権よりも高かった。首相就任後、欧州担当外務閣外相を新設し、欧州統合に積極的に関与する姿勢を見せた。一九九八年一二月、フランス西部サンマロで、ジャック・シラク大統領、リオネル・ジョスパン首相と三人で会談し、EUの軍事力保持を目指した欧州防衛に関する共同宣言を発表した。北大西洋条約機構（NATO）が行動を起こさない場合を想定し、EUが独自に情報収集や戦略立案を行う必要があるとした。コソボ紛争で機動的に対応できなかったことを受けたものだった。

こうした内政・外交の一連の政策は、首相官邸の主導で行われた。イギリスの議会制民主主義は、首相が大きな権限をふるうことが可能だ。このため、過去の政権を振り返ると、官邸主導で政策を実行することが多かった。例えば、労働党のハロルド・ウィルソン首相は一九七四年、首相官邸に「政策ユニット」を結成し、一〇人未満のスタッフが各省の政策を指示した。その機能は「キッチン・キャビネット（私設顧問団）」と呼ばれた。

ブレア政治もこの権限を最大限に駆使した。政治任用という形で外部からの顧問を約七〇人採用し、政策立案にあたらせた。主な人選として、首席補佐官には外交官出身のパウエル、首席報道官には新聞記者出身のアリスター・キャンベルが起用された。キャンベルは、大衆紙デイリー・ミラーやトゥデーで記者を務めた後、一九九四年に党首となったブレアに引き抜かれ、党の広報責任者となった。キャンベルは自らの人選について「TB（トニー・ブレア）は、政治とメディアの両方を理解する人材を探していた」と振り返る。

首相官邸にはそれまで、官僚出身者がトップを務め、政権党にかかわらず、首相の政策実現に尽力するという伝統があった。ブレアが官邸に乗り込んだ時、サッチャー、メージャーの保守党政権に仕えたロビン・バトラー官房長官がいた。バトラーはパウエルらと対立したが、ブレアはパウエルの知識と能力の高さを評価し、自由に指揮を執らせた。バトラーは片隅に追いやられた。改革のテンポを早めるためには、従来のように、官僚が作成した文書を閣議で決定して政策実行につなげるプロセスが不十分だと考えていたという。イギリスの官僚組織は優れているが、大きな改革を実現できないというのがブレアの持論だった。

米同時多発テロ

二〇〇一年五月一四日、ブレアは議会を解散し、六月七日に総選挙（定数六五九）を行うことにした。二日後の五月一六日、労働党はマニフェスト「イギリスのための希望（Ambitions for Britain）」を打ち出し、経済や公共サービスなど五分野を重点項目とした。中身をみると、教育・医療の充実を掲げ、教育分野では、関連予算を年率五％増やし、医療分野では、医師・看護師の三万人増員を掲げた。所得税や付加価値税を増税しないことも挙げた。

これに対し、保守党は、八〇億ポンドの減税と欧州の共通通貨ユーロの導入反対を掲げた。世論の七割が拒絶反応を示すユーロ導入への反対を選挙の争点とした。だが、労働党は選挙戦でこれにほとんど触れなかった。

事前の世論調査で、労働党が保守党に一〇ポイント以上リードし、保守系のタイムズ紙はブレアを「信頼できる保守」と評するなど、主要メディアは、労働党への支持を相次いで表明した。

投票日の六月七日、ブレアは、司法修習生時代の同僚だったシェリー夫人とともに、地元セッジフィールド選挙区で投票した。開票の結果、労働党は得票率四一％で四一二議席（九七年選挙で四一八）、保守党は三二％で一六六議席（同一六五）、自民党は五二議席（同四六）だった。八日未明、ブレアは「労働党にとって歴史的な瞬間となった」と勝利宣言した。夜が明けて、ブレアはバッキンガム宮殿でエリザベス女王から組閣の要請を受け、第二次ブレア内閣のスタートとなった。

労働党の勝因は、好調な経済情勢だった。国内総生産（ＧＤＰ）は上昇し、インフレは三％台に収まり、失業率も四％で下げ止まった。財政赤字はそれほど大きくなく、通貨ポンドは強かった。財政政策では、一九九九年に所得減税を行う一方、燃料や煙草といった特定分野への増税や住宅ローンの税控除廃止などを行った。中間層以上への負担増による税収は、児童給付の増額など貧困層への充当に回し、労働者対策も忘れなかった。

また、ニュー・レーバーの改革を支持する世論があった。さらに、保守党党首のヘイグが指導者としての魅力に欠け、無党派層の支持を得られなかった。

ブレアは八日に行った内閣改造では、外相にジャック・ストロー内相、内相にブランケット教育兼雇用相を横滑りさせ、ブラウン財務相は留任した。また、パトリシア・ヒューイット防衛産業相ら女性七人を閣僚に起用した。

二期目でも教育重視の方針は変わらなかった。中等教育改革に乗り出し、無試験入学の平等主義を改め、学校の特色づくりに動き出した。具体的には、成績優秀者が特別教育機関で勉学できる体制整備や、全国一五〇〇校で科学や経済などの専門科目が設定された。しかし、政府の狙い通りに生徒の学力は向上しなかったとの指摘も出始めた。学校間競争で成績不良校と評価された学校が挽回するのは極めて難しいという批判も相次いだ。

また、「選択と多様性」の理念に基づき、医療の改革に力を入れた。国民保健サービス（ＮＨＳ）では、患者にサービス選択の権利を与え、病院間の競争を促し、医療の質を向上させる方針だった。

二〇〇一年九月一一日には、労働組合会議（ＴＵＣ）が予定され、ブレアは労組にこの方針を説明するため、南部ブライトンのホテルで準備に追われていた。その時、米ニューヨークの世界貿易センターに旅客機が突っ込んだとの連絡が入った。ブレアはその瞬間、「これはテロ攻撃だ。戦争だ。世界を変える出来事になる」と悟った。実際、ブレアの関心と政策はこの後、国内から国外に移る。

ブレアは会議に出席し、「テロは新たな悪だ」と批判した後、急いでロンドンに戻った。アメリカの同盟国であるイギリスへのテロも想定されたからだ。午後五時過ぎ、首相官邸の地下室に入り、国家安全保障に関する緊急閣議を招集した。ブレアは閣議で、最高レベルの警戒を指示した。ロンドン上空を飛行禁止にするとともに、国内の全空港で飛行機の離発着も禁じた。

その晩、ブレアは首相官邸から国民向けにテレビ演説した。「これはアメリカだけの戦いではない。自由で民主的な世界とテロとの戦いだ。イギリスは、アメリカの友人と肩を並べて立ち上がる」。今や強固な対米同盟は、労働党の外交政策（二三五ページ参照）の基軸となっており、「困難な時に真の同盟関係が形成される」との考えを持つブレアは、他国に先駆けてアメリカとの連帯を示す必要性を感じていた。しかも、この同時テロで犠牲となった英国人は六七人に上った。もはや、同盟国の悲劇で済まされる事態ではなかった。

ブレアは一一日の段階で、ウラジミル・プーチン露大統領、シラク仏大統領、ゲアハルト・シュレーダー独首相らと電話会談し、一二日には、ブッシュ米大統領とも話し、対テロで共闘していく方針で合意した。ブレアはブッシュの前任のクリントンと良好な関係を築いていただけに、当初は英米関係を危ぶむ声もあった。しかし、コンドリーザ・ライス米大統領補佐官（国家安全保障担当）は英側に「最も重要な二国間関係は米英だ」と伝えていた。実際、ブッシュがテロ後、最初に電話した外国の首脳はブレアだった。一二日は国連安全保障理事会が開かれ、「テロに対してあらゆる手段で戦う」とする決議一三六八を採択した。ブレアは一四日に下院で演説し、テロリストが化学・生物兵器などで攻撃する可能性に警戒するよう訴えた。

九月二〇日、ブレアはパリでシラクと朝食を取った後、米ニューヨークを訪問した。ルドルフ・ジュリアーニ・ニューヨーク市長とともに記者団の前に立ち、「私の父の世代がドイツによる空襲を受けた時、私たちのそばにいた唯一の国がアメリカだった。今、我々はみなさんのそばにいる。みなさんの戦いは我々の戦いだ」。英首相の連帯の決意は、米メディアに流れた。その晩、ブレアはワシントンに移動し、ホワイトハウスでブッシュと会談した。ブッシュはこの場で「相手はアル・カーイダ（筆者註：アフガニスタンに侵攻したソ連軍と戦うため、サウジアラビア出身のイスラム原理主義者ウサマ・ビンラーディンが一九八八年に設立したイスラム過激派組織。アラビア語で「基地」を意味する。欧米を敵視し、二〇〇一年に米同時多発テロを起こした）とタリバン（筆者註：アフガニスタンで一九九六年に政権を握ったイスラム原理主義勢力。「学生たち」を意味する。二〇〇一年に米軍の攻撃を受け、首都カブールから退去した）だ」と報復の対象を告げた。ブレアは会談後、「我々は第二次世界大戦の時のように、いま、アメリカと一緒の場所に立つ」と決意を披露した。この夜、ブッシュは連邦議会上下両院で演説した。ブレアは二階席で紹介され、満場の拍手を受けた。

ブッシュは、ビンラーディンを同時テロの首謀者と断定し、アフガニスタンを支配するタリバンがビンラーディンをかくまっているとして、アフガン攻撃の準備に入った。ブレアはこれを支持し、行動を共にする決意を固めた。九月下旬には、英陸軍特殊空てい部隊（SAS＝Special Air Service）をアフガンに潜入させ、情報収集にあたらせた。

南部ブライトンでは九月三〇日から労働党の年次党大会が開かれた。ブレアは一〇月二日に演説し、タリバンにビンラーディンの引き渡しを要求し、「タリバンはテロリストを引き渡すのか、政権を引き渡すのか」と迫り、これを拒否した場合には武力排除に乗り出す姿勢を鮮明にした。議会に対しては、「九月一一日の米テロの責任」と題した報告書を提出し、ビンラーディン配下のテロリストによる犯行と訴え、軍事攻撃に向けた議会と国内世論の支持獲得に乗り出した。この間、国際包囲網を構築するため、地球規模で六万キロメートル以上を移動し、外国首脳と約五〇回会談し、最終的にアフガン攻撃への支持は六〇カ国を超えた。

米英軍が主導するアフガン攻撃は、一〇月七日に始まった。空爆が主体で、英軍はインド洋の英領ディエゴガルシア島の空軍基地を米軍に提供した。ブレアは軍事攻撃開始直後の七日夕に首相官邸で演説し、「アル・カーイダのネットワークとタリバンが標的だ」と述べ、民間人の犠牲を出さない姿勢を強調し、さらに、「テロリストは無実な市民を殺害することに抵抗を感じていない」と批判した。

イギリスでは空爆開始直後の世論調査で、軍事行動への支持が九割近くに達した。空爆と同時に、タリバンと対峙するアフガン国内の北部同盟軍が、米軍の支援を受けながら、首都カブールに向けて進軍し、一一月一三日に首都を制圧した。

タリバン政権の崩壊後、ブレアがアフガンを訪問したのは、二〇〇二年一月七日だった。南アジア訪問の途中、輸送機でアフガンのバグラム空軍基地に降り立った。ハミド・カルザイ暫定行政機構議長との会談場所は、砲弾の跡が残る滑走路の端に用意され、二人は粗末な椅子に座り、現状と展望について意見交換した。会談後の記者会見で、ブレアはアフガン復興への支援を約束した。

ブレアがアフガン戦争にのめり込んだのは、未曽有の被害をもたらした米同時多発テロの標的が「同じ価値観を持つ我々すべてだった」（自伝）からであり、「ともに立ち上がらなくてはならなかった」と感じたためだ。ブレア流の「倫理外交」が発揮されたと言える。また、イギリスの国際的な影響力が低下していることを知るブレアには、ブッシュと二人三脚の外交を展開することで、国際的威信を回復させる狙いもあった。

だが、その後、アフガンの混迷は続いた。ブレアはその理由として、タリバンが主に南部の農村に入り込み、パキスタンとの国境地帯で戦闘力を増強していた点を挙げた。さらに、アフガン戦争に参戦した同盟国には、世論の反発を意識し、兵力を出したくないという本音があった。イスラム世界では、対テロ戦争が対イスラム戦争であると伝えられ、反欧米の世論が高まり、戦闘が長期化する一因となった。

イラク戦争

ブッシュ米政権は、アフガニスタンでタリバンを権力の座から追いやった後、「悪の枢軸」の一角とみるイラクのサダム・フセイン政権の転覆を考えていた。ブッシュから相談されたブレアは、大量破壊兵器がイラクから拡散する懸念と「倫理外交」の視点から何らかの介入が必要だと考えた。ブレアは一九九八年一二月、国連査察にイラクが協力しなかったことを理由に、当時のクリントン米政権とともに、大量破壊兵器製造に関連した軍事施設や共和国防衛隊施設などを空爆する「砂漠の狐」作戦を実施し、フセイン排除が必要との思いを強くしていた。米英軍の空爆は、ブッシュ政権誕生後の二〇〇一年二月にも行われていた。

ブレアは二〇〇二年四月、テキサス州クロフォードにあるブッシュの牧場を訪問し、攻撃を急ぎたいブッシュに対し、イギリスはアメリカに協力するが、その前段として、国連決議を通じて、フセインに大量破壊兵器を廃棄させるべきだと伝え、了承を得た。ブレアはこの年の九月七日に米ワシントン郊外でブッシュと会談し、軍事行動の前に、国連決議を採択し、大量破壊兵器の査察を受け入れる機会を与えることに同意させた。さらに、ブレア政権は九月二四日、統合情報委員会（ＪＩＣ＝Joint Intelligence Committee）がまとめた「イラクの大量破壊兵器計画」との報告書を公表し、イラクが命令から四五分以内に大量破壊兵器を配備できると明らかにした。メディアはこの「四五分以内」を大きく取り上げた。

国連安保理は二〇〇二年一一月、イラクに大量破壊兵器の査察受け入れを求める決議一四四一を採択した。ブレアにとって外交的勝利であり、フセインがこれを受け入れない場合、「国際社会は行動する必要がある」と軍事攻撃を示唆した。しかし、英国内では参戦反対の世論が支配的で、ブレアは米政権に追随するだけの「ブッシュのプードル（犬の種類）」と揶揄され始めた。こうした世論を反転させるため、ブレア政権は二〇〇三年二月三日、イラクの大量破壊兵器とフセインによる国連査察の妨害に警告を発する第二の調査報告書を公表した。この文書は後にアメリカの大学院生の博士論文を盗用したことが明るみに出て、ブレア批判が強まる一因となる。

この月の一五日、ロンドンでイラク戦争に反対するデモが行われた。その数は一〇〇万人に達したとみられる。主催者は二〇〇万人と主張した。この日のデモはパリ、ベルリン、ローマなど欧州の主要都市に広がった。ブレアは自伝で「私は国内で孤立しており、不安だった」と回想するが、それでも戦争に向かう。三月一六日、大西洋上にあるポルトガル領テルセイラ島で、ブッシュ、ホセ・マリア・アスナール・スペイン首相と三者会談を行った。この時、イラクに対する開戦には、二〇〇二年一一月の国連安保理決議だけでは不十分で、新たな決議が必要との議論が出ていた。しかし、フランスやロシアは新たな決議案に拒否権を行使することを鮮明にしており、ブレアは三者会談後の記者会見で、「今こそ決断の時だ」と述べ、外交努力に区切りをつける考えを示した。

労働党内の足並みも乱れた。外相だったクック院内幹事は三月一七日、「国際合意なしに軍事行動を取るという決断の連帯責任を負うことはできない」として、辞任を表明した。翌一八日、下院で一〇時間以上の討論の末、国連安保理決議なしでの対イラク武力行使に対する採決が行われた。労働党から一三九人が造反したが、保守党の賛成を得て、賛成四一二、反対一四九で、参戦は承認された。ブレアは軍事行動開始までの時期について、「首相在任一〇年で最も困難な時」と振り返っている。大衆紙サンなど有力紙を所有するメディア王のルパード・マードックにも電話し、報道で支持するよう訴えた。

三月二〇日、首都バグダッドへの攻撃が行われ、イラク戦争が始まった。ブレアはその夜、国民向けにテレビ演説し、英軍にイラク軍事作戦を命じたことを明らかにした上で、「フセインの大量破壊兵器は、これまで世界が経験しなかった脅威だ」と訴えた。翌二一日にクウェートでヘリの事故があり、英海兵隊員八人が死亡したが、作戦は順調だった。南部バスラから聖地カルバラまで進軍し、フセインの共和国防衛隊を撃破した。四月九日にバグダッドは解放され、翌一〇日にブレアはブッシュとともに、テレビを通じて、「イラクに自由が訪れる」というメッセージを送った。ブレアは五月二九日、クウェートから輸送機ハーキュリーズに乗ってバスラを訪れ、駐留英軍を激励した。イラク戦争開戦後、主要国首脳として初めてイラク入りしたもので、ブレア流介入外交は成功を収めているように見えた。

だが、同じ五月二九日、ブレア批判の口火を切る報道が始まった。ＢＢＣラジオが、「イラクの生物化学兵器は四五分以内に配備可能な状態にある」とする二〇〇二年九月の政府報告書について、「政府は誤りだと考えていたが、首相官邸のある人物が『文書をより魅力的にしろ』と命じた」と捏造疑惑を伝えた。サンデー・タイムズ紙は後日、命じたのは首席報道官のキャンベルだったと示唆した。キャンベルは、疑惑を否定したが、政府批判が高まり、下院外交委員会がイラクの大量破壊兵器についての調査を開始した。キャンベルはすでに、ブレア政権のスピンドクター（情報操作に長けた人物）として否定的にとらえられるようになっていた。こうした中、七月一八日、BBCラジオの報道の情報源と噂された大量破壊兵器の専門家で国防省顧問のデイビッド・ケリー博士が死体で見つかった。自殺とみられた。ブレアは調査を約束し、ハットン卿を長とする独立調査委員会（ハットン委員会）が設置された。

ハットン委員会は二〇〇四年一月、調査結果を発表し、情報操作はなかったとした。これを受け、BBCのグレッグ・ダイク理事長は報道を謝罪し、キャビン・デービスBBC会長が辞任を表明した。しかし、「四五分以内」の真相は不明だったため、ブレアは翌二月、バトラー卿を長とする独立調査委員会の設置を認めた。二〇〇四年七月に公表されたバトラー報告書は、「四五分以内」について、不確かな情報を誇張したと結論づけた。

この時点で、駐留英軍に対するテロはやまず、英軍兵士によるイラク人捕虜への虐待も明るみに出て、ブレアは猛烈な批判にさらされていた。開戦の根拠とした情報も不確かだった疑惑が濃厚となり、労働党は支持率を落とし、公然とブレア批判を行う党所属議員も相次いだ。これまでの業績も、すべてイラク戦争での失点によってかき消されそうな状況となった。何よりもブレアが政治基盤の拠り所にしてきた政権への信頼が急速に失われていた。

三期目の迷走

イラク戦争以外では、欧州統合問題が課題となった。

欧州連合（ＥＵ）の基本方針を示すＥＵ憲法について、ブレアは二〇〇四年四月、その是非を問う国民投票を実施すると表明した。ＥＵ憲法は、ＥＵ首脳会議に常任議長（＝大統領）を設置し、共通外交・安保政策を担当するＥＵ外相を新設するという内容で、ＥＵの新基本条約と言われた。全加盟国の批准が発効の条件だった。だが、フランスで二〇〇五年五月、オランダで翌六月、それぞれ国民投票で憲法批准が否決されたため、ブレアは国民投票を凍結した。元々、英国民は世論調査で批准反対が半数以上だった。

一方、ＥＵ加盟国は東欧に拡大し、二〇〇四年五月に二五カ国体制となった。ブレアは「自由貿易を進めることでＥＵは強くなる」と語り、東方拡大の意義を強調した。ブレアはＥＵ統合を進める立場を取り、これに反対する保守党との違いを見せた。

ブレアの狙いは、自国経済の強化にあった。加盟国拡大では、東欧諸国のみならず、トルコの加盟にも賛成する姿勢を示した。だが、国内では、ＥＵ統合の深化が国家主権の制約になりかねないとの懸念は強く、イラク戦争でブレアの威信が低下するにつれ、その親欧州路線を批判する声も強まった。

イラク戦争や欧州政策を巡る迷走は、ブレアの主要政策と労働党の党勢に影響した。

ブレアは、サッチャー時代に国営から独立法人「ＮＨＳトラスト」に移行した国民保健サービス（ＮＨＳ）について、民間からの資金調達などを可能にする「財団病院」構想を訴えた。民間からの過度の影響力を避けるため、ブラウン財務相は民間からの資金調達に制約をかけた上で、二〇〇三年一一月に財団病院構想を下院の採決にかけた。僅差で可決されたものの、八七人の労働党議員の造反を招いた。

また、ブレアは二〇〇一年の総選挙で、大学の授業料を引き上げないとのマニフェストを掲げたが、選挙後は、年間一一二五ポンドだった大学の学費について、三〇〇〇ポンドを上限に各大学の裁量で決められるとする方針を示した。学生は卒業後に所得に応じて返済することも可能とした。大学に競争原理を導入し、組織の活性化を目指すためだ。ブレアは、イギリスの大学が平等主義の弊害に陥っているとみていた。海外から富裕層の留学生を受け入れ、大学経営を安定化させる思惑もあった。ブレア政権は一九九九年、欧州連合（ＥＵ）圏外からの留学生へのビザ要件を緩和し、留学生は増加傾向だった。

オックスフォード大学など主要な大学の経営陣は学費に関する新方針を歓迎したが、学生から猛反発の声が上がった。二〇〇四年一月に行われた下院採決では、三一六対三一一票の五票差の僅差で可決されたものの、七二人の労働党議員の造反を招いた。

さらに、二〇〇四年六月の欧州議会選（二六四ページ参照）で、労働党は保守党に敗れた。親欧州と欧州共通通貨ユーロの導入というブレアの政策に対し、一九九九年の前回選挙に続き、多くの英国民が保守党に票を投じたことになる。

二〇〇五年五月五日に総選挙（定数六四六）が予定された。経済情勢が好調だっただけに、労働党は第一党になるとみられた。だが、イラクを巡る迷走から、過半数を取れないとの見方も出ていた。

このため、労働党内で政府への不満はくすぶり続け、ブレアは四月一三日、総選挙を前に「この選挙が党首、首相として最後の選挙だ」と表明する事態に追い込まれた。自らの任期を示すことで、党の得票が逃げないことを狙ったのだ。

結果は、労働党が三五五議席を取り、政権を維持したが、保守党は一九八議席、自民党は六二議席を取り、与党と野党との議席差は縮まった。

保守党は、マイケル・ハワード党首が辞意を表明し、二〇〇五年一二月に行われた党首選で、三九歳の若いデイビッド・キャメロンが新党首となった。キャメロンは、貴族の家柄に生まれ、イートン校からオックスフォード大学に進学したエリートだ。南東部バークシャー州にある森林に囲まれた広大な自宅は近隣でも異彩を放つ。障害がある長男の看病を続けたため、「良き父親」と評価されてきた。アフガニスタン戦争やイラク戦争では参戦を支持した。環境対策を強調するなど中道路線を掲げ、中道化したブレアのお株を奪った。

三期目のブレアの政策実行には黄信号がともっていた。二〇〇五年七月にロンドンの地下鉄やバスで同時テロが起こり、五六人が死亡する惨事となった。テロの実行犯四人は、イスラム教徒が多い中部リーズ郊外からロンドン入りし、四カ所で爆弾を爆破させた。イギリスのイラク侵攻に反発し、報復の「聖戦（ジハード）」を仕掛けたとみられる。ロンドンでは、イスラム教徒が多い中央アジアで「土地」を意味する接尾辞「スタン」をつけ、イスラム化したとの皮肉の意を込めて、「ロンドニスタン」との呼び名が広がるようになる。ブレアはこの後、テロ容疑者を逮捕状なしで拘束できる期間を一四日間から九〇日間に拡大する反テロ法案を提出するが、この年の一一月の採決で、四九人の労働党議員が造反し、否決されてしまった。

スキャンダルもブレアの足元を襲った。二〇〇五年の総選挙前、実業家四人が労働党に資金提供する見返りに、党から上院議員の推薦を受けたという疑惑だ。ロンドン警視庁は二〇〇六年三月から捜査を開始した。事情聴取はブレアを含め一〇〇人を超え、側近の政府関係局長らが逮捕された。この捜査は、証拠不十分のため、二〇〇七年七月に検察による起訴が見送られたが、ブレア政権への信頼低下を促した。

欧州政策も迷走を重ねた。ブレアは、二〇〇七年から七年間のEU予算の指針「中期財政計画」の改善に取り組む考えを示していた。EUの労働人口で農業部門は二%に過ぎないのに、農業関連予算はEU予算の四割以上である点を批判し、教育や科学技術への予算配分を訴えた。これは農業補助金を享受しているフランスの反発を招いた。シラク大統領は逆に、イギリスがEU予算分担金の還付金を受けている点に猛然と抗議した。イギリスは、EUからの農業補助金を多く得ていないため、サッチャー政権が一九八四年、EUの前身、欧州共同体（EC）に認めさせ、ECから毎年還付金を受けていたのだ。その額は、ブレア政権発足後の平均で年間四六億ユーロに上った。結局、二〇〇五年一二月に開かれたEU首脳会議では、イギリスが還付金の一部を返済し、新加盟国の援助に回し、フランスは共通農業政策の見直しの検討に同意したことで、中期財政計画の合意にこぎつけた。

ライバルの争い

この頃には、首相官邸主導の政治スタイルも批判的に取り上げられるようになった。メディアはブレアを「大統領」と呼び、側近が官邸のソファーを囲んで、重要事項を決定していくことから、「ソファー政治」とやゆされた。サッチャー元首相の「選挙を通じた独裁者」というブレア批判は大きく取り上げられた。省庁や議会への根回しがなかったことから、与党内部からブレア政治への批判が高まるきっかけとなる。フセイン政権が四五分以内に大量破壊兵器の配備可能とした二〇〇二年九月公表の文書が、首席補佐官のパウエルや外交担当補佐官デイビッド・マニングら官邸の側近により作成されたことも判明し、批判を集めた。

そして、ブレア退陣の流れを加速させたのは、後継を巡るブラウン財務相との対立だった。ブレアとブラウンは、「ニュー・レーバー」路線を支えた両輪であり、一九九四年の党首選に際しては、ブレアが首相になった後、途中でブラウンに譲ることで協力関係を築いたとされる。だが、主導権争いは一期目からすでに顕在化していた。

ブレア政権一期目の功績と言われる中央銀行の政府からの独立方針について、ブラウンは財務相として発表し、この決断を自ら下した点を強調した。だが、ブレアは自伝で、自分がこの提案を行い、ブラウンがこれに同意し、ブラウンに政策を発表させたと反論している。また、欧州共通通貨ユーロの導入を目指すブレアに対し、ブラウンは、金融ビジネスへの貢献や雇用機会の拡大などユーロ採用のための五条件を提示した。二期目に入り、結果的にその条件を達していないとの見方から、ユーロ導入は遠のいた。世論も六割はユーロ導入に反対していた。

二期目では、国民保健サービス（NHS）改革で、病院の民間からの資金調達を可能にする「財団病院」構想ををブレアが掲げると、ブラウンは新聞に「市場は医療に機能しない」と寄稿し、資金調達に一定の制約を課すという意見の相違も表面化した。ブラウンは、ブレア派を「エリート主義者」と呼んで、ブレアとの政策の違いを公言したため、二人の確執がメディアで頻繁に取り上げられるようになった。

ジョン・プレスコット（2008 年撮影）

また、大学授業料の引き上げについては、二人の密約が指摘された。報道によると、授業料引き上げ法案を議会で可決するため、二〇〇三年一一月、プレスコット副首相の家で、三者会談を行った際、ブレアはブラウンに、「私は首相を二期やりたいだけ。だから、改革を妨害しないでほしい。三期目の選挙前に辞任するためには、あなたの無条件の支持が必要だ」と迫ると、授業料引き上げに反対していたブラウンはこれに異論を唱えなかったという。三人はやり取りを口外しないことを約束した。結果的に法案が五票差の僅差で可決されたのは、ブラウン派が反対しなかったためと言われている。ちなみに、プレスコットは元々、ブレアとブラウンのニュー・レーバー路線と距離を置いていたが、この時期には反目する二人の仲を取り持つようになっていた。ブレアはプレスコット宅での会談後、ブラウンに会い、首相の業績として二〇〇五年の総選挙を率いるため、「もう少し我慢してほしい」と伝えたという。

二人の争いの背景には、ブレアが市場と個人の選択の自由を重視するのに対し、ブラウンが統制と平等に重きを置くという違いもある。換言すれば、ブレアは、努力して成功した人を大事にするが、ブラウンは成功した者としない者の格差に目を光らせた。

ブレアは二〇〇五年の総選挙を前に、三期目途中での辞任を表明しており、時期がいつになるかに注目が集まった。実際、ブラウンは四月にブレアから、五月にも年内辞任を表明する可能性があることを聞かされていた。それだけに、五月の総選挙後、その時期を明言しないブレアに対し、ブラウン派はいら立ちを募らせた。しかも、ブレアは九月に南部ブライトンで開かれた年次党大会で、「我々が直面している課題は、自分たちの価値観をいかに実現するかだ」と演説し、辞任の観測を否定するかのような印象を残した。

二〇〇六年に入り、イラクでの治安悪化を理由に、ブレアの支持率は下落していた。保守党は若きリーダー、キャメロンの下、支持率で労働党を大きく上回る状況となっていた。労働党内からも若手を中心にブレアが在職すればするほど次期総選挙に勝てないとの懸念が広がりつつあった。

ブラウン派はついに動いた。九月上旬、ブラウン派の下院議員トム・ワトソンやクリス・ブライアントらが中心となり、首相に辞任を求める署名を党所属議員に呼びかけた。少なくとも下院議員一五人が署名した書簡は、首相官邸に渡った。署名者はその後、一〇〇人を超えたとの情報も流れた。窮地のブレアはブラウンに直談判したが、「署名集めのことは知らない」と答えるブラウンとの信頼関係はもはや無きに等しかったようだ。九月七日、ブレアはメディアに対し、九月下旬に中部マンチェスターで予定されていた年次党大会を念頭に、「次の党大会が党首として最後になる」と表明した。一年以内に辞任すると表明したのだ。側近のデイビッド・ミリバンド環境・食糧・農村相も「一年以内の辞任は妥当だ」と述べた。メディアは一連の動きを「ブラウン派のクーデター」と形容した。

この月の二六日、ブレアはマンチェスターでの党大会で、党首として最後の演説を行った。「我々はこの国を改革した」「去るのはつらいが、国にとっても党にとっても正しいことだ」と語った。会場は満席となり、演説の後、会場を埋めた一〇〇〇〇人以上は総立ちで拍手した。

そして、二〇〇七年五月一〇日、ブレアは閣議で辞任の意向を伝えた。その後、自らの選挙区セッジフィールドに戻り、党支部で支持者を前に正式に辞任演説を行った。「政治の旅を始めたセッジフィールドへ戻ってきた。今日ここで労働党党首を辞任する決断を表明する」と切り出し、「労働党じゃなければ、何も実現しなかっただろう」とニュー・レーバーの実績を強調し、イラク戦争を念頭に、「皆さんには一つだけ受け入れてほしい。私は自分が正しいと思うことをやった。国のために正しいと思うことをやった」と語気を強めた（三一五～三一六ページ参照）。最後に「幸運を」と演説を締めると、BBC放送は「非常に感動的な演説」と形容した。

辞表をエリザベス女王に提出した六月二七日は最後の党首討論となった。通常は、ブレアを激しく罵倒するキャメロン保守党党首は「この一〇年間、彼は首相として素晴らしい業績を残した。私は党を代表してあなたとあなたの家族の素晴らしい未来を祈ります」と健闘をたたえた。ブレアは最後、三〇分余の討論を「政治は時にペテンの舞台となるが、高尚な理念を追い求める場でもある。同志にも政敵にも健闘を祈る」と締めた。与野党交えて総立ちの拍手となり、退場するブレアを見送った。ブレアは常々、毎週水曜日の党首討論を忌み嫌い、「政治家の処刑場」と形容していたが、処刑場はこの時、敵・味方のない賞賛の舞台となった。

ブラウンの決断力

二〇〇七年六月二四日、ブラウンはマンチェスターで開かれた特別党大会で党首に選出された。年次党大会は通常、秋季に行われるため、党首を決めるため臨時の大会が開催された。六月二七日には、ブレアは正式に辞任し、ブラウンが「変化」を掲げて首相官邸入りした。就任直後に首相官邸前で行った演説では、「子どもの時から心がけてきた『全力を尽くす』という言葉を英国民に約束する。これから変化の仕事を始めよう」と訴えた。その変化とは、一〇年間のニュー・レーバー時代にやり残した課題の達成とともに、ブレア型政治の否定だった。

支持者に訴えるゴードン・ブラウン（2007 年撮影）

ブラウンは、矢継ぎ早に新たな方針を打ち出していった。開戦の是非を決めたり、政府高官の指名を承認したりする権限を議会に与える考えを表明した。側近だけで重要議題を決めていたブレアのやり方を改め、議会重視の姿勢を示すためだった。
外交では、多国間主義で対応する方針を示し、対米追従と批判されたブレア外交からの決別を打ち出した。イラク戦争については、大量破壊兵器が見つからなかった点を踏まえ、開戦には慎重を期す考えを示した。このため、宣戦布告や条約批准の権限を下院に与える方針を示した。

変化は六月二八日に発表した組閣にも表れた。ブラウンは人事について、A3用紙に鉛筆で何度も書き換え、熟考したという。主要閣僚の中でブレア時代からの留任はデス・ブラウン国防相だけで、その他は軒並み交代させた。財務相には側近の一人、アリステア・ダーリング貿易産業相、初等・中等教育相にはエド・ボールズ下院議員をそれぞれ起用し、側近を重用した。ボールズは、ブラウンが影の財務相時代の一九九四年に経済担当補佐官に抜擢され、二〇〇四年に下院議員になった後も、ブラウン派の急先鋒として、ブレアの辞任劇に貢献した。ブラウンは当初、財務相への抜擢を検討したほどだ。一方で、ブレア側近のデイビッド・ミリバンド環境・食糧・農村相を外相に起用し、党内のバランスを取った。四一歳のミリバンドは、父親がベルギー生まれのマルクス主義者ラルフ・ミリバンドで、少年時代から路上で労働党の宣伝をしていた。オックスフォード大学を卒業後、政策研究機関に勤めていたが、ブレアが一九九四年に労働党党首になると、補佐官としてブレア側近に招かれた。二〇〇一年に下院議員に当選し、地域・地方政府担当相を務めた。また、弟のエド・ミリバンド下院議員も、内閣府担当相として入閣し、後の兄弟対決の下地をつくった。

ブラウンが重要課題として打ち出したのは、教育、医療、環境だった。民間資金の教育分野への活用など教育問題に継続して取り組む姿勢を示した。ブラウンは二〇〇七年一二月、「民間部門の教育における役割は高まっている」と述べており、児童・生徒の学力向上に民間のノウハウを活用する構想を描いていた。側近のボールズの起用はそのためだ。また、地球温暖化との戦いを挙げ、環境に配慮した住宅の供給の方針も打ち出した。外交では、対米重視を維持しつつ、欧州連合（ＥＵ）との連携強化など多国間主義を明確にした。また、途上国支援として国際開発省の機能強化の姿勢を示した。

テロ対策にも追われた。就任間もない六月二九日に、ロンドンで自動車爆破テロ事件があり、翌三〇日にはグラスゴーの空港に自動車が突入して炎上するテロが起こった。イギリスはアメリカとともに二〇〇三年のイラク戦争を主導し、二〇〇七年時点でも駐留規模は五〇〇〇人に上っていた。一方で、国内のイスラム教徒は約一六〇万人に上り、労働党政権のイラク政策への反発が出たのだ。警察当局は、街のあちこちに設置された監視カメラを活用し、容疑者を次々に逮捕した。国内の課報活動を担う「国家保安部（ＭＩ５）」は要員を増やす計画を立てた。さらに、情報機関幹部や治安責任者らを集めた国家安全保障会議（ＮＳＣ＝National Security Council）を創設した。

ブラウンは二〇〇七年九月、南部ボーンマスで開かれた年次党大会で演説し、「人材育成を最優先にする」と述べ、教育対策を重視する考えを示した。貧困層出身の優秀な若者の大学進学を支援する方針も強調した。医療問題では、がん検診の受診年齢の拡大を挙げた。大きな拍手が起こり、党内はブラウン支持一色となった。

この時期、ブラウンが解散・総選挙を検討しているとの観測が流れた。六月の党首就任演説で、

2007年9月、ボーンマスで開かれた労働党大会

「総選挙に勝利する用意がある」と宣言し、ダグラス・アレクサンダー運輸相兼スコットランド相を次期総選挙の選対責任者に指名する方針を表明していた。ブラウンは、ブレアとの関係を断ち切ることで、新生労働党をアピールし、支持率はほぼ一年ぶりに保守党を上回った。首相にふさわしい人物としても、ブラウンはキャメロンを一〇ポイント以上上回った。アレクサンダーは「就任から三、四カ月後に総選挙を考えている人はいない」と発言したが、選挙のタイミングとしては申し分ないとの空気が広がった。

　一方、保守党は選挙の準備が出来ていなかった。こうした中、九月三〇日〜一〇月三日、中部ブラックプールで年次党大会が開かれた。労働党に対抗するために表明した政策が注目を集めた。相続税の基礎控除額を現行の三〇万ポンドから一〇〇万ポンドに引き上げ、相続減税を打ち出すとともに、二五万ポンドの住宅購入者に印紙税を免除するといった税の優遇措置だった。さらに、党員を鼓舞したのがキャメロンによる党首演説だった。演台を歩きながら一時間を超える演説で、「ブラウン氏よ、選挙に打って出ろ。我々は勝利する」と力強く演説すると、会場は割れんばかりの喝采に包まれた。保守党の支持率が反転するきっかけとなった。

　ブラウンは結局、総選挙を断念する。一〇月六日、BBCテレビの看板キャスター、アンドリュー・マーのインタビューに対し、「国家の将来の方向性を国民に示したい」と述べ、年内に総選挙を行わない方針を示した。ブラウンは自らの決断が支持率とは無関係だと強調したが、メディアは保守党の支持率上昇を考慮した結果だと伝えた。実際、ブラウンは九日、保守党と同様の相続税減税対策を表明した。この決断には、政策よりも指導者としての勇気に欠ける印象を与えた。その時の新聞の見出しは、「Bottle it！（弱気になる）」だった。

以後、党大会で「総選挙をやってみろ」と演説したキャメロンの評価が上がった。逆に、ブラウンは弱い指導者とみられ、党内からも批判が起こった。キャメロンは下院での党首討論で、「クラゲの方が（首相より）気骨があるじゃないか」となじった。保守党の支持率は労働党を上回った。

2007 年 10 月、ブラックプールで開かれた保守党大会

さらに、経済情勢でもほころびが見え始める。ブラウンはブレア時代、財務相として堅実な経済運営に定評があったが、二〇〇七年九月、不動産バブル崩壊を受けたノーザンロック銀行（本部・ニューカッスル）が破綻し、預金者は引き出しのため長い行列を作った。政府は無制限の預金保護を強いられ、翌二〇〇八年二月には国有化を余儀なくされる。ブラウンは、福祉重視の労働党の政策を継承しつつ、市場主義のメリットを導入し、公正と競争を調和させる「第三の道」の信奉者だった。競争に根ざした自由主義経済の重要性を強調し、教育や医療の充実や効率化にも競争システムを導入する方針を明確にした。こうした「資本主義への歩み寄り」が経済危機を生んだとの批判が、党内左派から起こるようになった。

スキャンダルも目立つようになった。二〇〇八年一月には、ピーター・ヘイン雇用・年金相兼ウェールズ相が、一〇万ポンドの献金の申告漏れから辞任に追い込まれた。ブラウン政権での初の閣僚辞任となった。このほか、アラン・ジョンソン保健相が、他人名義で献金を受けていた疑惑も浮上した。

労働党は二〇〇八年五月一日の地方選で大敗した。焦点のロンドン市長選では、労働党の現職のケン・リビングストンが、保守党の新人ボリス・ジョンソンに敗れた。労働党支持者の多いロンドンを失ったことで、ブラウンの威信はさらに低下した。このほか、労働党が長年地盤としてきたロンドン郊外やウェールズ南部といった「安全議席」も次々に失った。この頃の労働党支持率は二〇％台で、保守党よりも二〇ポイント低いという状況だった。党内では、ブラウンの下では総選挙を戦えないという声が出始めた。

二〇〇八年九月に米金融会社リーマン・ブラザーズの破綻をきっかけに、イギリスも世界的な金融危機の波を受けた。スコットランド・エディンバラを本拠としていた住宅金融大手ＨＢＯＳが、住宅ローンの焦げつきにより経営不振に陥り、これにリーマンショックが追い打ちをかけた。ブラウンは翌一〇月、政権発足以来初となる内閣改造を行い、六閣僚を交代させた。ピーター・マンデルソン欧州連合（ＥＵ）通商担当委員を民間企業・規制改革担当相に起用し、マーガレット・ベケット元外相を住宅相にあてた。ちなみに、マンデルソンは、官邸に有能なスタッフが少ない点がブラウンの弱点だと指摘していた。この月には、金融機関への公的資金注入の方針を示し、五〇〇億ポンドの税金を投じ、支持率を若干回復させたが、二〇〇九年になっても危機は収まらなかった。

ブラウンは二〇〇九年四月、主要二〇カ国・地域（G20）首脳会議を主催し、国際通貨基金（IMF）による資金供給の拡大を訴えた。しかし、キャメロンは巨額の財政出動を問題視し、財政赤字が国内総生産（GDP）の八％に上る点を攻撃した。

スキャンダルと内紛

二〇〇九年もスキャンダルは絶えなかった。五月には、議員の経費濫用疑惑が浮上した。ブラウン自身も、首相就任前に住んでいたロンドンのアパートの修繕費や清掃費など約六六〇〇ポンド（約一〇〇万円）を経費請求していたと伝えられた。イギリスでは、自宅以外のロンドンや選挙区に持つ家の維持費支給を認められているが、家具を経費請求する議員が相次ぎ、ダーリング財務相も不透明な請求を批判された。ジャッキー・スミス内相は、親族の家を自宅として通信費を請求していた疑惑が浮上し、辞任に追い込まれた。ヘーゼル・ブリアーズ地方政府担当相も税金滞納の疑いを報道され、辞意を表明した。保守党党首のキャメロンは、疑惑が発覚すると、党所属議員に対し、非常識な請求分を返却しなければ、除籍処分にする方針を表明したが、ブラウンは当初、「認められている請求だ」との見解を示した。これが国民の批判を招き、最終的には「議員を代表」して、謝罪に追い込まれた。この疑惑は党派に関係なく、多くの議員が対象となったが、メディアは労働党の失態をより大きく取り上げた。

労働党は二〇〇九年六月四日の地方選と欧州議会選で惨敗した。イングランドの三四地方議会の改

2008年10月、ＥＵ首脳会議に出席したゴードン・ブラウン（左）とデイビッド・ミリバンド

選で、労働党の得票率は二三％で、保守党（三八％）に敗れただけでなく、野党第二党の自由民主党（二八％）にも届かなかった。過半数を得ていた四地方議会はいずれも保守党に明け渡し、イングランドの全地方議会で多数派を失った。このため、ジェームズ・パーネル雇用・年金相は首相に辞職を要求して自ら辞任した。この動きにキャロライン・フリント欧州担当閣外相らが続いた。ブラウンは翌五日、内閣改造に追い込まれ、人気の高いジョンソン保健相を内相に横滑りさせた。効果は限定的で、ブラウンでは次期総選挙を戦えないとの雰囲気が党内に充満していった。

次期指導者の呼び声が高かったデイビッド・ミリバンド外相はブラウンを支える姿勢を示した。対抗馬の不在がブラウンをかろうじて党首職にとどめていた。二〇〇九年九～一〇月に南部ブライトンで開かれた年次党大会は、冷ややかなムードだった。ブラウンは九月二九日の演説で、年金の増額といった労働者向けの政策を訴えたが、党員の評価は上がらなかった。

一方の保守党は、キャメロンが支持を回復させていった。「生活の質を向上させる」と訴え、労働党が看板としてきた福祉や環境を重視する方針を示した。労働者の要求が強い最低賃金を引き上げ、リベラル派の象徴的な政策と言える同性婚も容認した。一方で、政権獲得を前提に、国民に痛い歳出削減策も打ち出した。二〇〇九年一〇月に中部マンチェスターで開かれた年次党大会で、年金支給年齢の引き上げや公務員給与の据え置きなどを発表した。保守党は次期総選挙で、候補者の半数を女性とし、一〇％を人種的少数派に割り当てる方針を表明した。保守党の中道化であり、ブレアが一九九七年に取った政権奪還戦略をそのまま適用したかのようだった。

ブラウンは結局、二〇一〇年四月六日、下院を一二日に解散し、五月六日に総選挙（定数六五〇）を行うと発表した。任期満了の末、ようやく政権選択選挙となった。ブラウンは、公共投資を継続する労働党か、削減する保守党かの選択肢を示した。どの政党も過半数を取らない「ハング・パーラメント（中ぶらりん議会）」の可能性が指摘され、党首によるテレビ討論会では、ブラウン、キャメロンに加え、自民党のニック・クレッグ党首が加わって三人で行われた。ブラウンは保守党が過半数に達しない中で、自民党との連立を思い描いていたようだ。

ブラウンは選挙戦で思わぬ攻撃にさらされた。四月二八日、イングランド北西部のランカシャー州ロッチデールを遊説中、労働党支持者の女性から移民政策を質問され、にこやかに答えたが、車に戻ると、ぶぜんとした表情で、「ただの偏屈な女（bigoted woman）だ。なぜあの女に質問させたのか」とスタッフを叱責した。その言葉がラジオのマイクに拾われ、流出してしまった。不遜で高圧的とのイメージが広まり、ブラウンにとって大きな打撃となった。各種世論調査では、保守党と自民党の支持率は三割台だったが、労働党は二割台に低迷し、第三党の支持に甘んじる結果となった。マードックが所有する有力紙タイムズは、一九九二年の総選挙以来の保守党支持を表明した。

選挙での獲得議席は、保守党が三〇六、労働党が二五八、自民党が五七だった。いずれの政党も過半数に達しないハング・パーラメントになったのは、一九七四年二月以来だった。この時は、第二党の保守党と第三党の自民党の連立工作が失敗したことにより、第一党の労働党が少数派政権を発足させたが、政治的に不安定な状況から一年もたたないうちに総選挙となった。

ハング・パーラメントとなった背景には、キャメロンへの支持が終盤伸び悩んだだけではない。労働者階級が労働党、中流・富裕層が保守党を支持するという構図が崩れたことも影響した。人口構成比で中産階級は五割を超え、それを代弁する政治勢力が必要となった。労働党の「第三の道」や保守党の中道化は、こうした中間層を獲得する狙いがある。かつて九割を超えた労働、保守両党の合計得票率は六割台に落ち込み、残りは第三党以下に流れた。単純小選挙区制のイギリスでは、中堅政党は議席を取りづらいが、二大政党が得票を落とせば、この時のように自民党がキャスチングボートを握る局面も生まれる。

現職首相として、連立交渉で優先権を持つブラウンは自民党との協力で政権を維持しようと試みた。しかし、自民党党首のクレッグは、「最も多い票を得た政党が政権を担う権利を持つ」と主張し、保守党との連立を選んだ。満身創痍のブラウンとの協力は、政治的な死を意味することは明らかだった。今回の選挙で、ブラウンの続投を望まない民意が明確になったと読み取ったのだ。自民党は、単純小選挙区制では得票率に応じた議席数を獲得できないことから、比例代表制を一部盛り込む選挙制度改革を主張し、保守党が最終的に選挙制度改革の是非を国民投票で問うと約束した。両党はまた、下院任期を原則五年で固定させることでも合意した。首相の解散権の濫用を防ぐ狙いがある。ブラウンは、もはや政権入りするのは困難と認識し、五月一一日に首相・党首を辞任すると表明した。その日、ブラウンは「祖国をより公平に、より寛容に、よりグリーンに、より民主的に、より繁栄させる仕事に打ち込んできた」との言葉を残し、首相官邸を去った。

保守党は自民党との連立に合意し、キャメロンは五月一一日、バッキンガム宮殿でエリザベス女王から首相に任命され、組閣を要請された。一九九七年以来、一三年ぶりに権力を奪還した。首相に就任したキャメロンは四三歳で、ブレア元首相の就任時の年齢と同じで、一八一二年に四二歳で首相となったトーリー党（後の保守党）のロバート・ジェンキンソンの次に若い首相の誕生となった。副首相に指名されたクレッグも四三歳だった。

五月一二日にキャメロンとクレッグは共同記者会見に臨み、若い連立政権を印象づけた。キャメロンは、自民党に五閣僚を任命する一方で、財務相にジョージ・オズボーン、外相にヘイグを起用するなど重要閣僚には保守党議員をあてた。肝心の経済政策では、国内総生産（GDP）比で一二％に上る財政赤字の削減を優先させるため、緊縮財政が取られることになる。

解説コラム　イギリスのメディアと労働党のＩＴ戦略

イギリスのメディアは、ＢＢＣ（英国放送協会）などの公共放送を除けば、政治色を出すことを厭わない。中でもタブロイド判の新聞（大衆紙）は、明確な政論とゴシップ記事の掲載で人気を得たが、最近はインターネットメディアの影響力も強まっている。

イギリスで最初にニュースの印刷物が発行されたのは一六世紀にさかのぼる。以後、数枚の紙に刷られる様々な新聞が登場し、一七世紀中盤の清教徒革命ではチャールズ一世が処刑される場面も生々しく伝えられた。ロンドン・フリート街に印刷所があったことから、多くのニュース発行者がこの街に拠点を構えるようになった。やがて、男性は「コーヒーハウス」に集い、コーヒーを飲み、週刊の新聞を読みながら、政治談議に熱中することが流行となった。

政府は、新聞による批判を恐れ、印刷や出版を許可制にしていたが、一六九五年に議会の圧力で自由化されると、新聞の創刊が相次ぎ、最初の日刊紙も登場した。当時の新聞は、大判のブロード・シートに印刷される硬派記事が多かったが、一九世紀後半になると、小さい紙面に読みやすく、娯楽にあふれた記事を掲載するタブロイド紙が登場し、販売部数を増やした。

こうした論調や編集方針の違いから、イギリスの新聞は、高級紙か大衆紙か、労働党支持の左派系か保守党支持の右派系かに区別される。例えば、テレグラフ紙は右派系の高級紙、ガーディアン紙は左派系の高級紙だ。大衆紙のサン紙は総選挙前に支持政党を打ち出し、最多の部数を持つことから、選挙結果を左右することもある。

テレビではＢＢＣが大きな影響力を持つ。一九三六年に世界初のテレビ放送を開始し、一八年間にわたり、放映権を独占した。一九五四年にテレビジョン法が成立し、翌五五年に民間のＩＴＶが放送を始めるが、ＢＢＣの圧倒的な影響力に変化はない。首相はＢＢＣのインタビューに日常的に応じ、国民に対し、政権への理解を訴えている。

ただ、最近では、ソーシャルメディアが政治を左右するようになった。労働党もその影響力に目を付け、二〇一〇～一五年のミリバンド党首時代には、バラク・オバマ米大統領の事務所に党幹部を派遣し、若者に浸透したネット対策を学ばせた。その成果が出たのが、二〇一五～二〇年のジェレミー・コービン党首時代だろう。フェイスブックを軸にソーシャルメディアによる党とコービンのＰＲに力を入れ、アニメや有名人を駆使して視聴回数を伸ばした。劣勢とみられた二〇一七年総選挙の選挙戦最終週には、フェイスブックで一二七〇万人が計二三〇〇万回の動画を視聴し、議席を伸ばすのに貢献した。コービンは、右派系メディアから強烈に批判されてきたが、「自分のメッセージを伝えるのにもはやメディアは必要ない」と語っている。

一方で労働党は政権獲得を想定し、ソーシャルメディアの危険性にも目を光らせる。二〇二〇年に就任したケア・スターマー党首の下で、影のデジタル・文化・メディア・スポーツ相を務めるジョー・スティーブンスは、ツイッターが反ユダヤ主義的な投稿を早期に削除しなかったことを受け、「自主規制が機能していない」と述べ、法的措置が必要との見方を示した。

解説コラム　連合王国

イギリスは正式名称を「大ブリテン島および北部アイルランド連合王国」と呼ぶ。具体的には大ブリテン島にあるイングランド、ウェールズ、スコットランドと、アイルランド島北部の北アイルランドの四地域からなる。かつてはそれぞれ国だったことから、連合王国の名称が付いている。地域ごとの文化や習慣の違いは現代にも影響している。

イングランドのエドワード一世は一二八〇年代、ウェールズを併合した。エドワード一世は王子エドワードにウェールズ公（Prince of Wales）の称号を与えており、以後、英皇太子はこの称号を継承している。

ピクト人やスコット人が王国を形成してきたスコットランドでは長く、イングランドとの抗争が絶えなかった。一方で和睦の証として、テューダー朝のヘンリー七世は娘をスコットランド王に嫁がせた。イングランドのエリザベス一世が後継なく死去したことを受け、ヘンリー七世の血を引くスコットランド王ジェームズ六世は一六〇三年、ジェームズ一世としてイングランド王を兼ね、ロンドンに居を移した。エリザベス一世が後継指名していたためで、これにより、スコットランドとイングランドは同君連合となった。

ジェームズ一世の息子チャールズ一世は、一七世紀の清教徒（ピューリタン）革命で処刑され、清教徒を率いたオリバー・クロムウェルがスコットランドに侵攻した。さらに、名誉革命で即位したイングランドのウィリアム三世がスコットランド併合を目指した。一七〇七年、ウィリアム三世の後継の女王アンは、自由貿易や宗教教育の自由を条件にスコットランドと連合し、スコットランド議会はイングランド議会に吸収され、連合王国の一部となった。

大ブリテン島と並ぶアイルランド島は、一二世紀に入ると、イングランドの勢力下に置かれた。一八〇一年に正式に連合王国の一部となったが、一九一六年の復活祭（イースター）にアイルランド人が蜂起したことをきっかけに独立運動が盛り上がり、一九二二年には、南部二六州によるアイルランド自由国が成立し、一九三七年に独立した。しかし、北部六州は北アイルランドとして連合王国に残ることになった。アイルランドはカトリックが多数派だが、北アイルランドでは、プロテスタントが六割を占め、官僚や企業経営者もプロテスタントが多く、カトリック教徒は差別された。

連合王国は実質的に、イングランドによる併合の側面が強かったため、

ウェールズ、スコットランド、北アイルランドでは独立や自治への要望が根強く、地域政党が誕生した。スコットランドでは、一九三四年にスコットランド民族党が結成され、第二次世界大戦後に北海油田の開発が本格化すると、その権益などを主張して、独立運動を強めた。北アイルランドでは、カトリック系のシン・フェイン党が独立や自治を訴えて勢力を伸ばした。こうした政党は、英下院の総選挙にも候補者を擁立し、議会内部から連合王国の変更を試みた。

労働党は一九九二年の総選挙で、こうした地域の分権を公約に掲げた。スミス党首はスコットランド出身だった。一九九七年五月に誕生したブレア政権はこの公約を継承し、四カ月後の九月に、スコットランドとウェールズで、自治議会と自治政府の設置を問う住民投票を実施した。賛成多数となったことを受け、一九九九年五月に自治議会選が行われ、自治政府が発足した。シン・フェイン党とつながる武装組織・アイルランド共和軍（ＩＲＡ）が武装闘争を続けた北アイルランドでは一九九八年四月に和平合意が成立し、二カ月後の六月の自治議会選を経て、自治政府が発足した。

四地域では、独自の言語や文化を残す取り組みが続いている。サッカーやラグビーなどスポーツの国際試合で、四地域に分かれて参加するのは、こうした歴史的な経緯がある。

解説コラム　労働党の外交政策

労働党は結党以来、国際協調を掲げ、国際連盟を重視する外交路線を取った。当初は左派政党として資本主義国家のアメリカを警戒する一方で、社会主義国家とも距離を置いた。党として初の政権となったラムゼイ・マクドナルド内閣は一九二九年、ソ連との国交を再開したが、マルクス主義とは一線を画した。

一九四五年に誕生したクレメント・アトリー政権は、戦後誕生した国際連合を軸にした外交政策を推し進めた。だが、次第にその限界を知るようになる。イラン政府が一九五一年、英石油企業の国有化を宣言した際、アトリー政権は国連にこの問題を持ち込み解決しようとしたが、進展しなかった。また、保守党のアンソニー・イーデン政権が一九五六年、スエズ危機で軍を派兵したものの、アメリカの圧力で撤兵に追い込まれたことは、労働党幹部に対米協調の重要性を知らしめた。

一九六四年に政権を取ったハロルド・ウィルソン首相は、対米外交を重視し、リンドン・ジョンソン米大統領と緊密に連携するようになった。一方で、経済的な結びつきを増した欧州諸国との関係強化にも乗り出すことになる。

労働党の近年の外交方針は、アメリカ、欧州諸国、英連邦加盟国との連携に集約される。多くの植民地を手放し、大英帝国が過去の栄光となる中で、この三方面に目配りし、国益を最大限に引き出す戦略を取っている。こうした連携を土台に、一九九七～二〇〇七年のブレア政権時代には、倫理的に必要な場合に外国の紛争に積極的に介入する「倫理外交」もみられた。

IX　民意との距離

ミリバンドと労組

二〇一〇年五月一一日、ゴードン・ブラウンは総選挙の敗北を受け、エリザベス女王に首相辞任を表明した。これを受け、新たなリーダーを決める労働党の党首選が始まった。最有力は、外相を務めたデイビッド・ミリバンドで、翌一二日に出馬を表明した。エネルギー・気候変動担当相だった弟のエド・ミリバンドも五月一五日、兄に続いて出馬宣言を行った。

トニー・ブレアの側近として党の中道化を進め、外相といった重要閣僚を務めたデイビッドは、左派を主体とする労組の評判はよくなかった。これに対し、エドは、ブラウン派で党内左派に属し、労組の支持を集めていた。二〇〇三年のイラク戦争を「戦略的な失敗」と呼び、自分が当時下院議員であったら、「大量破壊兵器の査察にもっと時間を取ることを支持していただろう」と語り、ブレア派と距離を置いた。このほか、教育相を務めたブラウン側近のエド・ボールズ、保健相だったアンディ・バーナム、ダイアン・アボット下院議員も出馬し、五人による戦いとなった。

二〇一〇年九月一日、労働党員ら約三〇〇万人が郵便による投票を開始した。五人の候補に順番をつけて投票し、最下位候補の票を他の候補に振り分ける形で、絞り込む方式だった。本命のデイビッドは一～三回目の集計ではトップだったが、最後の四回目の集計で、労組の支持を受けたエドが逆転勝利した。結果は九月二五日に発表され、四〇歳の若き党首が決まった。得票率は、エドが五一％、デイビッドが四九％で、党内の分断ぶりを示した。

エド・ミリバンドの勝因は労組の支持を得たことだった。エドは、「社会的弱者に優しい党」を訴え、ブレアとブラウンの中道路線に批判的だった。エドが唱えた「責任ある資本主義」とは、市場経済が生んだ弱者を国が積極的に守ることを示していた。

総選挙に対する党の総括も影響した。世論調査では、労働党が総選挙で敗北した理由として、約七割が経済問題への対応が不十分だった点を挙げ、約六割が労働党は抜本的な改革が必要と答えた。しかし、党内では、一般の有権者が党の業績を十分に理解していないことが敗北の原因として考えられていた。一九五九年や一九七九年の総選挙敗北後の左派の選挙総括をほうふつとさせる（一一五～一一六・一五二ページ参照）。こうした「外部責任論」が、左派の政治的主張を正当化させ、エド・ミリバンドを支持したと言える。

九月二六日に中部マンチェスターで年次党大会が始まった。エド・ミリンバンドは二八日、党首として党大会で初めて演説し、ブレア以来の中道路線について、「新しい課題に対応できない」と否定した。リーマンショックなどの金融危機に有効に対処できなかったのは「第三の道」が一因と主張したのだ。ミリバンドは「庶民の気持ちが分かる政治家」とのイメージを与えようと努めた。

二〇一一年に入ると、デイビッド・キャメロン首相の指導力が揺らぎ始めた。

象徴的な事件は、メディア大手ニューズ・インターナショナルが経営する日曜紙ニューズ・オブ・ザ・ワールドを舞台にした盗聴疑惑だ。政治家、王族、タレントらの電話を盗聴し、記事にしていたという疑いが表面化したもので、ニューズ・オブ・ザ・ワールド紙幹部との不透明な関係を問われたロンドン警視庁トップの警視総監が引責辞任した。ミリバンドは、ニューズ・インターナショナル社を率いるルパード・マードックとキャメロンとの関係を追及する姿勢をみせた。

二〇一二年には、世論調査の支持率調査で、労働党が保守党にリードし始めた。この年の地方選で、労働党はイングランド、スコットランド、ウェールズで八〇〇議席以上を獲得していた。背景にあるのは経済情勢だった。二〇〇八年の金融危機に対応するため、積極的な景気対策を行った結果として、財政赤字が膨らんだ。キャメロン政権は、赤字削減のため、緊縮財政政策を採り、財政赤字の国内総生産（GDP）比は減少傾向にあった。だが、景気は冷え込み、貧困層を中心にキャメロン批判が高まった。不満の矛先は欧州連合（EU）にも向かった。保守党の右派から、英国民の税金がEUで無駄に浪費されていたり、欧州統合によって外国人労働者が増えたりしているとの指摘が相次ぎ、キャメロン政権を突き上げていた。ミリバンドは二〇一二年一〇月、中部マンチェスターで開かれた年次党大会で、保守党の分裂を揶揄した。

キャメロンは賭けに出た。二〇一三年一月、二年後の総選挙で勝利した後、二〇一七年までに欧州連合（EU）からの離脱の是非を問う国民投票を行うと発表した。約三〇〇人の保守党下院議員のうち、半数が反EUとされ、親EUのキャメロンの政策に異議を唱えていた。キャメロンとしては、国民投票で残留賛成の結果を導き、党内の反EU派の動きを抑え、政治基盤を固める狙いがあった。また、次期総選挙でEU離脱派の票を取り込む思惑もあった。

ミリバンドは、EUへの新たな権限集中が起こらない限り、国民投票には反対する姿勢を示した。ミリバンド自身は、イギリスはEUに残留すべきとの考えで、キャメロンと同じであるため、国民投票を実施するか否かを争点にした形だ。

労働党の支持率が保守党を上回る中、ミリバンドは総選挙を意識した改革に乗り出す。その一つは、〝労組の党〟とのイメージから脱却し、国内で広範な支持を得ることだった。ミリバンドは二〇一三年七月、労組の組合員が党費を負担することを廃止すると発表した。約六〇〇〇万ポンドの党収入の半分が労組関連と言われ、本人の承諾がないまま組合員に加入させられる疑惑が相次いでいた。ミリバンドは労組の支持によって党首になったが、労組依存ではないとの姿勢をアピールした。

スコットランドの反乱

二〇一四年に入ると、イギリスの国土の約三割、人口の約一割を占めるスコットランドで独立の動きが広がっていた。労働党にとっては、結党時からの重要な地盤が揺らぎ始めていた。

スコットランド民族党の支持者。左から３人目が同党党首（当時）だったアレックス・サーモンド（2006 年撮影）

スコットランドは一七〇七年にイングランドと合併し、連合王国に組み込まれた。二〇世紀後半に入り、北海油田の開発が本格化すると、その収入をイングランドが奪っているとの批判が起こった。マーガレット・サッチャー政権がスコットランドに多い炭鉱の閉鎖を命じたことが、反イングランド感情を増幅させた。地方分権の流れの中で、一九九九年にスコットランド自治政府が発足し、独立を視野に入れるスコットランド民族党が自治議会選で議席を伸ばした。二〇一二年にキャメロン首相とスコットランド民族党党首のアレックス・サーモンドが、スコットランドの独立を問う住民投票を実施することで合意した。キャメロンには、投票で独立反対の民意を明確にし、独立論を退ける思惑があった。首相官邸では、残留賛成派が過半数を占めるとみていた。

サーモンドは、独立賛成の論陣を切り、「保守党の民営化路線によって、スコットランドのＮＨＳ（国民保健サービス）はなくなる」と訴え、北海油田からの収入を活用し、教育や福祉を充実させると主張した。ロンドンがスコットランドを搾取しているとの受け止め方が広がり、世論調査では、優勢だった残留派が独立派にその差を縮められていた。これに対し、保守、労働、自由民主など主要政党は、独立すれば歳入不足によって増税を余儀なくされるとし、そろって独立に反対した。ミリバンドはこの点では与党と共闘し、投票を前にキャメロンと一緒にスコットランドに乗り込み、独立反対を呼びかけた。スコットランドの選挙区から選出され、ブラウン政権で財務相を務めたアリステア・ダーリングも、超党派で残留派の運動を率いた。

二〇一四年九月に行われた住民投票は、投票率が八五％に上った。結果は、独立反対（五五％）が賛成（四五％）を上回った。サーモンドは、敗北の責任を取り、自治政府首相とスコットランド民族党党首を辞任する考えを示した。イギリスは国土の一体性を維持したが、この投票で明確になったのは、スコットランド民族党がスコットランドでの存在感を高め、労働党の支持者を奪っていたことだ。

次期総選挙は二〇一五年に行われる予定になっていた。二〇一一年に施行された議会任期固定法は、内閣不信任案が可決された後に一四日以内に新内閣が発足しなかったり、下院議員の三分の二以上が賛成したりした場合のみ下院は解散されるが、それ以外は任期を五年に固定する内容だ。自民党が二〇一〇年に保守党と連立を組んだ際、党利党略で総選挙を実施させないようにするため、自民党主導で法案を成立させた。首相の解散権が制限され、キャメロンの党内での求心力が低下する一因にもなった。

二〇一五年三月三〇日に下院は解散し、五月七日に総選挙（定数六五〇）が行われることになった。どの政党も単独過半数の獲得は難しいとみられた。労働党はマニフェスト「イギリスはさらに良くなる（Britain can be better）」を発表した。最低賃金の引き上げ、大学授業料の減額、保育時間の拡大が柱で、家族を持つ中流、下層階級への手厚い支援が目立った。ミリバンドが二〇一四年九月の年次党大会での演説で、政府債務に踏み込まなかったように、財政危機といった課題への対応は不明確だった。

これに対し、保守党が公表したマニフェスト「強い指導力、明確な経済計画、明るくより安全な将来」には、労働党のお株を奪うような項目が並んだ。法人税減税は伝統的な保守党政策だが、国民保健サービス（NHS）への支出増加、住宅購入支援、無料教育の拡大といった政策は元々、労働党が売り物にしていたものだ。キャメロンはブレアの中道路線を保守党にも適用し、票の上積みを狙ったのだ。二〇一七年までにEU残留か離脱を問う国民投票実施も明記した。

主な争点は、EU離脱や歳出削減の是非だった。

EU離脱については、国民投票を実施すべきとするキャメロンと、必要なしとするミリバンドの争いとなった。EU離脱を明確に掲げた右派・英国独立党（UKIP＝UK Independence Party）が支持を伸ばしていた。結果として、保守、労働両党の支持率は三割台となり、前回の総選挙と同様、どの政党も単独過半数に届かない「中ぶらりん議会（ハング・パーラメント）」の可能性が指摘されていた。

歳出削減については、キャメロンが二〇一五年までに一四九〇億ポンド（約二〇兆円）の財政赤字削減を訴えたのに対し、ミリバンドは大幅な歳出削減が「弱者に打撃を与える」として、赤字削減幅の半減を主張した。

また、勝敗は党首のイメージに左右されるとの見方があった。ミリバンドは明確な支持を欠いていた。「勤労者の政治」を訴えたのは、労働党支持者をつなぎ留める狙いだったが、党員ではない一般の有権者にとって、この訴えは、〝労組の党〟というイメージから脱却できないとの印象を与えた。さらに、実兄と「骨肉の争い」を経て党首になったという否定的なイメージがつきまとった。「話し方が変だ」とメディアにやゆされることも少なくなかった。総選挙直前の二〇一五年四月に行われた世論調査では、首相にふさわしい党首として、キャメロンは四〇%を集めたが、ミリバンドは二六%にとどまった。

結果は、保守党が二四議席増の三三〇議席、労働党が二六議席減の二三二議席、スコットランド民族党が五六議席、自民党が八議席だった。大方の予想に反して、保守党が過半数を制した最大の理由として挙げられるのが、緊縮策が不評だったとはいえ、リーマンショック後の着実な経済回復が評価されたことだ。イギリスの二〇一四年の経済成長率は二・八%で、先進国では有数の高さだった。

労働党は影の内閣のメンバー七人が議席を失った。ミリバンドは「全ての責任は私にある。別の人間が党首を担う時だ」と辞意を表明した。

目立ったのは、スコットランドの五九議席中、スコットランド民族党が五六議席を獲得し、選挙前の六議席から大幅に躍進したことだ。この政党は、スコットランドにある核兵器を搭載した原子力潜水艦の寄港を拒否し、国民保健サービス（ＮＨＳ）の支出増加を求め、支持を広げた。労働党は逆に、スコットランドで四一議席から一議席に激減した。これは労働党の中道化への批判と受け取られた。スコットランドで伝統的な労働党支持者がスコットランド民族党支持へと雪崩を打った。

ミリバンドは当初、ブレア、ブラウン時代の党の中道化を批判し、労組から広範な支持を集めて党首選に当選した。このため、保守党は「赤いエド」と呼んで攻撃し、左派の政治家という印象を植えつけようとした。しかし、ミリバンドはその後、政権獲得に向け、〝労組の党〟の印象を拭い去ろうとしたことがスコットランドで災いした。

コービンと格差社会

ミリバンドの辞任を受けた党首選（二六二ページ参照）は二〇一五年八月から郵送またはインターネットで始まり、九月一〇日までに行われることになった。ミリバンド党首下で党首選の投票形式は変更になっていた。一人一票制の投票方式が採用され、三ポンド払えば、誰でも登録サポーターとして投票することが可能になった。ミリバンドは、労組が力を持ちすぎているとの批判に応え、改革していた。登録したのは、党員二九万二〇〇〇人、労組と友好団体のサポーター一四万八〇〇〇人、登録サポーター一一万二〇〇〇人の計五五万二〇〇〇人だ。投票で過半数を制した者が当選し、至らなければ最下位を外して順次投票が行われる。

立候補したのは、ブラウン政権で保健相を務めたバーナム（推薦議員六八人）、雇用・年金相だったイベット・クーパー（同五九人）、影の介護担当相リズ・ケンドル（同四一人）、左派のジェレミー・コービン（同三六人）の四人だ。

候補者四人のうち、党内最左翼と言われたコービンは出馬表明が最も遅かった。コービンは、党の中道化路線に反対し、ブレア、ブラウン時代の一九九七〜二〇一〇年に議員投票で全体の二五％にあたる二三八回、執行部の路線と異なる投票を行った「最大の反逆児」だった。党内左派勢力が自派の候補を擁立するため、コービンに出馬を依頼したもので、立候補に必要な議会労働党議員団の一五％の推薦を何とか集めた。福祉国家を目指す筋金入りの左派政治家として白羽の矢が立ったのだ。党所属の下院議員は当時、二三二人いたため、党首選に出馬するには下院議員三五人の推薦が必要だった。コービンは六月三日、地元紙で、「明確な反緊縮」を掲げて党首選に出馬すると表明した。だが、当初は二〇人の推薦を確保できただけだった。六月一五日の立候補締め切りの直前に一六人が推薦に加わった。それでも、ブックメーカーの当選確率で〇・五％という泡沫候補に過ぎなかった。

コービンは、キャメロンの緊縮路線に反対するだけでなく、鉄道や電力事業の再国有化、住宅部門へのイングランド銀行からの投資、富裕層への累進課税強化、核兵器廃絶など旧来の党是を前面に打ち出した。その政策は一部メディアから、「コービノミクス」とも呼ばれた。党所属団体の支持を次々に獲得し、最有力労組の運輸総労働者連盟（ＴＧＷＵ）などが合併して二〇〇七年に結成された国内最大級の労組ＵＮＩＴＥも支援を決めた。保守党政権との違いを示せない主流派の候補に対し、コービンの明快で妥協しない主張に対し、若者を中心に支持が集まった。ソーシャルメディアも駆使し、党員らに支持を訴え、コービンの演説会場はいっぱいとなり、二回に分けて演説を行うほどだった。

九月一二日に発表された結果は、コービンが二五万票（得票率六〇％）を取り、一回で当選を決めた。内訳は、党員票が一二万票（五〇％）、労組と友好団体サポーター票が四万票（五八％）、登録サポーター票が九万票（八四％）で、二位のバーナムを大きく引き離した。予想を上回る圧勝に、メディアは「労働党史上、最大の指導力を得た」と論評した。投票率は七六％で関心の高さを示した。コービンの国会議員の間での支持率は二割に過ぎず、従来の投票方式では当選できなかったに違いない。

背景にあるのは格差社会だ。上位二割の収入の規模を下位二割と比較すると、イギリスは七倍で日本を大きく上回った。グローバル化の中で富の偏在が加速しており、特に若者に行き届かず、その失業率は他の世代よりも高かった。若者はインターネットを通じて、コービンの主張に賛同し、大胆な社会改革が必要だと考えていた。

一方、副党首選では、ブラウン政権で、デジタル関連国家公務員担当相を務めたトム・ワトソン下院議員が当選した。

筋金入りの左派の党首の登場に党運営は波乱含みだった。

ナズ・シャー下院議員が当選前、イスラエルをアメリカに移すことに賛同していたことが二〇一六年に発覚した。ケン・リビングストン元ロンドン市長がシャーを支持するかのような発言をしたことで、労働党は反ユダヤ主義政党との議論がわき起こった。コービンは、シャーとリビングストンの党員資格を停止した。対応が甘いと批判される事態となり、後にこの措置は無期限となる。

キャメロンの公約を受け、二〇一六年六月二三日に欧州連合（ＥＵ）からの離脱の是非を国民投票で問うことになった。イギリスは一九七三年、欧州共通市場に接近する狙いから、ＥＵの前身の欧州共同体（ＥＣ）に加盟した。だが、東欧の加盟国から多くの移民が押し寄せるとともに、ＥＵの規制や官僚機構が自国の主権を奪っているとの考えが広がっていた。

労働党はブレア、ブラウン時代から、ＥＵの統合・拡大には賛成の立場で、中道左派勢力を中心にＥＵ残留派が多かった。だが、コービンは統合にそれほど熱心ではなかった。このため、ブレアは残留の取り組みが不十分として党首辞任を要求した。

ちなみに、ブレアのコービン批判はかなり強烈だった。「私は権力を持ち、困難な決断をし、私の顔がプラカードに描かれて抗議行動を受けていた時、ジェレミーはプラカードを持ち、抗議の政治を行っていた」と発言しただけでなく、「不思議の国のアリス」で描かれた理想郷ワンダーランドになぞらえて、コービンを「ワンダーランドのアリスのようだ」と批判した。

指導力不足を問われたコービンは、自らに批判的だった外交担当の重鎮、ヒラリー・ベンを影の外相から解任したことで、影の内閣のメンバーが相次いで辞任する事態となった。二〇一六年六月二八日に下院議員による党首への不信任投票が行われ、一七二対四〇で不信任となった。この投票に拘束力はないが、コービンは党首選の実施を決めた。自らの信任を得られるかの賭けだった。コービンの対抗馬は、下院議員の投票で、影の雇用年金相だったオーエン・スミスが選ばれ、オンラインによる投票の結果、九月二四日に、得票率はコービンが六二％、スミスが三八％だったと発表された。ふたを開けてみると、コービンは二〇一五年の党首選時よりも六万二〇〇〇票多い票で当選した。

中道派の反撃

国民投票ではEU離脱派が過半数を取り、イギリスはEUから抜けることになった。キャメロン首相は辞任を表明し、二〇一六年七月の党首選で後任にテリザ・メイ内相が選ばれた。メイは、国民投票で離脱派を率いたボリス・ジョンソン前ロンドン市長を外相、党重鎮のデイビッド・デイビス元欧州担当相をEU離脱相、親EU派のフィリップ・ハモンド外相を財務相に起用し、党内のバランスを取った。

メイは離脱手続きを進めるため、二〇一七年三月二九日、EUの基本条約・リスボン条約の第五〇条に基づき、EUに離脱を正式通告し、二〇一九年三月二九日の離脱が決まった。この二年間にイギリスとEUは交渉の上、離脱協定を締結することになる。メイは元々、親EU派とみられたが、首相就任後は、投票結果の実現を使命とし、離脱後はEUの関税同盟への加盟にこだわらない方針を示した。関税同盟にとどまれば、EUの政策に縛られることになると考えたためだ。

メイの支持率はコービンを上回っており、メイは労働党を引き離し、EUとの離脱交渉で主導権を握る狙いから、二〇一七年六月八日の総選挙（定数六五〇）実施を決めた。コービンは、マニフェスト「少数のためでなく、多数のために（For the many not the few）」を掲げ、授業料免除、国民保健サービス（NHS）の充実、住宅の多数建設、公共サービスへの投資、鉄道・水道・郵便の公有化、富裕層への所得増税を打ち出した。フェイスブックを中心にソーシャルメディアを活用し、若者の支持を増やした。これに対し、メイは、在宅介護の財源として、死後に自宅を売却し、費用の一部を払うという公約を打ち出したが批判を浴び、政策の変更を余儀なくされた。また、二〇一七年五月のマンチェスターでのテロ後、メイは内相時代に警官を減らしていた点を批判された。

結果は、得票率で労働党は保守党に二ポイント迫る四〇%を獲得し、議席は三〇増の二六二議席となった。前回より一〇ポイント近く伸びた計算で、この伸び率は一九四五年以降では最大となった。保守党は過半数を割り込み、一〇議席を持つ北アイルランドの地域政党「民主統一党（DUP）」と連立し、過半数を得て政権を維持した。コービンは党首を続けることになった。

党内最左翼に位置するコービンが、何度も党内の反乱に直面しながら、党首職を維持できたのは、二〇〇八年のリーマンショック後に若者の支持が増加したためだ。金融危機で失業者が増え、雇用は困難となった。その影響を最も受けたのが、就労経験の少ない若者だった。不安定な収入に置かれた若者は、収入の五割を住宅費に充てなければならない状況だった。彼らにとって、歳出増加により医療や教育を充実させるというコービンの訴えは響いた。インターネットを通じてコービンに共鳴した若者は労働党に入り、党内組織「モメンタム」を設立して、コービンの支持層となった。二〇一七年六月の総選挙では、二五歳以下の六割が労働党に投票した。この結果は党員数にも表れる。この年の一二月の個人党員数は約五六万人に達し、一〇年前よりもほぼ倍増した。

この運動の源流は、一九七〇～八〇年代に党内左派として存在感を示したトニー・ベンにある。コービンが解任したヒラリー・ベンの父だ。コービンがベンを師事したように、若者もベンの主張に理解を示した。その動きは、「ベニート運動」と呼ばれた。

ただ、二〇一八年五月に行われた地方選で、労働党は議席を減らした。保守党ほどの大敗ではなかったが、コービンの指導力に再び黄信号がともった。敗因として、労働党の地盤でEU離脱派が労働党に投票しなかった点が指摘された。党内に残留派と離脱派を抱え、党としての基本姿勢を示せない状況は、後に深刻な打撃を与えることになる。

一方、コービンは外交面で、武力行使反対の姿勢を貫いた。イラクやシリアで勢力を拡大していたイスラム過激派組織「イスラム国」への軍事行動に反対した。二〇一一年から始まったシリア内戦では、戦闘による解決ではなく、政治的合意を得ることを提案した。メイ政権は二〇一八年四月、アメリカ、フランスとともにシリアへの空爆に参加した。バッシャール・アサド政権が化学兵器を使用したとして、メイは「民衆が耐え難い苦痛を受けている」と攻撃に理解を求めた。だが、コービンは「空爆は平和をもたらさない」と反発し、メイ政権が攻撃前に議会の承認を得なかったことを批判した。

コービンの党運営に大きな影響を与えたのが、EU離脱を巡る保守党との攻防だ。二〇一七年六月一九日に始まったEUとの交渉で、メイは合意を得るため、EUに歩み寄る姿勢を見せた。これに強硬離脱派のジョンソン外相やデイビスEU離脱相が反発し、二人は二〇一八年七月に辞任を表明、党内の亀裂が鮮明になった。

メイ政権とEUは二〇一八年一一月、紆余曲折の末、離脱協定案で合意した。その内容は、①イギリスがEUから離脱する二〇一九年三月から翌二〇年末を「移行期間」とし、現行のEUルールが適用される、②イギリスに居住するEU市民とEUに居住する英市民は、離脱前と同じ権利を享受する、③イギリスが二〇二〇年までにEU予算の分担金を支払う、④英領・北アイルランドとアイルランドとの国境で従来通り自由な移動を認め、税関を設けないが、この問題が解決しなければ、イギリスはEUの関税同盟にとどまるか、移行期間を延長する、というものだ。

だが、二〇一九年一月に下院はこれを否決した。④について、イギリスがEUの関税同盟にとどまる可能性があることに保守党内の強硬離脱派が反発した。その後、労働党が提案した内閣不信任案は否決されたが、メイ政権への打撃は大きかった。労働党はそもそもEU離脱の是非を問う二度目の国民投票に傾いており、合意反対の姿勢を明確にした。離脱協定案はその後、修正が加えられ、採決が行われたが、強硬離脱派の態度は固く、結果的に三度否決されることになる。

党内の分裂が深まるのは、労働党も同じだった。二〇一九年二月には、中道派の下院議員七人が離党を表明した。このうち、チュカ・アマナ下院議員は、党幹部がEU離脱を支持していると批判した上で、二度目の国民投票と新たな中道勢力の結集を呼びかけた。また、ルシアナ・バージャー下院議員は「党内は反ユダヤ化した」と批判した。コービンは、パレスチナに同情的で、イスラエルに敵対的とみられていた。このため、党幹部は反ユダヤ主義派が多いとの批判が広がり、マイク・ポンペオ米国務長官も二〇一九年三月、ユダヤ系団体「米イスラエル広報委員会」の会合で、「労働党幹部の反ユダヤ主義は恥だ」と批判する事態となっていた。

コービンは二〇一九年二月、EU関税同盟にとどまるための計画を表明し、これが受け入れられなければ、国民投票を再び行うと表明した。七人の離党を受け、親EUの中道派に歩み寄ったとみられる。だが、メイは再度の国民投票の可能性を否定しており、コービンの計画に実現性はなかった。

結局、EUとイギリスの離脱協定案は、議会で可決される見通しが立たなくなった。イギリスが取り決めのないままEUから離脱する「合意なき離脱」を避けるため、EU首脳は、離脱期限を二〇一九年三月二九日から四月一二日に延期し、さらに一〇月末まで先延ばしすることを認めた。

これまでメイの離脱協定案を三度否決してきたのは、保守党内で約八〇人といわれた強硬離脱派が反対勢力となっていた。メイは、彼らの説得をあきらめ、労働党を含め、二五〇人以上と言われた再国民投票派と連携し、離脱協定案の可決に向けて再び動き出した。下院が離脱協定案の関連法案を可決すれば、二度目の国民投票実施の是非を下院で採決すると提案し、労働党に歩み寄った。だが、メイは党内の強硬離脱派から「裏切者」として猛反発を受けたほか、メイに協力を求められたコービンは関連法案について「イギリスがEUとの関税同盟にとどまることが書かれていない」と批判し、メイの提案はあっけなく葬り去られた。結局、メイは権威と指導力を失い、二〇一九年五月、「議会の説得に全力を尽くしたが、うまくいかなかった」と辞意表明に追い込まれた。

EU離脱総選挙

メイが六月に正式に保守党党首を辞任したことを受け、党首選が行われた。一一人が出馬する中で、下院議員による投票で上位二人に絞り込まれた。党員約一六万人による決選投票の結果、強硬離脱派のジョンソン前外相が、穏健派のジェレミー・ハント外相を破った。

ボリス・ジョンソン（2008年撮影）

ジョンソンは、二〇一九年七月に首相に就任し、離脱期限の一〇月末までの離脱を公約に掲げた。少数与党だったため、総選挙を早期に行い、議席を増やした上で、新たな離脱協定案を議会で可決する考えだった。強硬離脱派は、反ＥＵの調査機関「欧州研究グループ（ＥＲＧ＝European Research Group）」に属し、ＥＵとの関係をできるだけなくすようジョンソンに働きかけていた。

労働党は、「合意なき離脱」を阻止する法案可決を優先すべきとして早期の総選挙には反対の立場だ。本音では、支持率が上向いていないという事情もあった。強硬離脱派が台頭した保守党とは対照的に、労働党の方針は定まらないままだった。二〇一九年九月に南部ブライトンで開いた年次党大会では、ＥＵ残留か離脱かの方針を決定せず、国民投票を再び実施する目標を掲げた。労働党では、中道派と左派との路線対立が長く続いてきた。中道派は親ＥＵ、左派は反ＥＵの立場を取ることで、その対立は増幅することになる。労働党の地盤のうち、ロンドンでは、親ＥＵが多いが、イングランド北部や中部では反ＥＵが多い。強硬左派と言われたコービンは元々、ＥＵの前身組織、欧州共同体（ＥＣ）加盟に反対した党内左派の思想を受け継いでおり、ＥＵに懐疑的だったが、ＥＵ残留を支持する下院議員を前に、党首としての態度を明確にできなかった。この党大会では、総選挙で勝利し、政権奪還後に党のＥＵ対応を決めるという決定となり、一部党員からは「有権者を欺く行為だ」との批判が起こった。

こうした中、ジョンソン政権は二〇一九年一〇月一七日、EUとの間で、新たな離脱協定案で合意し、EU加盟国もこれを承認した。しかし、議会での審議が難航し、一〇月末の期限までの離脱が困難となる中、総選挙実施で事態を打開しようと、コービンに同意を求めた。議会任期固定法により、総選挙実施には下院の三分の二の賛成が必要で、最大野党・労働党の支持が不可欠となるためだ。コービンは、イギリスが協定なしにEUから離脱する「合意なき離脱」を避けるなら、総選挙実施を支持すると伝えたようだ。ジョンソンは、EUに対し、二〇二〇年一月末までの離脱期限の延期を要請し、認められた。これで期限延長は三度目となった。

ジョンソンは一二月一二日に総選挙を行うための法案を下院に提出し、一〇月二九日に可決された。労働党も「合意なき離脱」が遠のいた以上、反対する理由はなくなった。下院は、離脱期限を二〇二〇年一月末へ三カ月延期することも認めた。二〇一五年五月以降、三度目となる国政選挙の選挙戦がスタートした。

保守党はマニフェスト（政権公約）を発表し、二〇二〇年一月末までのEU離脱を明記した。キャメロン政権以降の緊縮財政路線を転換し、法人税減税凍結で得る財源を国民保健サービス（NHS）に向け、新たな病院の建設や五万人の看護師の増員にあてる方針を示した。低所得者向けの国民保険料の引き下げも盛り込んだ。

これに対し、労働党はマニフェスト「本当の変革の時だ（It's time for real change）」で、離脱協定についてEUと再交渉を行い、半年以内に新たな協定案をまとめ、その上でEU離脱の是非を問う二度目の国民投票を行うと掲げた。この段階でも、コービンは、党内の離脱派と残留派に配慮し、明確な意思表示をしなかった。

保守党は、こうした点を見逃さず、ジョンソンはコービンとの党首討論で、「あなたはEUからの離脱を支持するのか、残留を支持するのか、どちらなのか」と迫る場面もあった。

労働党のその他の公約として、鉄道、水道、郵便、エネルギー産業の国有化、週三二時間労働の導入、企業や上位五％の富裕層への増税を掲げた。さらに、国民保健サービス（NHS）への投資拡大や大学授業料の無料化や地球温暖化対策も盛り込んだ。

政策の中身について、ニュー・レーバー以前の労働党への逆戻りという批判が絶えなかった。さらに、二〇一六年の国民投票から三年が過ぎ、国民の間には離脱議論疲れが出ており、労働党の公約では解決策が遠のく可能性が指摘された。

また、党内の足並みの乱れを示す波乱も起こった。EU残留派のワトソン副党首が総選挙に出馬しないと表明したのだ。ワトソンは、二〇一六年九月に行われた党首選で、コービンの対抗馬だったオーエン・スミス元・影の雇用年金相を支持しており、コービンとの不仲が取り沙汰されていた。ワトソンは自らの辞任について「私的な理由」と強調しているが、EU残留か離脱かに態度を鮮明にしないコービンへの抗議とも受け止められた。

コービンは、EU問題での弱みを挽回するかのように、ジョンソンの外交政策を責めた。特に、自国第一主義で国際的に批判されていたドナルド・トランプ米大統領に近いことを批判した。米英両首脳は二〇一九年七月、イギリスがEU離脱後に米英間で自由貿易協定を結ぶことで合意したが、コービンは二人が国際協調を軽視していると批判した。

選挙戦では、テロ対策も争点となった。一一月二九日にロンドン市内で、反テロ罪で拘置後に仮釈放された男が刃物で五人を死傷させる事件が発生した。ジョンソンは、仮釈放に異議を唱え、仮釈放された人物の監視を強化する方針を示した。これに対し、労働党は、事件を口実にした罰則の強化を非難した。

地域別では、イングランドにＥＵ離脱派が多いが、スコットランドや北アイルランドでは残留派が多数派だ。ジョンソンは労働党の地盤で離脱派が多い地域を重視し、労働党からの議席奪還を狙った。

一二月一二日に行われた総選挙（定数六五〇）は保守党の大勝、労働党の大敗に終わった。主要政党の議席数（得票率）は、保守党が四八増の三六五（四四％）、労働党が六〇減の二〇二（三二％）、スコットランド民族党が一三増の四八（四％）、自由民主党が一減の一一（一二％）、ＥＵ離脱党が〇（二％）だった。前回二〇一七年六月の総選挙と比べ、得票率が下がったのは労働党だけだった。ＥＵ離脱の是非を問う二度目の国民投票を訴えるだけで、離脱に対する態度を明確にしなかったことが影響したとみられる。他党は、ＥＵ離脱派が保守党とＥＵ離脱党、ＥＵ残留派が自民党とスコットランド民族党で、主張が明快に分かれた。ＥＵ離脱党は、離脱票の分散を防ぐため、保守党が重視する選挙区での擁立を避け、候補者を全国で二七五人にとどめる配慮も見せた。

ジョンソンは大勝したことで、党内の強硬離脱派も含め、各派閥の意向に配慮する必要がなくなった。ジョンソンは「(二〇二〇年）一月三一日までに条件なしで離脱する」と改めて明言した。そして、二〇二〇年一二月末までの離脱後の移行期間中に、ＥＵとの貿易協定を結ぶ方針を示した。

近年にない敗北となった労働党は、イングランド北部や中部という一世紀にわたって議席を維持してきた選挙区でも、保守党に敗れた。労働者階級は、ＥＵ離脱を支持する割合が高いため、保守党支持に転じる有権者が増えたのだ。コービンは「次回の選挙で私が党を率いることはない」と辞意を表明した。左派勢力と若者を動員し、旋風を巻き起こしたコービンだったが、全国的な支持を得るには至らなかった。

スターマー時代

コービン党首の辞意表明を受け、党執行機関・全国執行委員会は二〇二〇年一月、党首選を二〜四月に実施すると発表した。主な出馬要件は、下院と欧州議会（二六四ページ参照）の議員の合計の一〇％（二二人）や党所属の三団体の推薦を得ることだった。一〇人前後が出馬を表明する中、出馬要件を満たしたのは三人だ。影のＥＵ離脱問題担当相のケア・スターマー下院議員は、八〇人以上の下院議員・欧州議会議員の推薦を受け、最有力候補となった。影のビジネス・エネルギー・産業戦略相のレベッカ・ロングベイリー下院議員は、党内左派組織「モメンタム」の推薦を受け、コービンの後継者とみられた。影のエネルギー・気候変動担当相だったリサ・ナンディー下院議員はインド系で、有力労組・全国都市一般労組（ＧＭＢ）などから推薦を集めた。

実際の選挙戦は、新型コロナウイルスの感染が広がったため、演説は中止となり、ユーチューブやツイッターを駆使したオンライン上での訴えとなった。スターマーは、コービンと異なり、親ＥＵで知られるが、鉄道や郵便事業の国営化、富裕層への増税、大学授業料の無料化を掲げ、コービン時代の主要政策を踏襲した。「（ニュー・レーバーの）労働党政権を非難しないし、（コービン指導下の）過去も非難しない」と主張し、中道派にも左派にも与する姿勢を見せた。ロングベイリーは、「野心的な社会主義」を掲げ、地方分権や上院廃止を掲げた。ナンディーは、ブレアとブラウンの「ニュー・レーバー」路線を批判し、「二一世紀の福祉国家」を呼びかけた。

いずれも左派に配慮した主張だ。しかも、各候補は選挙戦で、自らがいかに労働者階級に近いかを訴えた。特に弁護士出身のスターマーは富裕層とみられたため、「私の父は工具を作る仕事をし、母は看護師だった。母はＮＨＳ（国民保健サービス）の診察が必要な病気を抱えていた。私は皆さんが考えるような階級の出身ではない」と強調した。

党員や登録サポーターによる投票の末、四月四日に結果が発表された。新型コロナウイルスの流行により、オンライン上での公表となった。スターマーが五六％を得票し、一回で当選を決めた。ロングベイリーが二八％、ナンディーが一六％だった。スターマーは、有力労組の地方公務員・医療・介護職員組合（ＵＮＩＳＯＮ）や、ブラウン元首相らの支持を得ていた。

スターマーは動画による勝利演説で、「再び与党としてこの国に奉仕する」と述べ、政権奪還を掲げた。また、新型コロナウイルスとの戦いに「積極的に役割を果たす」と表明した。

副党首選は、影の教育相だったアンジェラ・レイナーが五人による争いに勝利した。レイナーは、一六歳で出産し、高校を中退した経歴を持ち、福祉の仕事をするうちに労働組合での活動が認められ、二〇一五年の総選挙で初当選していた。

党首となったスターマーは、ロングベイリーを影の教育相、ナンディーを影の外相に起用し、挙党体制を確立しようとした。ただ、イスラエルに批判的な女優をツイッター上で紹介したとして、二〇二〇年六月、ロングベイリーを役職から解任した。党内で反ユダヤ主義的な言動を許さないスターマーの厳しい姿勢がうかがえる。ちなみに、コービンが、反ユダヤ主義への労働党の対策が不十分とする委員会報告を批判すると、スターマーはコービンを議会労働党から排除する徹底さを見せた。

もっとも、スターマーはイスラエル寄りとの指摘もある。二〇二一年になると、党のソーシャルメディア部門幹部として、イスラエルの元スパイ、アサフ・カプランを採用したとして批判された。報道によると、カプランはイスラエル軍でサイバー空間における諜報活動を行う「８２００部隊」に所属し、イスラエルの総選挙で働いた実績もあるという。また、ロビー活動を行うイスラエル人から支援を受けていたとの情報も流れている。

就任直後のスターマーが直面したのは、新型コロナウイルスへの対応だった。ジョンソン政権は二〇二〇年三月、英全土での封鎖（ロックダウン）を開始した。ジョンソン自身も感染が確認され、一時は集中治療室に入り、容体の悪化が懸念されていた。スターマーは「我々は首相とともにある」とこの時ばかりは連帯を呼びかけた。

イギリスでは二〇一五年以降、国民保健サービス（ＮＨＳ）で無料診療を受けられる条件として、外国人に年間六二四ポンドの健康保険料の支払いを求めている。だが、スターマーは、新型コロナウイルスの患者の治療にあたる外国人の医療・福祉関係者にも同様の負担を求めていることについて、「許されない侮辱だ」と批判し、政府に改善を促した。結局、ジョンソン政権は五月、医療・福祉関係者の支払い免除を発表した。

政府は二〇二〇年五月、「ステイ・ホーム（自宅にいよう）」運動から「ステイ・アラート（警戒を続けよう）」運動に変更したが、スターマーは「警戒の指針が不透明」と非難した。スターマー自身も、ウイルス感染の陽性者と接触したとして、少なくとも三度、自己隔離する対応に追われた。無症状だったが、自宅からオンラインで党首討論に臨むことになった。

スターマーは次第に政権奪還の意欲を露わにしている。この年の九月に開かれた年次党大会では、中部ドンカスターから党首として初めて演説し、総選挙で四連敗したことを挙げた上で、「勝利を真剣に考える時だ」と言明した。二〇一九年の総選挙を「負けるべくして負けた」と総括し、歴代党首としてはアトリー、ウィルソン、ブレアの三人だけを挙げた。いずれも総選挙で勝利し、党を政権党に導いており、政権獲得を最優先に掲げる姿勢を鮮明にした。

これは政策面でも表れている。スターマーは、EU離脱の是非を争点にした二〇一九年の総選挙で大敗したことから、EU離脱を不可避と考えるようになった。離脱か残留かの議論は「終わった」とし、離脱後にEUと緊密な貿易協定を結ぶことが重要だと訴え始めた。

イギリスが二〇二〇年一月にEUを離脱したことを受け、ジョンソン政権は年末までの「移行期間」にEUと新たな協力関係を締結することを目指し、交渉に乗り出した。この結果、この年の一二月、ジョンソン政権は、自由貿易協定（ETA）を締結することでEUと合意した。下院では一二月末、合意実施法案の採決が行われ、スターマーは党所属議員に賛成を呼び掛けた。反対や棄権の意思表明では無責任な政党とみられかねないためだ。しかし、党内からは三七人が造反し、賛成票を投じなかった。

スターマーは二〇二〇年一二月のガーディアン紙とのインタビューで、今後の戦略として、「二〇三〇年代のイギリス」を見据え、「経済とＮＨＳ（国民保健サービス）に集中する」考えを示した。二〇二四年までに行われる総選挙でＥＵ離脱問題が争点となる可能性は低く、長期的な改革が必要となる争点設定と言える。「我々は新型コロナウイルスで死者数が欧州最多であり、最も深刻な景気後退を経ている」と述べ、医療と経済が脆弱との認識を示した。

労働党の支持率はコービン時代よりも改善している。世論調査会社イプソス・モリによると、二〇二〇年一二月に行われた「明日投票する政党調査」で、労働党、保守党の支持率はそれぞれ四一％で互角だった。一〇月には労働党が保守党を五ポイント上回ったこともあった。ジョンソン政権はその後も、新型コロナウイルスの感染拡大を止められず、二〇二一年一月には死者数が欧州で初めて一〇万人を超えた。感染症対策に対する政権への批判票が労働党に流れた形だ。

ただ、スターマーへの「満足度」は三八％で、必ずしも高いとは言えない。スターマーはこれまで、党内融和を優先させ、左派か右派かの政治的立場を明確にしておらず、両派から批判される場面もあった。党内左派は、「ケア閣下」と称号をつけてスターマーを呼び、労働者階級の意見を代弁していないと皮肉り、右派はスターマーを「優柔不断」として、左派に気を使って政治的決断ができないと批判した。ジョンソンも党首討論で、この点を取り上げ、スターマーが「慢性的な優柔不断だ」と攻撃している。

解説コラム　労働党の党首選

労働党は発足当初から選挙により党首を決めてきた。投票権を持つのは当初、下院議員だけだったが、その後、労働組合や選挙区労働党に広がった。やがて労組の影響力が低下するのに伴い、有権者は登録サポーターにも及んだ。

初代党首のケア・ハーディは、一九〇六年の総選挙で当選した下院議員による投票で選出された。当時は、議会労働党議長と呼ばれた。政権を取れる可能性が極めて少ない中で、政権を率いる党首というより、議長として広報担当を担うような存在だった。労働党の支持母体は、労組、独立労働党、フェビアン協会などの社会主義団体に大別される。ハーディはこのうち、独立労働党系議員の支持を得たが、その後の多くの党首選では労組の支持を得た候補が選出された。副党首は党首が選ぶのではなく、党首選とは別に行われる副党首選で選出された。

党首選が行われるのは、体調不良など個人的な理由や総選挙敗北の責任で党首が辞任する場合だ。しかし、一九六〇年一一月に行われた党首選では、ヒュー・ゲイツケル党首にハロルド・ウィルソン影の財務相が戦いを挑んだ。また、一九七六年三~四月の党首選では、ジェームズ・キャラハン首相（党首）に五人が挑戦した。現職党首が党首選で争うのは異例で、いずれの場合も党首の指導力が低下し、このままでは次期総選挙で敗北するとの懸念が広がった時だ。

また、一九八〇~九〇年代にかけて、下院議員に限定していた党首選の投票権が改められ、最終的に、労組主体の加盟組織、選挙区労働党（個人党員）、議会労働党（議員）の票の配分が三分の一ずつとなった。この頃になると、議会労働党のリーダーは政策立案の過程で、党の執行機関・全国執行委員会の意向に縛られなくなったため、議会労働党以外の党員を党首選に参加させることで、党員の意見を党運営に反映させようとする狙いだった。

さらに、ミリバンド党首時代の二〇一四年、労組、選挙区労働党、議会労働党が三分の一ずつ票を分け合う党首選の投票形式が改められ、三ポンド払えば、党員以外でも登録サポーターとして投票することが可能になった。労組の組合員が減少する中で、党外の支持者を増やす狙いがあった。二〇一五年八～九月に行われた党首選では、登録サポーターは党員の四割近い一一万人余に達し、左派の異端児、コービンが当選する一因となった。

解説コラム　欧州議会

欧州議会は、一九五〇年代に発足した一院制の議会で、欧州連合（EU）の主要機関だ。加盟国閣僚からなる閣僚理事会とともに加盟国の政策決定に関与するなど権限を拡大させてきた。欧州議会議員を選ぶ選挙は、欧州全体や加盟国の民意を知る手段としても注目を集めている。

発足当初は、加盟国の国会議員が兼務していたが、一九七九年以降、加盟国の有権者による直接投票によって選出されている。解散はなく、五年ごとに全議席が改選され、加盟国の議会選とは別に比例代表制で行われる。議席は加盟国の人口比と小国への配慮によって割り当てられ、二〇二一年三月現在（全七〇五議席）で、最多はドイツの九六議席、最小はマルタ、キプロス、ルクセンブルクの各六議席だ。イギリスはEU加盟時に七三議席が割り当てられていた。当選後は、党派を作って活動する。議員には報酬も与えられる。議事堂はフランス東部ストラスブールに置かれているが、本部のあるベルギーの首都ブリュッセルの建物でも審議が行われる。欧州議会の権限は以前、EUの前身、欧州共同体（EC）の執行機関・EC委員会への監督や助言に限られていたが、次第に範囲を拡大させ、理事会とともに法案を審議したり、予算を承認したり、欧州議会選の結果を受け、EU首脳が指名した欧州委員長の候補を承認したりしている。権限の強化に伴い、有権者の関心も高まっている。二〇一九年の第九回投票では、最大会派の中道右派「欧州人民党（EPP＝European People's Party）」が第一会派を維持したが、極右政党などのEU懐疑派が躍進し、移民増加に対する欧州市民の反発を示す結果となった。

第Ⅱ部

労働党の政治家たち

ケア・ハーディ

Keir Hardie（一八五六～一九一五年、党首：一九〇六～〇八年）

スコットランドの貧しい家庭に生まれ、炭鉱で働いた少年は、労働者階級出身の社会主義者として初の下院議員となり、労働党の初代党首となる。労働党について、「労働者階級によって指揮され、その解放のために働く」と語った。

一八五六年八月、スコットランドの主要都市グラスゴーに近い北ラナークシャー地方ニューハウスで生まれた。非嫡出子だった。母親のメアリ・ケアは農場の家政婦で、父親はハーディを事実上認知しなかったため、ハーディの最初の名前は、ジェームズ・ケアだった。メアリは後に、船の大工だったデイビッド・ハーディと結婚したため、ハーディの名前は、ジェームズ・ケア・ハーディとなった。

デイビッドが定職に就かず、一家は住所を転々としたため、生活は苦しかった。九人の子どもの年長だったハーディは、八歳で伝言係として働き始め、パン屋でも働いた。一〇歳になると、炭鉱に身を置いた。地下の換気ドアを動かす仕事だった。ハーディは後に、当時を「私は、子どもであるということはどういうことかを知らない不幸な階級から身を起こした。子どものころ、冬の数カ月は、何年も太陽をほとんど見なかった。朝五時に炭鉱に入り、そこを出るのは夕方五時半だったためだ」と振り返った。学校には行かなかったが、母親の助けもあり、一七歳までに自分で読み書きを覚えた。

父親の飲酒癖に加え、労働者が飲酒によって生活を壊していることから、一七歳で禁酒運動に加わった。

早くから労組の活動を始め、仲間の鉱内作業員の賃金や労働条件の改善に取り組んだ。組合員の前で熱弁をふるうことにたけていたハーディは、一八七〇年代後半には、ラナークシャーでストを率いたために解雇され、その後は要注意人物として当局からマークされた。その後、全国レベルで炭鉱労働者の組織化を手伝い、一八七九年、スコットランド南西部にあった「アイルシャー鉱山労働者組合」の書記になった。

ジャーナリストとしても生計を立てた。業界紙の『鉱山労働者』や『労働党指導者』で、労働問題や政治問題に独自の主張を展開した。私生活では、二〇歳の頃、キリスト教徒となり、教会を通じて、妻のリリアス・バルフォア・ウィルソンと出会い、一八七九年に結婚した。その後、四人の子どもに恵まれた。

やがて政治に関心を示し、一八八三年に総選挙に出馬するが落選した。自由党とは異なる労働者による政治勢力の結集を目指し、一八九二年にロンドン郊外のウェスト・ハム・サウス選挙区から出馬し、初当選を果たした。下院議員時代には、失業者のためにデモを行い、労働者階級出身の議員の割合を増やすために活動した。シルクハットが紳士の礼帽だった時代に、ハーディは布製の帽子をかぶって登院した。他の議員は議会への侮辱と批判したが、ハーディは労働者を体現する身なりだと言ってやめなかった。

一九一四年の第一次世界大戦開戦前には、ロンドン中心部のトラファルガー広場で開かれた反戦集会で、「階級支配を倒せ、野蛮さと武力の支配を倒せ、戦争を倒せ」と訴えた。開戦時には、選挙区で反戦の演説を行ったが、戦争支持派によって妨害された。

一九一五年九月二六日にグラスゴーで死去した。五九歳だった。BBCによると、この時、下院では追悼の言葉が一言も発せられなかった。グラスゴーで行われた葬儀では、他の政党代表は出席しなかった。その政治的活動から、当時最も憎まれた政治家の一人だったためだ。

一九三〇年代に入って、ようやく名誉が回復された。国立ケア・ハーディ記念委員会が、彫刻家のベンノ・ショッツに対し、ハーディの胸像の製作を依頼した。出来上がった三つは、スコットランド南西部クムノック、自らの地盤だったウェールズのマーサー・ティドヒル、下院に送られた。クムノックの胸像は一九三九年八月、ハーディの娘で、クムノックの大学学長だったナン・ヒューによってお披露目された。それは今でも市役所前に置かれている。マーサー・ティドヒルの胸像は二〇〇六年一二月、町役場の前で公開された。

下院に送られた胸像は第二次大戦後に設置された。当時、クレメント・アトリー首相は「議長、下院で労働者階級のメンバーの胸像が置かれたのは初めてだ。ハーディは、労働者階級に生まれただけでなく、労働者階級にとどまった。彼ほど下院に大きな影響を与えた人物はいない」と称賛した。

アーサー・ヘンダーソン

Arthur Henderson（一八六三〜一九三五年、党首：一九〇八〜一〇、一四〜一七、三一〜三二年）

スコットランド・グラスゴーの織物作業員の子として生まれ、一二歳の時から自動車工場で働いた。苦労して下院議員に当選すると、自由党との連立内閣で、労働党所属議員として初めて閣僚となった。晩年は「アーサーおじさん」として親しまれ、平和を好むキリスト教徒として軍縮に貢献し、ノーベル平和賞を受賞した。

一八六三年九月、織物工場に雇われていた父デイビッド・ヘンダーソンと、家政婦をしていた母アニエスの間に生まれた。一〇歳の時、デイビッドが死去した。家計を助けるため、写真店で働き、学業を断念した。家族はその後、スコットランドからイングランド北東部ニューカスルに引っ越し、復学した。一二歳の時から鋳造工場の見習いとして働いた。厳しい肉体労働の中で、できるだけ新聞を読んだり、仕事場で他の労働者と接したりして知識を得ようとした。一八七九年にプロテスタントの一派、メソジストとなり、地域の牧師となった。

一八九〇年、鉄鋼関係の労組のメンバーとなった。だが、目的が不明確だとしてストを好まなかった。一九〇〇年に労働党の前身、労働代表委員会のメンバーになり、一九〇三年には、この委員会の収入役となった。ヘンダーソンはこの年、イングランド北部のバーナード・キャスル選挙区の補欠選挙に出馬して勝利し、下院議員となった。

ケア・ハーディの辞任を受け、一九〇八〜一〇年に党首を務めた後、一九一四年にラムゼイ・マクドナルドが第一次世界大戦の開戦に抗議し辞任すると、再び党首となった。一九一五年以降、デイビッド・ロイド・ジョージが主導する戦時内閣で閣僚を務めたが、一九一七年、戦争に関する国際会議の提案が閣議で拒絶されると、閣僚を辞任し、党首からも降りた。一九一八年の総選挙で落選後、翌一九年にイングランド北西部ウィドネスでの補選に出馬して下院議員に返り咲き、労働党の院内幹事長となった。その後、イングランド北部のニューカスル・イーストやバーンリーから議会に選出された。一九二四年、マクドナルド内閣で内相に指名されたが、政権が同じ年に倒れたので、そのポストは長く続かなかった。

落選と補選での復活当選を繰り返したヘンダーソンは、平和への取り組みで評価されている。一九一七年、「戦争目的に関する覚書」を作成し、国際紛争を仲裁するための機構設立や、アフリカの植民地を国際的に信託統治する勧告を行った。一九二九年には、労働党政権下で外相となり、欧州での和平構築に努めた。一九三〇〜三四年のジュネーブ軍縮会議を主宰した。一九三四年に国際連盟と軍縮への貢献に対し、ノーベル平和賞が贈られた。世界平和については、「戦争は凄惨で破壊的な結果をもたらし得る。政治家はこれを阻止することを共通の目的とすべきだ」と力説していた。

私生活では、一八八八年にエレノア・ワトソンと結婚し、三人の息子と一人の娘に恵まれた。一九三四年に労働党書記を辞任し、翌三五年一〇月二〇日、ロンドンで死去した。七二歳だった。

ジョージ・バーンズ

George Barnes（一八五九～一九四〇年、
党首：一九一〇～一一年）

一八五九年一二月、スコットランド東部ダンディーで生まれた。一一歳の時から繊維工場で働き始め、後にイングランド南部ミドルセックスに移住した。さらに、ロンドンに出て、港の保全技師として働いた。

一八八七年に失業対策などを求めたデモ隊が警官隊と衝突した「血の日曜日事件」で、デモ隊に加わり、負傷した。バーンズはこの頃から、労働問題に取り組むようになり、合同機械工組合に入り、一八九三年の独立労働党の結党にも参加した。一八九五年に党候補として下院選に出馬するが落選した。しかし、翌九六年には合同機械工組合の書記長に選出され、労働時間の短縮を求めるストを率いた。労組で地歩を固め、一九〇六年の総選挙で、グラスゴーの選挙区から出馬して当選した。

一九一〇年にアーサー・ヘンダーソンが党首を辞任した際、有力後継者だったラムゼイ・マクドナルドが息子の死によって就任を辞退したため、バーンズが党首となった。バーンズはこの時、マクドナルドに対し、「私は（党首という）とりでを守るだけであり、このポストはいつでも君のものだ」という内容の手紙を書いた。党首として総選挙を率い、四二人を当選させたが、翌一一年二月に党首を辞任し、マクドナルドに引き継いだ。

バーンズは第一次世界大戦への参戦を支持したが、自由党のハーバート・アスキス首相の手腕には懐疑的だった。このため、自由党のロイド・ジョージが首相になることを支持し、一九一六年にロイド・ジョージ政権が誕生すると、その功績として、年金相に任命された。

労働党が一九一八年、ロイド・ジョージ内閣との連立を解消した際、バーンズは在職を希望したが、ヘンダーソンの影響下にあった労働党の執行機関・全国執行委員会はこれを認めず、一一月の労働党臨時大会で党員資格を失った。だが、バーンズは体調を崩す一九二〇年一月まで年金相を続けた。

一九二七年に引退し、一九四〇年四月二一日にロンドンで死去した。

ラムゼイ・マクドナルド

Ramsay MacDonald
(一八六六～一九三七年、党首：一九一一～一四、二二～三一年。首相：一九二四年一月～一一月、一九二九年六月～三五年六月)

労働党初の首相として、第二次世界大戦前の党と英政界を大きく動かした。労働組合運動には深く関わらず、労組を基盤にした他の党指導者とは一線を画した。

一八六六年一〇月、スコットランド北部の町ロシマウスで生まれた。農民のジョン・マクドナルドと、家政婦のアン・ラムゼイの非嫡出子として生まれる。嫡出子ではなかったという点で、ケア・ハーディら初期の労働党指導者と共通する。

マクドナルドは、アンの母ベラの家に住み、母子家庭で育てられた。後年、アンのためにロシマウスに家を建てている。気性はかなり激しかったようだ。「子どもの時はけんかっ早い性格だった」と振り返っている。その一方で、本を読むのが大好きだった。ロシマウスのフリー・カーク・スクール、ドレーニーの教区立学校で初等教育を受けた。成績が良かったため、教師の代役を務めることもあった。

一八歳の時、イングランド西部ブリストルへ引っ越し、牧師補助として働き、同時に、マルクス主義の政治組織「社会民主連盟」のブリストル支部に加入した。一八八六年にロンドンへ引っ越し、自由党候補の秘書として三年間過ごした。後の労働党を支持する政治団体・フェビアン協会にも入ったが、長続きしなかった。

一八九四年に独立労働党に参加した。その後、独立労働党候補として下院選に出馬したが落選し、以後はジャーナリストとして働き、労働党や社会主義の新聞に記事を書いた。落選時に選挙資金を送ってきた社会活動家のマーガレット・グラッドストンと知り合い、一八九六年に結婚した。幸せな結婚生活で、マルコムら六人の子どもに恵まれた。マーガレットは独立労働党員でもあり、若い党員をもてなすなど献身的な内助の功で、マクドナルドの人望を高めた。ところが、一九一一年にマーガレットは敗血症で死亡した。マクドナルドはショックが大きく、再婚しなかった。以後、党員との付き合いも悪くなったと言われている。

マクドナルドは一九〇一年にロンドン市議会議員に当選し、一九〇六年にはイングランド中部レスターの選挙区から下院選に出馬して選出され、次第に実力を認められた。一九一四年の第一次世界大戦の開戦では、「我々はみな、戦争を遂行するリスクを取っているのだから、平和を獲得するリスクを取るべきではないのか」と繰り返し、反戦を貫く理想主義者として知られた。だが、反戦の姿勢は、人気を得るためだったとの見方もある。

結果的に、戦勝国の有権者に受け入れられず、一九一八年の総選挙で議席を失い、三年後の二一年の総選挙でも落選した。翌二二年、ウェールズ鉱山の選挙区から出馬して当選し、議員復活を果たし、党首に復帰した。

労働党初期の指導者であるケア・ハーディ、デイビッド・シャクルトン、アーサー・ヘンダーソンとは異なり、労働組合とは距離を置いた。マクドナルド政権で、財務相を務めたフィリップ・スノーデンもしばしば、労組には敵対的だった。

自らの主張を強硬に貫く政治スタイルで、調整型とはいえない。一九二四年に労働党初の政権を率いた際にも、フェビアン協会のベアトリス・ウェブは「政権は（マクドナルドの）独り舞台だった」と形容している。

一九三五年に健康不良で首相を辞任した。治療のため、レイナ・デル・パシフィコ号に乗り、米大陸に向け大西洋上を航海していた一九三七年一一月九日、船上で死去した。七一歳だった。遺灰は、スコットランド北部スパイニーで、妻の隣りに埋葬された。

ウィリアム・アダムソン

William Adamson
（一八六三～一九三六年、党首：一九一七～二一年）

一八六三年、スコットランド東部ダンファムリンで生まれた。一一歳の時、炭鉱で働く父親を手伝うため、学校を辞めた。二三歳になると、工場勤務のクリスティーンと結婚し、後に二男二女を授かった。アダムソンは、炭鉱労働者組合で頭角を表した。一八九四年に副委員長、一九〇八年に書記長となった。支持政党は当初、自由党だったが、労働党に移籍し、一九一〇年の総選挙で当選し、下院議員となった。第一次世界大戦ではイギリスの参戦を支持した。

一九一七年一〇月、第一次世界大戦の戦後処理を話し合う国際会議出席を認められなかったアーサー・ヘンダーソンが党首を辞任し、アダムソンが職を引き継いだ。

注目されるのは、アイルランドで一九一六年の蜂起をきっかけに盛り上がった独立運動への対応だ。アダムソンは一九二〇年一一月、議会下院で演説し、「軍は退くべきだ」と英軍のアイルランドからの撤退を呼びかけ、平和的な解決を模索した。

ただ、党首として政権党に向けた道筋を示せなかった。一九二四年と二九年に成立したマクドナルド内閣で、スコットランド相を二度務めたが、一九三一、三五年の総選挙で連続して落選した。翌三六年に死去した。

ジョン・ロバート・クラインズ

John Robert Clynes（一八六九〜一九四九年、党首：一九二一〜二二年）

一八六九年、アイルランドの墓掘作業人の子として生まれ、イングランド北部ランカシャーで育てられた。一〇歳の時、綿工場で働き始めた。当時について、「子どもの時の思い出は、粗末な食べ物と、工場での仕事で疲れ切ったことだ」と振り返る。少ない給料で辞書を買い、夜間学校に通い、書くことを学び、一六歳の時、社会主義系の新聞に工場での過酷な日々について記事を書いた。

一八九二年にランカシャーでガス労働者の組合に入って政治に目覚め、後に独立労働党にも入党した。一九〇〇年に労働党の前身として労働代表委員会が発足した際には、労組代表の一人となった。一九〇六年に総選挙に出馬して当選し、女性の選挙権獲得の運動を進め、一九一〇年には副党首となった。

第一次世界大戦では、戦争遂行に賛成したことから、自由、保守、労働の三党による戦時連立政権で食糧省政務官に任命された。一九一八年の総選挙で、ラムゼイ・マクドナルドら多くの反戦派議員が落選する中、クラインズは当選し、党内で政治力を高めた。こうしてウィリアム・アダムソンの後継の党首を務めたが、党を率いたのはわずか一年で、マクドナルドに交代した。

マクドナルドが一九二九年の総選挙で勝利し、首相に就任すると、クラインズは内相に任命された。

二年後の三一年の総選挙で落選した後、一九三五年の総選挙で議席に返り咲いたが、一九四五年に高齢を理由に政界を引退した。その後、年金の支給額が少ないと新聞に訴え、物議を醸したこともあった。

一九四九年に自宅で死去した。

ジョージ・ランズベリー

George Lansbury

（一八五九～一九四〇年、党首：一九三二～三五年）

一八五九年、英東部サフォークに生まれ、まもなくロンドンに引っ越した。小学校卒業後に鉄道で働き、社会主義思想に目覚め、一八九二年に社会民主連盟に加盟した。その後、独立労働党に移籍し、一九一〇年にロンドン東部の選挙区選出の下院議員となったが、女性参政権の獲得運動に集中するため、一九一二年に辞任した。違法な活動に従事した女性参政権の運動家に好意的な演説を行ったとして、刑務所に収監されたこともある。一〇年間、政治の世界を去り、日刊紙ヘラルドを創刊し、編集長を務めた。一九二二年に労働党下院議員として返り咲き、一九三一年にラムゼイ・マクドナルド内閣の崩壊後、議席を維持した四六人の労働党議員の一人だった。すぐに労働党指導者となり、第二次世界大戦回避のために奔走した。英国国教会の熱心な信者であり、無抵抗の非戦論を主張し続けた。一九四〇年に下院議員を辞任し、まもなく死去した。

アーネスト・ベビン

Ernest Bevin（一八八一～一九五一年、労務・国家サービス相：一九四〇～四五年、外相：四五～五一年）

労働者出身として労働組合の中で実力をつけ、稀に見る行動力から有力労組を掌握した。クレメント・アトリー政権が大規模な改革を実行する上で、党内結束を固める役割を担った。

一八八一年、南西部サマーセット州ウィンズフォードの貧しい農家に生まれた。六歳までに両親を亡くしたため、姉とともに暮らし、農場で働いた。一八歳になると、南西部の中心都市ブリストルに出て、運転手になるとともに、港湾労働者の組合に入り、労働環境の改善に取り組んだ。

政界を目指したのは一九一八年の総選挙で、ブリストル中央選挙区から出馬したが、落選した。その後も組合運動を続け、一九二二年に三〇以上の組合が集まり、有力労組・運輸総労働者連盟（TGWU）が結成された。ベビンはその書記長に選ばれ、以後一八年間にわたり、このポストを務めた。戦闘的な活動よりも、労使交渉と政策の提案を掲げ、穏健派の労組重鎮として労働党に影響力を行使するようになる。

一九二九年の世界大恐慌では、英経済も打撃を受け、失業者が街にあふれた。ベビンは労組を代表して、マクドナルド政権に景気振興策を提案したが、受け入れられなかった。このため、改めて政治家になる決心を固め、一九三一年の総選挙に出馬したが、またしても当選できなかった。それでも、ベビンは労働条件の改善に取り組み、労組内で大きな影響力を持つようになるとともに、現実的な思考から、再軍備を主張し、共産党を批判した。

一九四〇年五月に首相に就任した保守党のウィンストン・チャーチルが、戦時内閣の結成にあたり、落選中だったベビンを労務・国家サービス相に抜擢したのは、ベビンが国内労組をまとめ、戦時態勢に協力してくれることを期待したためだった。翌六月にベビンは下院補選で当選し、下院議員となり、労働者を戦時態勢に動員することに貢献した。

労働党のアトリー内閣で外相に抜擢されたベビンは、対ソ強硬派として親米路線を取り、インドやビルマの独立を認め、大英帝国の解体に道筋を引いた。また、閣議では必ずアトリーの対面に座り、無駄な話をする閣僚ににらみを利かせ、内閣での存在感を発揮した。党内のアトリー降ろしの動きも封じ込め、忠誠を尽くした。

しかし、体調を悪化させ、一九五一年三月に閣僚を辞任し、翌四月に死去した。

ハーバート・モリソン

Herbert Morrison（一八八八〈一八八一説あり〉～一九六五年、副首相：一九四五～五一年、外相：一九五一年）

ハーバート・モリソンは、党首にはなれなかったが、第二次世界大戦前後の労働党で要職を務め、改革の推進役となった。

貧しい家計を助けるため、小学校を卒業すると雑貨店の小間使いとして働き、独学でマルクス経済学を学んだ。労働党の書記となり、党の資金集めに貢献し、一九二三年の総選挙でロンドンの選挙区から初当選した。

一九二九年に発足したラムゼイ・マクドナルド政権で運輸相となり、ロンドンの運輸網の公有化を進め、後にロンドンが党の強力な地盤となることに貢献した。しかし、この公有化方針が労働者の経営参加を阻害すると主張したのが、有力労組・運輸総労働者連盟を取り仕切っていたアーネスト・ベビンだった。二人の確執は深くなり、モリソンが後に首相職を逃す一因ともなった。

後輩格のクレメント・アトリーは、一九三一年の総選挙で党有力者が次々に議席を失ったことから、無名と言われる存在から副党首となり、一九三五年に辞任したジョージ・ランズベリー党首の後任となった。当時、党内で存在感を増していたモリソンが一九三一年の総選挙で落選していなければ、アトリーのように副党首から党首への道を歩いたと言われている。

一九三五年一一月の総選挙で復活当選を果たすと、直後の党首選に出馬し、アトリーに敗れた。一九四〇年五月に発足したウィンストン・チャーチル首相の戦時内閣で、供給相を五カ月間務めた後、内相となり、反政府分子の摘発に手腕を発揮した。

一九四五年七月の総選挙では、政策綱領策定に中心的な役割を果たし、アトリー政権が誕生すると、副首相兼下院院内総務を務めた。一九五一年には約七カ月間、外相を務めた。

アトリーは一九五五年一二月に辞任し、モリソンは後継党首選に出馬した。アトリーの後継を狙い続けた政治家が最後の戦いに挑んだ。しかし、若きヒュー・ゲイツケルに大差で敗れた。一九五九年の総選挙には出馬せず、上院議員となり、事実上引退した。

クレメント・アトリー

Clement Attlee
（一八八三～一九六七年、党首：一九三五～五五年。
首相：一九四五年七月～五一年一〇月）

これまで貧困層出身が多かった指導者とは異なり、中産階級出身の「第二世代」の指導者だ。粘り強い調整型の政治手法を持ち味に、党史上、最も革新的と言われる改革を実行した。

一八八三年一月、ロンドンで生まれた。父ヘンリーは、法律顧問や契約書作成などを担当する事務弁護士（ソリシタ）で、母エレンは労組の書記長の娘で社会奉仕に取り組んでいた。比較的豊かな中産階級の家庭の七番目の子どもだった。自由党員でウィリアム・グラッドストンの支持者だった父親を除き、家族の多くは保守党支持者だった。そして、英国国教会の熱心な信者だった。

病弱だったため、九歳までエレンから教育を受けたが、学校に通い始めると、クリケットに熱中する少年となった。また、読書家だったエレンの影響で本を読みあさった。学校では学級委員を務め、古典や歴史が好きだった。その後、オックスフォード大学に進学し、現代史や詩を学び、討論会にも出席したが、恥ずかしがり屋だったのであまり発言しなかった。当時は保守党支持だった。卒業後、法廷で訴訟事件を扱う法廷弁護士（バリスタ）となった。

人生を変えたのは、一九〇五年一〇月、ロンドンのイースト・エンド地区ライムハウスにある慈善団体「ヘイリーベリー・ハウス」を訪ねたことだ。母校のパブリック・スクールの卒業生の紹介で、弟と一緒に訪問した。ハウスの子どもたちは、階段掃除、害虫取り、牛乳配達といった仕事で、週に八〇~九〇時間働くのに、わずかな給料しかもらえていなかった。この地域の衛生状態は悪く、平均寿命は三六歳という状況だった。アトリーはその光景に衝撃を受け、ボランティアとしてハウスに通い、子どもたちに勉強を教えたり、サッカーの審判をしたりするようになった。その原因を探るうちに、貧困は個人の資質に原因があるのではなく、社会や制度が機能していないためだと考え、社会主義者となった。アトリーは後に「伝統的な家庭で育った人なら誰でも、家族の中に違う考えを持った人がいるという現実と向き合うことになる」と述べ、社会主義者を抱えてぎくしゃくしたアトリー家の状況を明かした。

一九〇七年に労働党の支持母体、フェビアン協会に入り、創設者のシドニー・ウェブと出会った。翌〇八年には独立労働党に入党し、各地で社会情勢を論じる講演会を開き、社会主義の普及活動を続けた。親の財産に恵まれたため、無償で政治に打ち込む余裕があった。一九一二年にウェブの紹介で、名門大学ロンドン・スクール・オブ・エコノミクスの講師となり、社会行政を教えた。アトリーは「私が指名されたのは、大学での資格ではなく、社会情勢について現実的な知識を持っていたからだ」と振り返った。給料は少なかったが、講師の傍ら、独立労働党員として社会活動を続け、演説を依頼されることが増えた。

一九一四年に第一次世界大戦の兵員に志願した。ウィンストン・チャーチルが指揮したトルコのガリポリ半島作戦に大尉として派遣され、有能な働きが認められた。しかし、赤痢にかかり、戦線から離脱した。その後、オスマン帝国との戦いのため、現イラクに派遣されたが、一九一六年、東部ハンナの戦いの際、爆弾でけがを負った。帰国して治療した後、昇進し、一九一八年にフランスに招集され、最後の数カ月は西部戦線で従軍した。終戦時の階級は少佐だった。

アトリーは戦後、ロンドン州議会選に出馬したが、落選したため、ロンドン・スクール・オブ・エコノミクスに戻り、社会行政関連の講義を週一回クラスを持ちながら、複数の本を編集した。しかし、学生数が減ったため、アトリーの給料は一〇〇ポンド下がり、「この給料では生活できない」と言いながら、公職に就く機会をうかがっていた。

そんな生活に転機が訪れるのは、一九一九年に、社会活動を続けてきたライムハウスにあるステプニー市の市長となってからだ。市議選で多数派を占めた労働党議員から推薦を受けた。長年の活動が評価されたのだ。市長として、貧困地区で物件を貸し出す家主に住宅の修復を命じたり、失業者の雇用を促したりする政策を実施した。幼児死亡率の改善も実現した。翌二〇年には、『社会労働者』を執筆し、ロンドンの貧困を改善するための政策を訴えた。一九二一年夏、イタリア旅行で知り合った友人の妹ビオレットと恋仲となり、翌二二年一月に結婚した。アトリーは三九歳で、ビオレットは一三歳年下だった。

一九二二年にロンドン・ライムハウス選挙区から下院議員選に出馬し、保守党候補を破って当選した。オックスフォード大学出身で初の労働党議員だったという。一七年間にも及ぶ社会奉仕活動が報われた。ロンドン・スクール・オブ・エコノミクスの講師をやめ、政治に専念することにした。演説がうまかったことから、党首選で応援したラムゼイ・マクドナルド党首から目をかけられ、一九二四年にマクドナルド政権が発足すると、陸軍ナンバー2の次官に抜擢された。アトリーがマクドナルドを支持したのは、独立労働党出身者であることに共鳴したためだと言われている。アトリーは下院での初演説で、選挙区の失業者について、「失業者の多くは先の大戦で我々に貢献してくれた。彼らは前線の塹壕で頑張ってくれたのだ」と訴えた。

一九二九年に再びマクドナルド政権が発足すると、ランカスター公領相（筆者註：イングランド王が所有するランカスター公領を管理する大臣。現在は実務がほとんどないため、事実上の無任所大臣となっている）や郵政相を務めた。この時期、議会での発言数は党内で最も多かったという。アトリーは当初、マクドナルドを強く支持し、党首選出にも貢献したが、マクドナルドが後に保守、自由両党と「国民政府」を発足させると、社会主義思想を放棄した裏切り者と批判するようになる。ただ、その政治的な立ち位置は、マルクス主義者に代表される生粋の左派ではなく、党内では常に中道を歩んだ。

一九三一年の総選挙は、アトリーの出世の転機となる。労働党が惨敗し、有力議員が続々と落選し、当選した労働党議員四六人には閣僚経験者が少なかった。このため、敗軍の将、アーサー・ヘンダーソンは選挙後の党内協議で、平和主義者のジョージ・ランズベリーを党首、アトリーを副党首に提案し、異論なく新態勢が決まった。

一九三五年にランズベリーがファシズムに宥和的だとして辞任に追い込まれた後、アトリーが後継の党首に昇格した。アトリーは、アーネスト・ベビンやヒュー・ドールトンら新世代の有力政治家らと協力した。就任時は、イギリスの軍備増強に反対していたが、ナチス・ドイツの脅威が増すにつれ、一九三七年までに反対を取り下げた。アトリーはこの点について、自伝で「労働党は一九三五年まで国防問題を真剣に考えたことがほとんどなかった」と書いている。アトリーは、平和主義ではなく、ファシズムには断固として対抗することを訴え、ネビル・チェンバレン首相がエドゥアール・ダラディエ仏首相とともに一九三八年九月のミュンヘン会談でアドルフ・ヒトラーにチェコスロバキア・ズデーデン地方の割譲を認めたことについて、「英仏がいまだかつて被ったことのない大敗北だ」と議会で批判した。

第二次世界大戦が始まると、チャーチルは労働党と戦時内閣を組んだ。アトリーはチャーチルについて、「生きるか死ぬかの瀬戸際で、時が人を得、人が時を得た」と絶賛した。戦時内閣についても、「労働党閣僚もチャーチルの下でなら仕事ができた」と書いた。閣議が深夜にずれ込んでも、アトリーは決して不機嫌にならず、落書きをしながら、長時間の議論をこなしたというエピソードもある。

一九四五年に戦争で疲弊した国民は、祖国を勝利に導いたチャーチルよりも、政策に通じたアトリーを選んだ。英メディアによると、アトリーは政権発足後に少なくとも四回、党首から引きずり下ろされる陰謀に直面した。しかし、六年間政権を担当し、党首も一九五五年まで二〇年間務め、歴代党首の中で最長となった。権力を掌握できた理由として、ライバルが落選したことに加え、政治家として部下に権限を委ねる調整型の采配を指摘されている。

公私を厳格に区別する性格もあり、総選挙で国内を回る時には、公用車を使わず、妻の運転する自動車で回った。演説は激情的ではなく、穏やかな印象を与えた。

一方で、登用された人材から慕われていたわけではない。ドールトン財務相は、内気で時に臆病との意味で、アトリーを「小さなねずみ」と形容した。

一九六七年一〇月八日、ロンドンのウェストミンスター病院で、肺炎のため死去。八四歳だった。

アナイリン・ベバン

Aneurin Bevan（一八九七〜一九六〇年、保健相：一九四五〜五一年、労務・国家サービス相：一九五一年）

貧しい鉱山労働者の家に生まれた反逆児は、労働組合の活動で頭角を表し、「揺りかごから墓場まで」と呼ばれる社会福祉制度の建設を手がけた。

生まれは、ウェールズ地方トレデガーで、小学校卒業後の一三歳の時から父親と同じ炭鉱で働き始めた。南ウェールズの鉱山労働組合に加入し、社会主義の理想を目指すようになった。理路整然とした話しぶりや勇気のある行動力が評価され、労組からの奨学金でロンドンへの大学就学を認められた。卒業後、地元に戻ると、所属労組の支持を受け、トレデガー市議選に当選し、政界に入った。一九二六年のゼネストでは、鉱山労働者を陣頭指揮して有名となり、一九二九年の総選挙でウェールズ南東部のエブ・ベール選挙区から出馬して当選した。この選挙で同じく初当選していた小学校教員出身のジェニー・リー議員と後に結婚した。

ベバンは国政で、党内左派の立場から常に労働者階級を代弁し、平等な社会の実現を目指す主張を続けた。歯に衣着せぬ発言で知られ、その批判の矛先はクレメント・アトリーを含む党幹部にも及んだ。それを理由に除名処分や登院停止処分を受けたこともある。ただ、権威を恐れない姿勢は人間的な魅力を放ち、保守党にも人気のある政治家となった。

アトリー政権で保健相に指名されたことは予想外の人事だった。産業の公有化という一大事業にはベバンの行動力と人間力が必要だとアトリーが判断したとみられている。ベバンは国民保健サービス（NHS）法を制定し、医療と薬剤を無料で提供する制度を創設した。反発する医師をNHSの下にたばねることができたのは、ベバンの指導力がなければ不可能だったと言われている。一九五一年一月には、労務・国家サービス相に転じていた。

ベバンはアトリーの後継首相を目指したが、それを阻んだのがヒュー・ゲイツケルだ。二人は党内で主導権を争い、ゲイツケル財務相が防衛費増額の財源として入れ歯とメガネ購入費の患者負担を求めた方針に反発し、ベバンはこの年の四月に閣僚を辞任し、以後、党内左派をとりまとめる反主流派を形成した。この政争が結果的に労働党の権力奪還を遅らせる要因になったと言える。

アトリーの辞任を受けた一九五五年一二月の党首選でゲイツケルに敗れると、影の外相のポストを受諾した。一九五九年には副党首となったが、すでにがんに侵されており、翌六〇年に死去した。地元にはその功績をたたえる石碑が立つ。ベバンの政治信条は「この国に権力はどこにあるのか。それを労働者はどうやって手にすることができるのか」という問題意識から生まれていた。現在も偉大な政治家の一人として語り継がれている。

ヒュー・ゲイツケル

Hugh Gaitskell
（一九〇六〜六三年、財務相：一九五〇〜五一年、党首：一九五五〜六三年）

クレメント・アトリーに見出され、党内左派と対決したが、政権奪還を前に「疑惑の死」（一一八〜一一九ページ参照）で他界した。

英領インドの高官だった父アーサー・ゲイツケルと、上海総領事の娘の母アドレードの三人の子どもの末っ子として、一九〇六年四月に生まれた。オックスフォードの名門小学校「ドラゴン校」、全寮制のパブリック・スクール「ウィンチェスター校」を卒業し、オックスフォード大学のニューカレッジに進学した。在学中に、自由社会主義者のジョージ・ダグラス・ハワード・コールに師事し、民主的な選挙を求める「チャーチスト運動」の影響を受けた。一九二七年、哲学・政治・経済専攻で大学を卒業すると、イングランド中部ノッティンガムシャーの炭鉱で、労働者教育協会の教員として一年間を過ごした。一九二八年には、ロンドンの名門大学、ユニバーシティー・カレッジ・ロンドン（UCL）」の経済学講師となった。さらに、コールとともに、将来の労働党政権に備えた政策を検討しながら、政界進出の機会をうかがっていた。一九三二年秋、イングランド南東部チャタム選挙区の労働党候補となったが、一九三五年の総選挙で保守党に敗れた。

一九三七年四月、離婚歴のあるドラ・フロストと結婚し、ロンドンに家を建て、二人の娘に恵まれた。ドラは面倒見の良い母親で、夫を献身的に支え、夫の友人には優しく接したという。

宥和政策を強く批判していたゲイツケルは、第二次世界大戦が始まると、一一年間、教育機関で働いた。その後、中央官庁に採用され、経済軍需相だったヒュー・ドールトンの下で働き、一九四二年二月にドールトンが商務相に転出すると、その秘書となり、戦時中の資源管理に尽力した。

労働党が勝利した一九四五年の総選挙で、イングランド北部リーズにあるリーズ・サウス選出の下院議員となった。一九六三年に死去するまで議席を維持することになる。アトリーは、ゲイツケルを有能な新人議員として目をかけ、一九四六年五月、エマニュエル・シンウェル燃料・動力相の政務官に抜てきした。ゲイツケルの主な仕事は、石炭国有化法の可決だった。一九四七年一〇月、シンウェルの後任として、燃料・動力相となった。オートバイのガソリン配給を廃止して批判されたが、製油所の建設など石油化学産業の振興に取り組んだ。アトリーはこれを評価し、一九五〇年二月、スタフォード・クリプス財務相の下で、ゲイツケルを経済問題担当相に昇格させた。ゲイツケルは、冬季の石炭不足やポンド下落に対応し、それが評価され、この年の一〇月には、体調不良で辞任したクリプスの後任として、四四歳で財務相となった。そして、アナイリン・ベバンが導入した原則無料の医療制度を改変し、入れ歯とメガネの購入費の負担を患者に求め、軍事費増額の財源とする予算案を巡り、党内の対立が深まることになる。

ゲイツケルは「私が社会主義者になったのは、公有化のためでなく、社会の不正を嫌ったからだ」と述べており、産業公有化にこだわりはなかった。ゲイツケルの性格は、平等な社会の実現という信念を押し通し、そのためには安易に妥協しないことだった。それによって、政治的な出世街道を駆け上ったが、多くの政敵を持った。

影の内閣のメンバーで、後に外相を務めるジョージ・ブラウンは、ゲイツケルの友人だったこともあり、「他人に自分の考えを吹き込む能力は素晴らしかった」と評価した。しかし、ハロルド・ウィルソンは「自分と違う意見を述べる同僚は、厄介なお荷物か頭脳の足りない人間とみなす」と批判した。影の内閣のメンバーだったデニス・ヒーリーは「彼には誰もが自分と意見が違うことはないと考える傾向があった」と批判した。

一方、ゲイツケルの私生活は人妻との情事に彩られた。「ジェームズ・ボンド」シリーズで知られる作家イアン・フレミングの妻、アン・フレミングとの出会いだ。フレミングは、アンが帝王切開で子どもを出産し、左側の腹部に傷を残したことを嫌い、性生活が途絶え、夫婦仲が冷めていたという。ゲイツケルは、アンと親密な関係となり、一緒に夜を過ごした。この情事は、ドラや二女との家庭生活に影響を与えることはなかったとされている。

ハロルド・ウィルソン

Harold Wilson（一九一六〜九五年：党首：一九六三〜七六年、首相：一九六四年一〇月〜七〇年六月、七四年三月〜七六年四月）

頭脳明晰で若い時から注目を集め、「イギリスのケネディ」と呼ばれた。総選挙で労働党を四度勝利に導いた唯一の指導者だ。与野党を問わず、国民の多くは国を良い方向に導いた指導者として記憶している。

一九一六年三月一一日、イングランド北部の町ハダーフィールド郊外で、父ジェームズと母エセルの第二子として生まれた。ジェームズは数学が得意な秀才だったが、家庭の事情から一六歳の時、工場で働き始め、後に化学技師となった。支持政党は、第一次世界大戦後に自由党から労働党に変わった。エセルは結婚まで教師だった。当時は、戦争による経済の混乱期で、雇用を出来るだけ多くの家庭に行き渡らせるため、女性は結婚すると仕事を辞める習慣があった。家計は裕福でもなかったが、貧しくもなかった。しつけは厳しく、教会の活動に参加し、全て自分でこなすように教えられた。両親の教育方針から、ウィルソンは、不安や心配を態度に出さないことを学んだ。

ニュー・ストリート小学校では記憶力の良さで驚かれた。奨学金を得て、ロイズ・ホール・グラマー・スクール（日本の中高校に相当）で学び、父の転職に伴い、リバプール近郊の進学校ベビントン・グラマー・スクールに転校した。中学校や高校では非常に優秀で、試験には抜群の成績で合格した。校外活動として、ボーイスカウトに励んだ。チームスポーツよりも、長距離走が得意だったという。恩師の一人は「ハロルドは、教師が生涯で一人か二人しか出会えないような子どもだった。全てが一番だった」と振り返る。ウィルソンはこの学校で、社会主義者だった教師から政治的な影響も受けた。

妻との出会いは一八歳の時だった。一九三四年の夏、ウィルソンが、テニスクラブを訪れた時、グレイズ・メアリ・ボールドウィンと出会った。メアリは、政治家だったレブド・ダニエル・ボールドウィンの娘で、一六歳で学校を出て、タイピストとして働いていた。ウィルソンは一目惚れした。自分が将来、下院議員になり、首相になると言ってプロポーズした。物静かなメアリはすぐには決断せず、二人が結婚したのは、第二次世界大戦中の一九四〇年一月一日だった。当時、メアリはウィルソンが大学の教員に戻ることを望んだ。二人はロンドン郊外リッチモンドでアパートを借りたが、仕事熱心のウィルソンは仕事場に泊まり込むことが多く、メアリは孤独になった。

奨学金を得てオックスフォード大学ジーザス・カレッジに進学したウィルソンは、哲学・政治・経済専攻科となり、優秀な成績で卒業した。ヒュー・ゲイツケルと同じように、政治・歴史学者で労働運動に詳しいジョージ・ダグラス・ハワード・コールと出会い、政治的な影響を受けた。原稿なしでテンポ良く話し続ける話法に魅了されたようだ。ウィルソンは後に、「火曜日と水曜日の夜は大抵、彼と過ごした。仕事が終わると、アイルランドのウイスキーを取り出した」と振り返った。ウィルソンが労働党に入党するきっかけとなった。

ウィルソンはメアリと交際しながら、学業に専念して成績優秀者となり、年間三〇〇ポンドが支給される「ジョージ・ウェブ・メドリー奨学金」を得た。過去一〇年のオックスフォード大生の中で成績が最も良かったと言われた。教師の一人は、「ウィルソンが優れているのは、知識を吸収し、頭の中で論理構成する能力だった」と指摘した。

だが、欧州情勢が緊迫する中で、職探しは難航した。新聞記者を経て、一九三七年、後に福祉国家構想を打ち上げた経済学者ウィリアム・ベバリッジの研究助手となった。ただ、ベバリッジはウィルソンを評価していたわけではなく、「人間ではなく、役に立つ機械」という人物評が残されている。

ウィルソンは、経済学者になるとみられたが、第二次世界大戦が始まると供給省の公務員となった。チャーチル政権で無任所大臣となったアーサー・グリーンウッドの下で、資源調達計画の策定に加わった。優秀な働きぶりが認められ、一九四〇年八月、商務省の炭鉱部門に配属され、さらに、翌四一年八月、燃料・動力省の経済・統計局長に抜てきされた。戦時中の重要なエネルギー源だった石炭について、現状と将来の生産量の推移を統計的に明らかにし、幹部はその緻密な仕事ぶりに舌を巻いた。政敵となるゲイツケルも、ウィルソンが「非常に有能で、石炭統計に革命を起こした」と語ったが、「本当に落胆するのは、ウィルソンには人間味がないことだ。彼とは親友になれるとは思わないし、実際、彼には親友はいなかった」とも記していた。

一九四四年、ウィルソンは、ユニバーシティー・カレッジ・ロンドンの教員になるため、燃料・動力省を退官した。ただ、ウィルソンは、政治的野心を持ち続けた。候補者不在だったイングランド北西部・オルムスカーク選挙区の候補者となり、選挙の準備を始めた。ある新聞は「ウィルソンは二八歳だが、すでに財務相とみられている」と書いたほど将来を嘱望されていた。しかし、演説には統計の数字をたくさん盛り込み、あまりうまくなかったようだ。

一九四五年七月の総選挙でウィルソンは、保守党候補やニュースキャスターを破って初当選した。クレメント・アトリーは、二九歳のウィルソンを燃料・動力省の政務官に抜てきした。ロンドンの日刊紙は、「労働党の新議員で異彩を放っているのが、若くて優秀なハロルド・ウィルソンだ。省内で石炭産業の統計上の状況を提供したのはウィルソンだった」と伝えた。その後、政府の必要に応じて、ウィルソンのポストはめまぐるしく変わった。一九四六年には、米ワシントンで国連食糧農業機関のイギリス代表を務め、翌四七年になると、商務省で国外貿易担当の閣外相となり、さらに、この年の九月には、経済問題担当相に転じたスタフォード・クリプスの後任として、三一歳で商務相となった。二〇世紀で最年少の閣僚ともてはやされた。戦時中に導入された不人気の配給制を一部緩和し、民間企業の競争を促す政策を進めた。また、経済問題担当相から財務相となったクリプスが体調を崩したため、ゲイツケルらと経済危機の対応にあたった。このため、アトリー内閣では「天才児」と言われた。

一九五〇年の総選挙では、労働党が強いイングランド北西部フイトン選挙区に移り、一九八三年に引退するまで議席を維持した。

ウィルソンは、防衛費増額の原資として入れ歯とメガネの購入費の半額を患者に負担してもらうゲイツケルの予算に反対し、国民保健サービス（NHS）を守る政治家として人気を集めた。結果として、逆風と言われた一九五一年一〇月の総選挙で議席を維持した。ウィルソンは以後、党員に人気だったアナイリン・ベバン派で活動することになる。ベバン派は議会で「真の社会主義を守る」ことを掲げていた。一九五二年一〇月の党大会で、ウィルソンは、ベバン、バーバラ・キャスル、イアン・ミカルドらとともに、党の執行機関・全国執行委員会の委員に選ばれた。彼らを「キープ・レフト・グループ」と批判したゲイツケルとの対決姿勢が鮮明となった。

ただ、ウィルソンが左派一筋だったわけではない。一九五四年四月、ベバンはドイツ再軍備を巡る対立から影の労務・国家サービス相を辞任し、アトリーは後任にウィルソンの起用を検討した。ベバン派議員からは自派結束のため、指名を拒否すべきとの圧力もあったが、ウィルソンはアトリーの要請を受け入れて影の内閣に参加し、ベバン派を怒らせた。翌五五年にアトリーが辞任した後、一二月に党首選が行われた。ウィルソンは、左派のベバンではなく、右派のゲイツケルを支持した。党首に選出されたゲイツケルはウィルソンを影の財務相で処遇した。このため、ウィルソンには、権力志向が強い風見鶏との批判が付きまとった。

ウィルソンは回顧録で、「ゲイツケルは、影の内閣や全国執行委員会の場で、自分の考えと異なる同僚を異教徒とみなすだけでなく、厄介で能力が足りないとみていた」と批判したが、そのゲイツケルについた。

ウィルソンはこの後、左右両派に配慮した姿勢を取る。一九五九年の総選挙で敗れ、ゲイツケルが党改革のため、「生産、分配、交換手段の共同所有」を明記した党綱領第四条の改正を持ち出すと、ウィルソンは賛否を明確にしなかった。核兵器廃絶を求める左派と、核戦力維持を求める右派との論争でも、ウィルソンは橋渡し役に徹しようとした。

ウィルソンは、ゲイツケルの死去を受けた一九六三年二月の党首選で当選し、翌六四〜七〇年と七四〜七六年に首相を務める。この間、四度の総選挙に勝利したウィルソンは「首相として成功するための大切な条件は、しっかり睡眠を取ることと歴史のセンスである」と語っていた。議会でビートルズをほめたたえる演説を行うなど、大衆受けするＰＲを忘れなかった。また、自らの政権を批判する者は「陰謀を企てる者」として強く批判した。

ウィルソンは一九七六年三月、突然辞任した。アルツイハイマー病の兆候が出ていたとの指摘もある。その後、爵位を与えられた。一九八五年以降は公に姿を見せず、がんの治療を行っていたようだ。一九九五年五月二四日、ロンドンの病院で死去した。七九歳だった。

ジェームズ・キャラハン

James Callaghan（一九一二～二〇〇五年、党首：一九七六～一九八〇年、首相：一九七六年四月～七九年五月）

貧困から身を起こし、「ジムおじさん」の愛称で親しまれた苦労人は、総選挙の実施時期の判断と、出身母体の労組の反乱で足元をすくわれる形になった。

一九一二年三月、南部ポーツマスで生まれた。父ジェームズはジャガイモ飢饉（筆者註：一八四〇年代に主食のジャガイモの不作のために起こった飢饉。約一〇〇万人が死亡し、アメリカなど他国に渡る移民が増えた）の後、アイルランドからイングランドに渡ったカトリック系移民で、海軍を目指した。偽名として使用したのが、「キャラハン」だった。海軍に入ると、先夫に先立たれていたシャーロットと知り合い結婚し、キャラハンが生まれる。

父は海軍水兵として航海が多かったため、一緒に過ごした時間は短かった。だが、キャラハンが七歳の時、父は除隊し、その後、沿岸警備の仕事に就いたため、イングランド南西部の港町トーベイの警備小屋で暮らし、父親の見張りを手伝った。しかし、キャラハンが九歳の時、父は心臓発作で死去した。まだ四四歳だった。父と暮らした二年間は、少年時代の最も幸せな時となる。

その後は母子家庭で、貧しい生活を強いられた。当時の小学校には給食がなかったため、キャラハンは、食料品店で魚をもらって食べるか、パンをココアに浸して食べるかのどちらかだった。母シャーロットは、プロテスタントの一派、バプティスト派だった。キャラハンはその影響で、聖書を愛読し、信仰を大切にするバプティストの少年となった。

奨学金を得て中学校に通ったが、一九二九年に卒業した後、一六歳で税務署（内国歳入庁）の税務官として働き始めた。大学進学の希望もあったが、家計を助けるため、あきらめた。イングランド南東部メイドストンの税務署に配属されると、仕事の傍ら、ジョージ・バーナード・ショーら社会主義者の著作を読み始める。社会主義が第一の関心、キリスト教が第二の関心となる。

やがて税務署の組合活動に参加し、二一歳となった一九三三年、税務署職員組合の委員となり、その三年後、組合幹部に見込まれて専従書記に抜てきされ、税務署を退職した。「労働者階級のキーパー」と呼ばれ、労働党とも関係を築くことになった。一九三八年には、バプティスト教会で出会ったオドリーと結婚した。

第二次世界大戦の開戦から一年がたった一九四〇年、海軍に志願して入隊したが、結核と診断されたため、ロンドンの海軍本部で日本に関する情報を集めるよう命じられた。キャラハンは日本について何も知らなかったが、冊子「敵国・日本」をまとめた。その後は、インド洋で戦艦クイーン・エリザベスに乗艦していたが、終戦が近づくと、労働党の全国執行委員会委員長だったハロルド・ラスキに薦められ、国政選挙を目指した。

一九四五年七月の総選挙で、カーディフ南部選挙区から立候補して当選し、三三歳で新人議員となる。この時から、名前として、レオナードではなく、ジェームズを使った。チェコスロバキアやナイジェリアなどへ積極的に外遊し、大英帝国の植民地独立を支持するようになった。アトリー政権に軍縮などの政策提言を行い、政府に批判的な立場とされたが、一九四七年には三五歳の若さで運輸政務官に抜てきされ、さらに三年後の総選挙を経て海軍担当の政務官も務めた。アトリー政権が下野すると、影の植民地相や影の財務相などを務め、次世代のリーダーとして地歩を固めた。

中央政界で注目を集めるのは、ヒュー・ゲイツケル党首の死去を受け、一九六三年二月に行われた党首選への出馬だ。第一回投票で敗れたが、四一票を獲得し、一定の存在感を示した。この党首選で当選したハロルド・ウィルソンは首相就任後、キャラハンを重職の財務相に起用した。キャラハンは、下落が続いた通貨ポンドの危機に対応した後、一九六七年一一月に内相に転じた。一九六九年七月、北アイルランドのロンドンデリーで、カトリックとプロテスタントの衝突が起きると、翌八月、軍を派遣し、沈静化に努めた。

翌七〇年に労働党政権が倒れると、影の外相となった。キャラハンは外交に関心があり、このポストを長く求めていた。これまで要職を歴任したが、ウィルソンよりも年上だったため、後継者とはみられなかった。一九七四年にウィルソン政権が復活すると、外相として、欧州共同体（ＥＣ）加盟を支持し、翌七五年の国民投票でＥＣ残留を実現した。

ウィルソンの辞任を受けた一九七六年の党首選に勝利し、首相就任が決まった時、「私は大学に行っていないのに」と語ったと伝えられる。インフレ危機から、就任当初は不人気だったが、徐々に支持率を取り戻した。その一因として、キャラハンの実直さと温和さが影響したと言われる。首相支持率が六割近くになると、キャラハンが一九七八年一〇月に総選挙に打って出るとの観測が流れたが、翌七九年春に「先延ばし」した。この間に「不満の冬」と呼ばれる労組の大規模ストが発生し、総選挙で敗北する結果となったため、決断の悪さの典型例として後世で語られることになる。一年半後の一九八〇年に党首を辞任し、一九八七年に下院議員を引退し、上院議員となった。多くの時間を農業に費やし、家族と過ごしたという。

キャラハンの政治手法は、対話だったと言われる。キャラハンは自ら、「人と話し、人を信頼し、人と相談する」と述べていた。マイケル・フットら宿敵を入閣させたのも、それが理由だ。キャラハン政権下で財務相を務めたデニス・ヒーリーは、歴代の労働党党首の中で、優秀さはアトリーに次ぐと評価している。

九三歳の誕生日前の二〇〇五年に死去した。

マイケル・フット

Michael Foot（一九一三〜二〇一〇年、雇用相：一九七四〜七六年、副党首：一九七六〜八〇年、党首：一九八〇〜八三年）

マイケル・マッキントッシュ・フットは一九一三年七月、イングランド南西部プリマスの高級住宅地リプソン・テラスで生まれた。父イサックは弁護士出身で、イングランド南西部のボドミン選挙区から自由党の下院議員として二度選出され、プリマス市長も務めた。リベラルな政治家の家系で、七人きょうだいの五番目だった。三人の兄のうち、長男ディングルは、ウィルソン内閣で法務次官を務め、次男ジョンは父親の弁護士事務所を継いだ後に自由党の上院議員となり、三男のヒューはイギリスの駐米大使となった。末子のクリストファーは、兄の後を追って法律事務所に入った。

昔から皮膚炎をかかえていたフットは、イングランド南部レディングにあるクエーカー教徒の名門高校「レイトン・パーク・スクール」に通い、そこで奨学金を得て、オックスフォード大学のワドハム・カレッジに進学した。哲学・政治・経済専攻の奨学生となった。一九三三年、地元の討論クラブ「オックスフォード・ユニオン」代表となり、弁士としてならし、アメリカへ討論ツアーにも出かけた。大学卒業後、リバプールの港湾で配送係として働いた時、都市部に住む庶民の貧困状況に衝撃を受けた。当時は自由党支持だったが、労働党支持に転換し、一九三四年に入党した。貧困・失業対策には、父イサックが信奉した自由主義ではなく、社会主義しかないと考えるようになった。

二二歳となった一九三五年、ウェールズ南東部モンマスの選挙区から総選挙に出馬した。落選後は、左派系のトリビューン誌で記者の仕事に就き、反ファシストの論陣を張り、その後、イブニング・スタンダード紙に転職した。喘息のため、入隊できず、一九四二年に二八歳の若さで編集長となった。フットには、「第二の父」となったメディア王のビーバーブルックの強力な後ろ盾があった。編集長を務めながら自ら執筆活動を続け、翌四三年には『ムッソリーニの裁判』を出版した。フットはこの時期、年間四〇〇〇ポンドの報酬を受け、極めて良い暮らしをしていたが、その後、編集方針を巡り、ビーバーブルックとの確執が深まり、一九四四年に新聞社を去った。翌四五年に労働党系のヘラルド紙に移籍し、以後、週二回のコラムを二〇年間担当するコラムニストとなった。ただ、給与はそれほど良くなかった。

一九四五年の総選挙で、イングランド南部のプリマス・ダベンポート選挙区から出馬し、アトリー労働党が大勝利する中で初当選を果たした。この選挙で、後に妻となるジル・クレジと出会ったようだ。二人は一九四九年に結婚した。

フットは議会での初演説で、ウィンストン・チャーチルを攻撃し、「ムッソリーニ殿の警察政府の支持者だ」と批判した。国民保健サービス（ＮＨＳ）を創設したアナイリン・ベバン元保健相が率いる左派の広報役となり、核兵器廃絶、産業の国有化、対米同盟からの脱却、欧州共同体への不参加を訴えた。アトリー政権の外交政策を対米協調として批判し、「アメリカの資本主義は、傲慢で自信過剰で慈悲がない」と新聞に寄稿した。下院でアーネスト・ベビン外相も非難し、一九四〇〜五〇年代は党内で政権批判を繰り返した。

フットは一九四五年、業務執行役員としてトリビューン誌に再び入り、一九七四年までその地位にあった。同時に、一九四八―五二年と五五―六〇年には編集長を務めた。

一九五五年の総選挙では、プリマス・ダベンポート選挙区から出馬し、僅差で敗北する。核武装への反対が影響したとみられている。フットは、トリビューン誌の編集長を続け、一九五七年に『ペンと刀』や『罪な男』を書いた。この年の党大会で、左派指導者で政治の師とあおぐアナイリン・ベバンが、一方的な核兵器廃絶を放棄したことから、フットは、市民団体「核兵器廃絶運動（ＣＮＤ）の創設メンバーの一人となった。

一九五九年の総選挙で、フットは労働党が強い選挙区からの出馬の打診を受けたが、プリマス・ダベンポート選挙区にこだわり、出馬して落選した。ベバンが翌六〇年七月に死去すると、その地盤、ウェールズ南東部のエブ・ベール選挙区を引き継いだ。この年の一一月の補選で議員に返り咲き、党幹事長の役職に就いた。ちなみに、フットは後にベバンの伝記を執筆し、最も重要な文学的業績となる。

一九六一年、国防費を巡り、ヒュー・ゲイツケル党首と対立したことから、役職を解かれ、労働党を二年間追い出された。ゲイツケルが急死し、ハロルド・ウィルソンが党首となり、一九六四年に院内幹事の地位に復帰したが、フットは、ウィルソンが欧州経済共同体（EEC）入りを模索したことなどに反発したため、内閣入りは実現しなかった。フット自身も役職就任を拒否した。

一九六三年一〇月に自動車事故に遭い、脚と肋骨が折れた。この事故で喘息はなくなったと言われているが、その後はつえを使って歩くことを余儀なくされた。

フットは、通貨政策、鉄鋼の国有化、ベトナム戦争、ローデシア問題（筆者註：現ジンバブエで一九六〇〜七〇年代、旧宗主国イギリスが黒人の参政権を認めて独立を促すと、地元の白人政権がこれに反発し、紛争に発展した問題）への対応でことごとく労働党執行部と対立した。一九六六年の総選挙で、労働党が勝利し、保守党との議席差を拡げると、フットら左派は政権中枢から遠ざけられた。

一九七〇年六月一八日の総選挙で、ウィルソン労働党政権が敗れ、保守党が勝利すると、党内左派勢力からフットの政治力を求める声が強まった。一九七一年一〇月、ウィルソンはフットを影の下院議長に指名した。翌七二年、副党首選に出馬し、敗れたが、左派を代表する下院議員として存在感を示した。

初入閣は、ウィルソン内閣終盤の一九七四年三月に雇用相となった時で、すでに六〇歳だった。その仕事は、炭鉱労働者のストをやめさせることだった。登録した労組だけにスト権を認めるエドワード・ヒース政権の労使関係法を廃止し、労組労働関係法を成立させ、労組に法的地位を与えた。一九七五年には、雇用保護法を成立させ、不当な解雇を制限させた。この二法は、ウィルソン政権の雇用政策の目玉となった。

欧州共同体（ＥＣ）に残留するか否かを問う一九七五年の国民投票では、閣僚ながら、残留反対の立場を取り、その姿勢はぶれなかった。ウィルソン辞任後の党首選に出馬し、候補六人の中で、第一回目の投票で、左派の支持を受けてトップに立った。決戦投票では、キャラハンに敗れたが、その後は下院議長を務めた。一九七六年、丸石を投げられる事件があり、その後遺症で片目の視力を失った。

一九八〇年一一月の党首選で当選した時、党首討論で対峙した首相兼保守党党首はマーガレット・サッチャーだった。サッチャーはフットを「教養人で礼儀正しい紳士」と形容したが、産業国有化や一方的核兵器廃絶といった政策を「破滅的」とこき下ろした。

フットは一九八三年の総選挙で敗北すると、一議員に戻り、一九九二年の総選挙まで在職した。引退後、回顧録の執筆を本格化させ、総選挙を振り返った著書など二〇冊を書いた。

フットは「マルクス主義者であることに問題はない。彼らの視点は民主的な議論の中で極めて重要だ」と発言し、労働党左派の代表格として知られる。その一方で、人間味があり、優しさがあり、党員に愛された。党内では人気のある政治家の一人だった。政治の現場以外で他人の悪口を言うことはなかったと言われている。うまく立ち回り、党内の出世街道を上って閣僚になる「フロントベンチャー」でなく、思う所を自由に訴える「バックベンチャー」とみられていた。内閣の方針にとらわれず、機知と論理にあふれた演説を行った。フットと論争を演じた北アイルランドのアルスター統一党（UUP）のエノック・パウエルは、「我々の時代で傑出した議会人」と称賛した。

子どもはいなかった。ジル夫人は一九九九年一二月、八五歳で死去した。フットは二〇一〇年三月、九六歳で死去した。

トニー・ベン

（一九二五～二〇一四年、科学技術相：一九六六～七〇年、産業相：一九七四～七五年、エネルギー相：一九七五～七九年）


裕福な政治家の家系に生まれ、中道派から左傾化して党内で存在感を示し、一九七〇～八〇年代の労働党左派を代表する政治家となった。

一九二五年四月、ロンドンで生まれた。正式な名前は、アンソニー・ニール・ウェジウッド・ベンだ。祖父は自由党所属の下院議員、父ウィリアムは自由党から労働党に移籍した下院議員で、後に爵位を得て世襲の上院議員となった。母マーガレットは、女性の権利のために戦った活動家だった。父の活動の関係で、少年時代にインドの独立指導者マハトマ・ガンジーと話す機会を得たようだ。

エリザベス一世が創設した伝統あるパブリック・スクール「ウェストミンスター校」を卒業後、オックスフォード大学の哲学・政治・経済専攻科に進学し、討論クラブ「オックスフォード・ユニオン」の代表を務めた。後に妻となるアメリカ人のキャロリンに会ったのは大学だった。ちなみに、後に保守党の首相を務めるマーガレット・サッチャーとは同年代で、同じ大学に通ったが、サッチャーは「オックスフォード・ユニオン」に入れなかった。

ベンはＢＢＣ（英国放送協会）に勤めた後、一九五〇年にブリストル南東選挙区の補選に出馬し当選し、わずか二五歳で最年少の下院議員となった。当時は「急進的な考えを持った中道右派」の立ち位置だった。

父が一九六〇年に死去すると、上院議員の世襲問題が起こる。ベンの兄が戦死していたため、ベンが継承しなければならず、その場合、下院議員を辞職する必要が出てくる。ベンは自ら辞職した選挙区の補選に出馬・当選したが、裁判所はこれを認めなかった。このため、ベンは、世襲貴族が一代限りで爵位の返上を認める貴族法案を提出し、一九六三年に可決された。

一九六四年にハロルド・ウィルソン内閣が誕生すると、ベンは郵政公社総裁に起用された。切手からエリザベス女王の肖像画を削除しようとしたが、実現しなかった。二年後には科学技術相に転じ、フランスと超音速旅客機コンコルドの開発を担当した。

労働党が野党に転じた一九七〇年、ベンはエドワード・ヒース保守党内閣の欧州統合路線に反対する活動に力を入れた。一九七四年に誕生した第二次ウィルソン内閣では産業相に起用されるが、ウィルソンが主張する欧州共同体（ＥＣ）への残留には反対した。結果として、国民投票で残留賛成が多数となり、ベンはエネルギー相へ「降格」となった。それ以来、ベンはウィルソンとの対決姿勢を鮮明にする。

一九七六年、ウィルソンが辞任した後の党首選に出馬した。第一回投票で六人中四位となり、一位だった統合懐疑派のマイケル・フットへの支持に回ったが、フットは最終投票でウィルソンが推すキャラハンに敗れた。ベンは以後、強硬左派の主張を強め、産業国有化、ECからの脱退、上院廃止を明確に掲げるようになる。社会主義革命を理論化した旧ソ連の政治家レフ・トロツキーを信奉し、リバプールやロンドンで一定の勢力を持つ「ミリタント派」（筆者註：労働党内で社会主義革命を目指す一派で、ミリタント誌が名称の由来。過激な闘争方針により党執行部より退けられ、一九九一年に党とたもとを分かった）がベンの支持基盤となった。

党内のベン派は、キャラハンが一九七九年の総選挙で敗北したことを受けて行われた翌八〇年の党首選で、フットを支持し、勝利に貢献した。一九八一年の臨時党大会では、党首選出の投票権を労組や選挙区の党組織に拡大する議案の可決に動いた。

ただ、ベンの主張は一般的な支持を得るには至らなかった。特に、一九八二年のフォークランド紛争で、英軍の派兵に反対したことから、メディアの猛反発を招き、翌八三年の総選挙で議席を失い、その後一年間の浪人生活を送った。一九八八年の党首選に出馬したが、ニール・キノックに大敗し、もはや党の中道化を阻止することはできなかった。

二〇〇一年、「政治にもっと時間を割くため」という理由で、ほぼ半世紀務めた下院議員を辞職した。この年に起こったアフガニスタン戦争や二年後のイラク戦争では英軍の派兵に反対した。二〇一四年に死去した。

ニール・キノック

Neil Kinnock（一九四二年〜、党首：一九八三〜九二年）

「理性的にみえる過激な左派」と呼ばれた強硬左派はやがて、政権を獲得するために中道寄りとなったが、党内改革を断行しきれなかった。

一九四二年、ウェールズ南部に生まれた。父ゴードンは鉱山労働者だったが皮膚病を発症し、製鉄工場に転職した。母メアリは同じ地域に住む看護師だった。夫婦とも労働党支持者で、キノックの政治に関する最初の記憶は、ゴードンに連れられ、国民保健サービス（ＮＨＳ）を創設したアナイリン・ベバンの演説を聞きに行った時だった。キノックは以来、ベバンを理想の政治家として仰いだ。

両親の影響で、早くから政治に目覚め、一五歳で労働党に入党した。高校での成績は今一つだったが、熱心な受験勉強のおかげで、カーディフ大学に入学した。在学中に学生運動に身を投じ、南アフリカのアパルトヘイト（人種隔離政策）に反対し、収監されていた政治指導者ネルソン・マンデラの釈放を訴えた。大学学生自治会の会長を務め、演説の技術を高めた。カーディフを地元にしていたジェームズ・キャラハンの選挙も手伝った。在学中に、鉄道作業員の娘だったグレニス・パリーと知り合い、一九六七年に結婚している。

卒業後に、成人教育を行う慈善団体「労働者教育協会」で経済学の教員を務めた後、一九七〇年の総選挙で労働党が強い南ウェールズのベドウェルティ選挙区（後のイスウィン選挙区）から出馬し、二八歳の若さで下院議員に初当選した。現職の労働党議員が次期下院選に出馬しないことを表明し、党内での公認候補争いに競り勝った結果だった。キノックは選挙戦で、巧みな弁舌で聴衆を魅了したという。父からは「国会議員として重要なことは、原理原則を守ることだ」との忠告を受けていた。

キノックは登院後、左派の有力派閥「トリビューン・グループ」に所属した。ＮＨＳ政策で保守党を強烈に批判し、論客ぶりを発揮したが、地元選挙区に頻繁に帰っていたため、登院率はかなり悪かったようだ。欧州共同体（ＥＣ）への残留の是非を問う一九七五年の国民投票では、残留反対運動を展開したが、結果は賛成が多数派となった。

ただ、立ち回りが良く、党内では順調に出世していく。一九七八年には、労働党の執行機関・全国執行委員会委員となって党幹部の仲間入りし、二年後の党首選でマイケル・フットの当選に貢献したことから、影の教育科学相に指名された。政治信条として、左派から徐々に中道寄りへのシフトがみられる。政策の実現には政権獲得が必要で、そのためには広汎な支持を得る必要があるとの主張を掲げた結果だった。キノック自身、「忠誠心は素晴らしい資質だが、度が過ぎると政治的には墓穴を掘ることになる」としており、従来の政策に固執せず、政策転換を柔軟に行う必要性を説いている。政治家として首相を目指すとも公言した。

一九八三年、フット辞任後の党首選では、フットは三年前に自らを支援したキノックへの支持を表明した。キノックが圧倒的多数で選出された時、わずか四一歳だった。党内左派勢力をけん制し、穏健な政策で一般有権者の支持を集めようとしたが、一九八七、九二年の二回の総選挙で党を勝利に導くことができなかった。

キノックは一九九二年四月に党首辞任を発表した。その後は、欧州共同体（ＥＣ）の欧州委員（運輸担当）となり、通貨ユーロ導入の検討を訴えた。この時すでにかつての左派の面影はなかった。二〇〇五年に終身の上院議員に転じた。一線を退いた後も政治には関わり続けた。欧州連合（ＥＵ）からの離脱の是非を問う二〇一六年の国民投票に際しては、元労働党党首のトニー・ブレアやゴードン・ブラウンらとともにＥＵ残留を訴える公開書簡を発表した。

妻のグレニスは一九九四～二〇〇九年、欧州議会議員を務め、二〇〇九年にブラウン内閣で、欧州担当相に就任するとともに、終身の上院議員となった。夫婦そろっての上院議員は異例だ。息子のステファンは二〇一五年に労働党の下院議員となり、二〇一一～一五年にデンマーク首相を務めたヘレ・トーニング・シュミットと結婚している。

ジョン・スミス

John Smith　（一九三八～九四年、貿易相：一九七八～七九年、党首：一九九二～九四年）

次期首相候補と言われ、労働党の人気者だったが、五五歳の若さで心臓発作に襲われ、志半ばで帰らぬ人となった。

一九三八年九月、スコットランド西部の村ダルマリーで生まれた。父が校長を務めた小学校に通い、その後、地元ダヌーンのグラマー・スクール、さらにグラスゴー大学に進学した。卒業後、スコットランドで弁護士となった。

下院議員となったのは三一歳の時だ。一九七〇年六月の総選挙で、スコットランドの北ラナークシャー選挙区から出馬して当選し、一九八三年に選挙区が東モンクランド選挙区に再編されるまで連勝した。

党内では一貫して右派の立場を貫き、一九七一年には党幹部の命令に反し、保守党政権の欧州共同体（EC）加盟申請を支持した六九人の労働党議員のうちの一人となった。一九七四年の総選挙でハロルド・ウィルソンが首相に返り咲くと、エネルギー省の政務次官に抜てきされ、一九七八年には後継のジェームズ・キャラハン首相の下で貿易相に起用された。

一九七九年の総選挙敗北後、通商、エネルギー、雇用、財務など影の閣僚を歴任した。一九八三年の党首選で、ニール・キノックと争ったロイ・ハタースリーの選挙責任者を務め、キノックとは緊張関係にあったが、キノックは党内融和のため、スミスを遇し、スミスもこれに応えた。実際、一九九一年、キノックに政権交代の能力が欠けるとみたブレアは、影の財務相だったスミスに対し、キノックに辞任を迫ることを求めたが、スミスは「今はその時期ではない」と自制した。

一九九四年五月一一日夜、スミスはロンドンで演説し、「我々は国家に奉仕することを求めている」と訴え、次期総選挙での勝利と政権獲得に意欲を示した。翌一二日の早朝、ロンドンの自宅で心臓発作に襲われた。妻エリザベスが救急車を呼び、病院に搬送される途中で二度目の発作に襲われ、死去した。週末は故郷スコットランドの中心都市エディンバラで家族と過ごす「良き父親」だっただけに、妻と三人の娘は悲嘆に暮れた。

ずんぐりした体型で学者や銀行家のような外見だった。決断力のある政治家と言われ、好感度も高かったため、与野党を問わず、その死を惜しむ声が相次いだ。

トニー・ブレア

Tony Blair（一九五三年〜、党首：一九九四〜二〇〇七年、首相：一九九七年五月〜二〇〇七年六月）

アンソニー・チャールズ・リントン・ブレアは一九五三年五月、スコットランド・エディンバラで父レオと母ヘイゼルの次男として生まれた。兄ウィリアムに次ぐ二番目の子どもだった。レオは母親と俳優との間に生まれた子どもで、グラスゴー西郊外のゴバン造船所の整備工だったジェームズ・ブレアの養子となり、ブレア姓となった。エディンバラ大学法学部で学びながら、税務署で働いていた時、ヘイゼルと出会った。ヘイゼルは、アイルランド北部バリーシャノン出身で、控え目な性格で、後にレオを支える家庭的な妻となった。

ブレアが二歳になろうとしていた時、一家は、オーストラリア南部アデレードに移住した。税務署勤務だったレオが、アデレード大学で法学講師の職を得たためだ。そこで妹サラが生まれた。三年半を過ごした後、帰国した。グラスゴー郊外で過ごした後、イングランド北東部ダーラムに移った。レオはダーラム大学で講師となった。レオは保守党員であり、学者から弁護士となり、一九六四年の総選挙に出馬する準備を進めていた。一家には車が二台あり、休暇はヘイゼルの出身地アイルランドで過ごすことが多かった。

ブレアは八歳の時、ダーラムにある小学校「コリスター・スクール」に入学する。一五世紀に開校した歴史ある私立学校で、他の子どもたちと同様、サッカーやラグビーに明け暮れた。自伝によると、少年時代に勇気の大切さを学んだ。一〇歳のころ、この学校でいじめを受けていたブレアはある日、学校の校門で腹をくくり、いじめっ子に「やめなければ、殴るぞ」と迫った。以後、いじめはなくなったという。

一一歳の時、突然不幸が襲った。レオが心臓発作で倒れた。まだ四〇歳で、過労が原因だった。政治的野心は一瞬にして潰えてしまい、療養生活を余儀なくされた。弁護士としての報酬はなくなったが、大学が給料を払い、家族は何とか生活できた。

ブレアは一三歳になる年、エディンバラの私立寄宿学校「フェティス・カレッジ」に入った。息子に最高の教育の機会を与えたいと願うレオが勧めた有名校だった。

一九七二年、オックスフォード大学のセントジョンズ・カレッジに進学した。母方の実家から得た支援金と奨学金が大学進学を可能にした。法律家になることを目指して法律の勉強に励んだ。しかし、熱中したのはロックバンドだった。ロック・グループ「ローリング・ストーンズ」のボーカル、ミック・ジャガーのファンだったブレアは、バンド「アグリー・ルーマーズ（醜い噂）」を結成し、自らボーカルとなった。長髪でヒッピーのような服装で、権力や体制に反抗する当時の若者の一人だった。

大学時代に影響を受けた人物がいた。オーストラリア出身の留学生だった英国国教会牧師のピーター・トムソンだった。メルボルンのリドリ・カレッジで学び、聖職者として務めた後、オックスフォード大学に留学していた。キリスト教が目指す社会を実現するため政治を活用すべきという主張は、ブレアをとらえていった。自宅に招かれ、生きるべき道について議論し、読むべき本を紹介してもらった。そうした交流の中で、トムソンのキリスト教的社会主義とも呼ばれる思想に興味を抱いた。

大学卒業後、社会人になる前の猶予期間「ギャップ・イヤー」をフランスで過ごした。就職する前に社会体験を積む期間で、パリのカフェでアルバイトをしながら、フランス語を学んだ。その後、法廷弁護士を目指し勉強し、弁護士試験に合格した。当時注目株の法廷弁護士、デリー・アーバインの事務所で司法修習を始め、休みなく働いた。アーバインが労働党員だったことから、後に労働党党首となるジョン・スミスら党の有力者と知り合うことができた。そして、この事務所で働いていた同僚のシェリー・ブースと出会い、実家に招いたり宗教を語り合ったりして交際を続け、二年後に結婚する。ブレアのプロポーズの言葉は「シェリー、僕たち結婚すべきだと思う」だった。「この人と人生を歩んで退屈することはない」と思ったシェリーは受け入れた。

ブレアはこの頃、政治への興味が芽生え始める。大学時代に親好を深めたトムソンからの影響とともに、一六歳で労働党に入党していたシェリーが下院議員を目指したことに刺激を受けた。

一九八二年、ブレアは、ロンドン郊外のベーコンズフィールド選挙区の補選に出馬した。しかし、イングランド南西部は保守党が強い地域で、労働党には勝ち目がなかった。多くの人がブレアに出馬しないように忠告したが、スミスはブレアに出馬を薦めた。注目を集めれば、次回総選挙で知名度を上げることができるというのが理由だった。結局、落選したが、選挙戦を通じて、労働党内の有力者と面識を得ることができた。

総選挙が近づいた一九八三年五月六日は、ブレアの三〇歳の誕生日だった。誕生日パーティーで、イングランド北部のセッジフィールド選挙区で候補者が決まっていないことを知った。この選挙区の地域は、炭鉱労働者が多く、「安全区」と呼ばれる労働党の強い地盤だ。立候補するには、セッジフィールド選挙区内の各地区支部から指名を受ける必要があるが、トリムドン地区だけは指名が決まっていなかった。翌七日、トリムドン地区の労働党責任者、ジョン・バートンの自宅を訪れた。政治的地盤もなく、出馬する選挙区を求めてさまよう「難民」だったブレアは、バートンら党地区支部員四人が、テレビのサッカー観戦が終わるのを待ち、その後に支持を訴えた。バートンにとって新鮮だったのは、ブレアが、非核化と欧州統合反対という旧来の党の方針を強烈に批判したことだ。党の将来を担う人材と見抜いたバートンらは支持を決め、ブレアは七人による党の公認候補選びを勝ち抜いた。そして、六月九日に初当選を果たした。

この選挙後、ニール・キノックが労働党党首に選出された。ブレアは雇用やエネルギー政策の担当となった。ブレアは一九八七年の総選挙で再選を果たしたが、党としては再び敗退した。キノックは翌八八年、若手の有望株としてメディアの脚光を集め始めていたブレアを影の雇用担当相に起用した。ブレアは次期総選挙で勝利するため、党首の交代が必要と考えた。党首の個性、人柄、魅力、指導力が政権選択の重要な要素となる中、キノックにはその資質が欠けると見ていた。

一九九二年の総選挙でブレアは三度目の当選を果たした。だが、労働党はまたしても敗北を喫した。総選挙で二回連続敗北したキノックは党首を辞任した。

この年の七月、スミスが党首に就任した。ブレアは、スミスから希望するポストを聞かれ、影の内相を選んだ。犯罪対策は元々、労働党ではなく、保守党の看板政策の一つだった。ブレアは、「犯罪に厳しく、犯罪の原因にも厳しく」というスローガンを掲げた。「犯罪に厳しく」は保守党が主張していたスローガンだったため、新しい労働党の姿を印象づけるものだった。

この頃になると、メディアは労働党の次期リーダーとしてブレアとゴードン・ブラウンを取り上げていた。ブレア自身は、党改革を進め、政権を奪還するという目標を慎重なブラウンが成し遂げることはできないと考えるようになった。

ブレアは一九九四年に党首となり、その三年後に首相となった。万年野党と化していた労働党を一八年ぶりに政権の座に押し上げ、様々な改革を実行した。その功績は、歴代党首の中でも異彩を放つ。

だが、首相・党首辞任後は悪評がつきまとい、就任前と辞任後でこれほど支持に落差のあった首相経験者は少ない。大量破壊兵器という最終的に根拠のなかった危機を理由にイラク戦争に突入し、英兵ら約一八〇人の死者を出したとの責任を問われたためだ。イラク戦争で死亡した兵士の遺族から次々に訴えられた。首相就任前は、「極めて清廉」と呼ばれ、私利私欲には縁遠い存在とみられてきたが、首相辞任後は講演や顧問料で莫大な収入を手にし、ロンドンに高価な不動産を購入し、豪華な暮らしをしているとみられている。世界の独裁国家とビジネス関係を築いているとの報道も相次いだ。

二〇一六年七月六日、イラク戦争参戦への経緯を調べた独立調査委員会（ジョン・チルコット委員長）の報告書が公表された。生物・化学兵器に関する諜報機関の情報収集が不十分で、誤った情報に基づきイラク政策が実行されたと断じた。さらに、二〇〇三年三月の開戦時にサダム・フセイン政権は差し迫った脅威ではなかったとし、ブレアのイラク政策を否定し批判する内容だった。ブレアはこれに対して記者会見し、「情報分析は誤っていた」としながら、サダム・フセインを排除したことで、「選挙で選ばれた正当な政府がある」とイラクの現状を正当化した。

ゴードン・ブラウン

Gordon Brown（一九五一年〜、党首：二〇〇七〜一〇年、首相：二〇〇七年六月〜一〇年五月）

社会的公正を政治信条に掲げ、早くからニュー・レーバー（新しい労働党）の旗手として注目を集めたが、優柔不断と言われる性格が政権維持の妨げとなった。

一九五一年二月、スコットランドのグラスゴーで、スコットランド教会の牧師だった父ジョンと、金物屋の娘だった母ジェシーの次男として生まれた。ジョンは、貧しい者に金銭を与え、病弱な人を気遣う優しい性格だったようだ。三年後、スコットランド南東部の町カーコルディの教会に移り、一家も引っ越した。町に洪水が起こると、ブラウンはジョンを助け、被災者に毛布や食糧を配った。ブラウンは「私は父から弱い人を助け、全ての人と平等に接する大切さを学んだ」と振り返っており、政治家として重視する社会的弱者への思いやりは、ジョンから影響を受けた。

同時に「始めたことはやり遂げなければならない」という教育を受け、物事に真面目に取り組む性格となった。頭脳明敏だったため、一六歳で名門エディンバラ大学に入学し、当時最年少の学生となった。ラグビーの試合で目を損傷し、視力を落とし、両眼とも網膜剥離と診断された。大学では歴史学で首席となる一方、学生新聞の発行に関わった。また、労働党員として活動した。

大学卒業後、エディンバラやグラスゴーの大学で講師やスコットランド・テレビの記者を務めた。インタビューする能力が優れていたと言われる。仕事と同時に、大学では「一九一八〜二九年の労働党とスコットランドの政治的変化」で歴史学の博士号を取得した。

早くから政治への関心を示し、一九七四年の総選挙では、エディンバラで立候補したロビン・クック（後の外相）を応援した。一九七九年の総選挙には自ら出馬し落選したが、一九八三年の総選挙で地元のダンフェルムライン東部選挙区から初当選を果たした。同期当選だったトニー・ブレアと親交を深め、やがて二人は社会民主主義路線に市場経済を取り込んだ「第三の道」への志向を強めるようになる。ブラウンは「新たな時代の公正なイギリスを」と呼びかけてきたが、市場原理を導入して経済を刺激した上で、その富を公平に行き渡らせる社会の構築を描いていた。

一九八七年にニール・キノック党首の下、影の財務次官として影の内閣入りし、マーガレット・サッチャー政権のナイジェル・ローソン財務相と互角に渡り合い、メディアの注目も高くなった。一九八九年に影の通産相、九二年にはジョン・スミス党首の下で影の財務相を務めた。影の閣僚時代に、米民主党議員と意見交換するうちに、さらに自由主義経済の利点を見出したと言われる。

政治家としては、綿密に準備し、よく議論して決断を下すタイプだ。しかし、時には優柔不断との批判を受けた。友人でもありライバルでもあったブレアは次のエピソードを紹介している。一九九二年の総選挙での敗北を受け、キノックが辞意を表明した後、ブレアはブラウンを地元に招き、「リーダーはつかみ取るものだ」と党首選への立候補を迫った。その時、ブレアは党首選出馬を検討していたスミスに支援を求められたため、ブラウンとスミスの二人で決めてもらうよう頼んだところ、改めてスミスから連絡があり、「ブラウンと話し、ブラウンは私につくことになった」と伝えてきた。ブレアは、「勝負を決断できないブラウンに失望した」という。

ブラウンは一九九四年の党首選でも、人気を上げていたブレアに出馬を譲り、ブレアへの支持に回った。この経緯について、ブレアが首相辞任後にブラウンに政権を禅譲する密約説が流れた。これはブラウン自身が二〇一〇年に認めることになる。予想通りブレアが党首に選出されると、ブラウンは影の財務相に起用された。

一九九七年に誕生したブレア政権下で、ブラウンは財務相となり、イングランド銀行に金融政策の決定権を譲った。政府が金利を自由に操り、支出を拡大させて財政を破綻させるのではないかという市場の懸念を払拭した。ただ、一九九九年以降は、医療、教育、海外支援の予算を増額し、政府借入額も膨らんでいくことになる。海外支援では、二〇〇五年に、欧州諸国が発展途上国支援を倍増する合意を取り付けた。

ブラウンはこれまで仕事一筋で、最も力のある独身男性の一人と言われたが、四九歳となった二〇〇〇年、広告会社を運営していたサラ・マコーリーと結婚した。一九九四年にロンドンからスコットランドに向かう機内で知り合い、以後、親密な関係になったようだ。結婚後に生まれた長女を生後一〇日で亡くす不幸を経験した。その後、息子二人に恵まれた。このうち一人は、嚢胞性線維症の障害を持っていたが、公には話さなかった。ブラウンはその後、「私は一人の父親だ。それほど重要なことはない」と述べるようになり、教育政策にさらに熱意を示すようになる。

ブレアとの確執を経て、二〇〇七年にようやく政権を握ったが、金融危機やスキャンダルに見舞われ、支持率は低下の一途をたどった。また、総選挙実施を先延ばしにしたとして「意気地なし」のレッテルをはられた。結局、二〇一〇年の総選挙で敗れ、党首を辞任すると表明した。「失敗した首相」と呼ぶ声もある。

ブラウンは二〇一二年、世界教育に関する国連特使に任命され、ライフワークとも言える教育問題に取り組むようになった。二〇一四年一二月には、翌一五年五月の総選挙には出馬せず、政界引退を表明したが、その後も国外で教育問題などについて活動した。

一方、これまで『国家主義と権限委譲の政治』や『私のスコットランド、私たちのイギリス、共存する将来』といった著作を発表してきた。特に、近年では、イギリスにおける故郷スコットランドの役割を強調しており、スコットランド独立の是非を問う二〇一四年の住民投票では、独立反対を訴えた。

イギリスの欧州連合（EU）加盟の是非を問う二〇一六年の国民投票では、「私はEUの支持者である」と加盟継続を呼びかけた。しかし、結果は加盟反対が多数となった。ブラウンは引退後、スコットランドで多くの時間を過ごすが、欧州の中のイギリス、イギリスの中のスコットランドの枠組みが故郷に繁栄と安定をもたらすとみている。

エド・ミリバンド

Edward Miliband（一九六九年〜、党首：二〇一〇〜一五年）

エリートの兄デイビッドの後を追いかけてきた弟が、兄との戦いに勝って党首となった。だが、首相にはなれずに辞任し、兄弟関係に後味の悪さを残した。

著名なマルクス主義者ラルフ・ミリバンドと妻のポーランド系ユダヤ人マリオン・コザックの次男として、一九六九年一二月、ロンドンで生まれた。ラルフは、ポーランド出身の両親の下、ベルギー・ブリュッセルで生まれ、一九四〇年にナチス・ドイツの占領によりイギリスに逃れ、後にマルクス理論に詳しい社会学者として活躍した。母マリオンも人権擁護や核兵器廃絶を訴える活動家だった。このため、政治家のケン・リビングストンや歴史家のロビン・ブラックバーンら左派の著名人が自宅に出入りし、政治議論を戦わせていた。ルービックキューブの名手で、父の知人の政治家を驚かせていたというミリバンドは、幼い時から政治に囲まれて育った。特にマリオンの影響を受けたと言われている。

ミリバンドは、ロンドン北部の公立の総合制中学校（コンプリヘンシブ・スクール）で学び、バイオリンに熱中した。オックスフォード大学で哲学・政治・経済を学びながら、学生活動も行い、「学問よりも政治の方が好きだった」と振り返っている。その後、ロンドン・スクール・オブ・エコノミクスにも進学し、経済学を極めた。テレビ記者だったこともあったが、政治家を目指し、左派の闘士トニー・ベンの事務所で働いたこともある。やがて、労働党の調査員として働く中で、国会議員のハリエット・ハーマンと知り合い、そのスピーチ・ライターを務めた。

その軌跡は、オックスフォード大学を出て、労働党の政治家となった兄デイビッドと重なる。デイビッドは、トニー・ブレア首相に抜擢されたが、ミリバンドは、ブレアのライバルだったゴードン・ブラウン財務相に見出され、側近として経済担当補佐官となった。当時のブレア派とブラウン派の対立について、「私はナンセンスな争いの調停役だった」と振り返っている。

米ハーバード大学で一年間、欧州学を研究した後、二〇〇五年の下院選に出馬して初当選した。二〇〇七年六月発足のブラウン政権で、三七歳の若さで内閣府担当相（筆者註：内閣の業務全体に責任を持つ閣僚）に起用された。二〇〇八年一〇月の内閣改造では、新設されたエネルギー・気候変動担当相となり、第一五回気候変動枠組み条約締約国会議（COP15）でイギリス代表となった。デイビッドはブラウン政権で外相となり、次期党首の呼び声が高くなった。兄の知名度に追いつかないミリバンドは会合のたびに「もう一人のミリバンドです」と自嘲気味に自己紹介していた。

二〇一〇年に、総選挙敗北の責任を取って辞任したブラウンの後任を決める党首選に出馬し、デイビッドと争い、勝利した。兄弟の争いは家族に禍根を残した。デイビッドは、弟から影の閣僚のポストを打診されたが、これを断った。政界からの引退を決め、米ニューヨークに拠点を置く民間活動団体（NGO）「国際救済委員会」を主宰したのは、弟と対立しているとの憶測を避けるためだったとみられる。母マリオンは、「息子たちが政治でなく、大学の世界に進んでほしかった」と話したという。

ミリバンドは当初、支持率の低迷に悩んだが、二〇一五年に党首として初めて指揮した総選挙を前に人気を集め、善戦が予想された。しかし、結果は議席を減らして敗北し、「私が全面的に責任を追う」として、党首を辞任した。この時、四五歳だった。ただ、その後も下院議員を続け、ケア・スターマー党首より影のビジネス・エネルギー・産業戦略相に任命された。

私生活では、ブレアの側近だったリズ・ロイドと付き合っていたが、一九九八年までに別れ、二〇〇四年には、かつて子役として知られた弁護士、ジャスティン・ソーントンと出会い、ロンドン北部で一緒に暮らし始めた。二〇一一年五月に結婚し、二人の間にはダニエルとサミュエルという二人の息子がいる。

ジェレミー・コービン

Jeremy Corbyn（一九四九年～、党首：二〇一五～二〇二〇年）

一九四九年五月二六日、英南部チッペンハムで生まれ、近くの村キングストン・セント・ミチェルで育てられた。父デイビッドは電気技師で、ソ連で働き、ロシア語を学んだ。南部バークシャー州で育った母ナオミは、女子学生が少なかった時代にロンドン大学で学び、グラマー・スクールの数学教師となった。二人は、スペインで独裁を敷いたフランシスコ・フランコ政権の打倒を目指す会合で出会い、左翼の知識人としてお互いを認め合った。自宅は本でいっぱいだった。コービンは四男だった。ナオミの政治への関心は子どもたちに影響した。兄のアンドリューとピエールはイギリス共産党に入った。

コービンの子どもの時のあだ名はジェリーだった。七歳の時、一家は英中部シュロスシャー州ペイブレインに引っ越した。比較的大きな家に住み、上品な制服を着て、キャスル・ハウス校から、アダムズ・グラマー・スクールに通った。ラグビーを好んだが、ラガーマンというよりは、「残酷なスポーツに反対する」と訴えていたという。少年時代から政治に興味を持ち、動物愛護の活動に関わった。一九六六年には、その八年前に発足した「核兵器廃絶運動（ＣＮＤ）」に参加し、副議長三人のうちの一人となった。

その後、大学入学前の猶予期間「ギャップ・イヤー」のプログラムとして、「国外ボランティアサービス」に登録し、ジャマイカに向かった。コービンは、地理の教師をしながら、貧困の現実を目の当たりにするとともに、ベネズエラを独立に導いたシモン・ボリバルやキューバ革命の英雄チェ・ゲバラの半生を知り、社会改革の必要性を痛感した。その現状を詩に書き、政治・文化雑誌『ニュー・ステイツマン』に投稿した。

一九七一年に帰国後、地元のシュロスシャー州に戻り、豚農場で働き、この経験から菜食主義者になった。自分でパンやケーキを作り、地元の人々にジャムを配った。

一九七二年にロンドンに引っ越し、母ナオミの勧めもあり、ロンドン北部の技術大学に進学した。著名な歴史家のアラン・ジョン・パーシバル・テイラーが教えていた労働組合学を選択し、北アイルランドのカトリック系、シン・フェイン党やレバノンの武装組織ヒズボラに興味を抱いた。だが、授業の内容を巡って教員と対立し、大学を退学した。

その後、左翼運動に関わり、二五歳だった一九七四年、ロンドン北部のハリンゲイ議会議員に選ばれ、一九八三年まで続けた。公務員や服飾職人の組合職員としても働き、ロンドンの地区労働党の書記となった。また、労働党の政治月刊誌『ロンドン・レーバー・ブリーフィング』の編集幹部になった。

ロンドンに引っ越してから、郊外の北フィンチェリーで自ら野菜を育てた。また、服装は格安店で一ポンドの上着を買い、服の仕立屋の労組に関わった。

トニー・ベンは恩師であり、ベンが一九八一年、現職のデニス・ヒーリー副党首に挑んだ副党首選で支援したが、ベンは敗れた。

一九八三年の総選挙で、労働者が多い労働党の地盤、イズリントン北部選挙区から出馬し、保守党候補を破り、当選した。

政策としては、産業の国有化、国民保健サービス（ＮＨＳ）の公共化、一方的な核兵器の廃絶などを掲げた。中でも鉄道の国有化と核兵器廃絶には熱心だった。二〇一五年二月、他の議員とともに、鉄道の再国有化をエド・ミリバンド党首に求めた。同性愛者の権利のためにも戦った。南アフリカのアパルトヘイト（人種隔離政策）に反対し、ロンドンの南アフリカ大使館前で抗議活動を行い、一九八四年に逮捕された。一九八四―八五年の鉱山労働者のストも支持した。マーガレット・サッチャー政権が人頭税導入を表明すると、その反対運動に立ち上がった。一九九二〜九七年の野党時代には、社会保障特別委員会の委員を務めた。

外交では、シン・フェイン党との関係を築き、アイルランドの統一を支持した。北アイルランドのアイルランド併合を求めるカトリック系武装組織「アイルランド共和軍（ＩＲＡ）」が一九八四年、サッチャー首相を標的に、南部ブライトンのホテルで爆破テロを起こした後、コービンは、ＩＲＡとつながるシン・フェイン党のメンバーを下院に招いて批判された。コービンはその後も、ＩＲＡとの関係を疑われ、国内の諜報活動を行う国家保安部（ＭＩ５）の追跡対象にもなり、ロンドン警視庁と合同で、二〇年にわたり監視され続けたとの報道も出ている。

また、アメリカとイスラエルの中東政策には異論を唱えた。二〇〇一年のアフガニスタン戦争や二年後のイラク戦争に反対するなど一貫して反戦の姿勢を貫いた。二〇一三年には「ガンジー国際平和賞」を授与され、二〇一七年には、平和のための非政府組織を設立したアイルランドの政治家ショーン・マクブライドにちなんだ「ショーン・マクブライド平和賞」を受賞した。

党内では、労働党系雑誌『トリビューン』に執筆し、党内最大派閥となった「トリビューン・グループ」系議員と関係が深く、ベンを支持し続けた。共産党系新聞『モーニング・スター』にもよく記事を書いた。

コービンは、一九九七年にトニー・ブレアが中道路線を掲げて首相に就任すると、左派政治家として政権と一線を画し、最も反抗的な労働党議員と言われた。このため、閣僚級ポストを与えられず、議会でロンドン地域特別委員会委員（二〇〇九〜一〇年）、司法特別委員会委員（一〇〜一五年）を務めたぐらいで、政府要職からは遠ざけられた。

その主張は一貫しており、三〇年以上の議員生活で、党執行部の方針と異なる投票は二〇〇回以上と言われている。

異色議員でありながら、三〇年以上も当選を重ねたのは、選挙区に浸透したことが挙げられる。選挙区内の地方議員によると、コービンはすべての階層に人気があり、富裕層からも「ジェレミーは僕の友人だ、彼に投票するよ」と言われていたという。また、コービンの選挙区に隣接するイズリントン南部・フィンズベリー選挙区選出の下院議員によると、コービンは選挙区内の重要な人物のリストを作成し、一緒にコーヒーを飲むことを忘れない。メディア以外には、わめき散らすこともないという。

一方、コービンは反君主主義者で、王室をバッキンガム宮殿から「もっと地味な住まい」に移すよう提言したこともある。

結婚生活は波瀾万丈だった。最初の妻は、リンカーン大学教授で、労働党の地方議員だったジェイン・チャップマンで、一九七四年にロンドン北部ハリンゲイ市役所で結婚した。コービンは政治に時間を費やし、家庭生活はないに等しかったという。五年間で破綻したのは、コービンが子どもを望まなかったためとも伝えられている。

一九八七年にチリから亡命した外交官の娘クラウディア・ブラチッタと再婚した。アムネスティ・インターナショナルと協力し、左翼への人権侵害が指摘されたアウグスト・ピノチェト元将軍の訴追を目指す戦いの過程で知り合った。男の子三人に恵まれたが、一九九九年に離婚した。息子のベンジャミンの進学先について、クラウディアがグラマー・スクールを求めたのに対し、コービンは偽善者にはなりたくないという理由で地元の公立校を選んだことが理由だったようだ。コービンはオブザーバー紙に離婚の理由について、「性格の不一致だ。ベンジャミンの学校選択を巡る意見の違いだ」と打ち明けた。当時、労働者の代表であるべき労働党幹部の子息が、裕福なグラマー・スクールに通うことの是非が問われており、コービンの教育方針は多くの労働者の支持を得た。

二〇一三年、メキシコ生まれの人権派弁護士でコーヒー輸入業も営むローラ・アルバレスと結婚した。北ロンドンのフィンズベリー公園の近くで暮らしている。

また、車は運転せず、自転車で移動する倹約家で知られている。コービン自身は「お金はたくさん使わない。普通の生活を送る」と語っていた。二〇〇九年に一部の下院議員が、自宅改築費などの理由で莫大な議員経費を請求していたことが発覚したスキャンダルの際、経費請求額が最も低い下院議員がコービンだった。泥棒に入られた時も、高価なものがなかったと言われている。党首になってもバスで帰宅すると報じられた。

サッカーの英プレミアリーグのアーセナルFCの大ファンだ。トレードマークのひげから、議会の「年間ひげ賞（Parliamentary Beard of the Year）」に五回輝いた。

ケア・スターマー

Keir Starmer（一九六二年〜、党首：二〇二〇年四月〜）

絵に描いたようなエリート人生を歩んだ法曹家が、政権運営から遠ざかる最大野党の建て直しに挑む。

一九六二年、ロンドン中心部サザークで生まれた。父ロッドは工具職人、母ジョゼフィーンは看護師だった。幼少期から頭脳明晰だったようだ。小学校六年生での試験「イレブン・プラス」で優秀な成績を残し、英南部の名門「ライゲイト・グラマー・スクール」に進学した。さらにリード大学法学部に進み、首席で卒業すると、オックスフォード大学のセント・エドモンド・ホール校に進学し、卒業後は法廷弁護士となった。

人権法を専門とし、英領・北アイルランドの警察当局で人権アドバイザーを務めた。また、死刑廃止や虐待撲滅を訴え、アフリカやカリブ海諸国でも活動した。二〇〇八年には、検察庁長官に転じ、一八歳の少年三人が殺害された事件などを指揮した。検察庁長官は、弁護士として一〇年以上の経験を持つことが条件となっている。また、レイプや虐待を受けた被害者の保護を拡充する法改正に取り組んだ。二〇一三年に検察庁を退官し、翌一四年に爵位を与えられた。

政界進出は、二〇一五年の総選挙だ。引退する労働党議員の後任として、ロンドン中心部のホルボーン・セント・パンクラス選挙区に出馬し初当選を果たした。直後の党首選では、ジェレミー・コービンらと争った元保健相のアンディ・バーナムを支持したが、コービンに敗れた。コービンが、スターマーを影の内相で迎えたのは、挙党体制を築く狙いがあった。

しかし、スターマーは二〇一六年六月、欧州連合（ＥＵ）離脱の是非を問う国民投票後の党内紛争で、コービンに反旗を翻し、影の閣僚を辞任した。それでも、コービンは三カ月後の九月の党首選に勝利すると、スターマーを影のＥＵ離脱相に迎えた。スターマーは、国民投票でＥＵ残留に投票しており、保守党がＥＵ離脱を実現することを阻み、二度目の国民投票を目指すための人事だったと言われる。

スターマーは法曹界にしか身を置かなかった経歴から、庶民の苦労を知らないという批判にさらされるが、そのたびに「私は不正との戦いの一点に情熱を注いできた」と主張している。

二〇〇七年に事務弁護士のビクトリア・アレクザンダーと結婚し、息子と娘の二人の子どもに恵まれた。ロンドン北部で一億円を超えると言われる自宅で暮らしている。

主要参考文献

- 佐々木雄太、木畑洋一『イギリス外交史』有斐閣、二〇〇五年。
- ヘンリー・ペリング（小川喜一訳）『イギリス労働党の歴史』日本評論社、一九六七年。
- 関嘉彦『イギリス労働党史』社会思想社、一九六九年。
- 吉瀬征輔『英国労働党』窓社、一九九七年。
- 林信吾『これが英国労働党だ』新潮社、一九九九年。
- 谷藤悦史『赤いバラは散らない　英国労働党の興亡』一藝社、二〇一六年。
- ロバート・マッケンジー（早川崇、三澤潤生訳）『英国の政党（下）』有斐閣、一九七〇年。
- G・D・H・コール（林健太郎、河上民雄、嘉治元郎訳）『イギリス労働運動史Ⅱ』岩波書店、一九五三年。
- 栗田健『イギリス労働組合史論』未来社、一九六三年。
- エリック・ホブズボーム（鈴木幹久・永井義雄訳）『イギリス労働史研究』ミネルヴァ書房、一九八四年。
- 犬童一男『危機における政治過程　大恐慌期のイギリス労働党政権』東京大学出版会、一九七六年。
- 指昭博『イギリスの歴史』河出書房新社、二〇〇二年。
- 梅川正美、阪野智一、力久昌幸『イギリス現代政治史』ミネルヴァ書房、二〇一〇年。
- 川勝平太・三好陽編『イギリスの政治』早稲田大学出版部、一九九九年。
- 河合秀和『チャーチル』中央公論新社、二〇〇六年。
- クレメント・アトリー（和田博雄、山口房雄訳）『アトリー自伝』（上下）』新潮社、一九五五年。
- アンソニー・イーデン（湯浅義正、町野武訳）『イーデン回顧録（ⅠⅡ）』みすず書房、一九六〇年。
- マーガレット・サッチャー（石塚雅彦訳）『サッチャー回顧録（上下）』日本経済新聞社、一九九三年。
- トニー・ブレア（石塚雅彦訳）『ブレア回顧録（上下）』日本経済新聞社、二〇一一年。
- アンソニー・ギデンズ（佐和隆光訳）『第三の道　効率と公正の新たな同盟』日本経済新聞社、二〇〇〇年。
- 今井貴子『政権交代の政治力学　イギリス労働党の軌跡１９９４―２０１０』東京大学出版会、二〇一八年。

■竹下譲、横田光雄、稲沢克祐、松井真理子『イギリスの政治行政システム』ぎょうせい、二〇〇二年。
■田中琢二『イギリス政治システムの大原則』第一法規、二〇〇七年。
■リチャード・ヘファーナン（望月昌吾訳）『現代イギリスの政治変動　新労働党とサッチャリズム』東海大学出版会、二〇〇五年。
■君村昌、北村裕明『現代イギリス地方自治の展開　サッチャリズムと地方自治の変容』法律文化社、一九九五年。
■清田夏代『現代イギリスの教育行政改革』勁草書房、二〇〇五年。
■阿部菜穂子『イギリス「教育改革」の教訓』岩波書店、二〇〇七年。
■リチャード・キレーン（岩井淳、井藤早織訳）『スコットランドの歴史』彩流社、二〇〇二年。
■松尾太郎『アイルランド　民族のロマンと反逆』論創社、一九九四年。
■森ありさ『アイルランド独立運動史』論創社、一九九九年。
■中西輝政『大英帝国衰亡史』ＰＨＰ研究所、一九九七年。
■Andrew Thorpe, *A History of the British labour party*, New York : Palgrave Macmillan, 2008.
■Eric Shaw, *The Labour party since 1979 : Crisis and Transformation*, Routledge, 1994
■Henry Pelling, *A history of the labour party : 10th ed*, London : Macmillan Press, 1993
■Robert McKenzie, *British political parties : The distribution of power within the conservative and labour parties*, London : William Heinemann, 1955.
■Chris Cook, *A short history of the liberal party 1900-92 : 4th ed*, London : Macmillan Press, 1993
■Peter Clarke, *Hope and Glory : Britain 1900-2000*, London : Penguin Books, 2004.
■Peter Hennessy, *The Prime Minister the office and its holders since 1945*, London : Penguin Books, 2001.
■Stephen Wall, *A Stranger in Europe : Britain and the EU from Thatcher to Blair*, Oxford : Oxford University Press, 2008.
■Roy Jenkins, *Gladstone*, London : Pan Books, 2002.
■John Grigg, *Lloyd George : the people's champion 1902-1911*, London : Penguin Books, 2002.

- Richard Burgon, "Today's Labour Party reflects Keir Hardie's vision for change", *Morning Star*.
- Steven Brocklehurst, "Keir Haride : The man who broke the mould of British politics", *BBC*, 2015.
- Britannica, "Arthur Henderson", 2020.
- John Simkin, "George Barnes", *Spartacus Educational*, 2020.
- Kevin Morgan, *Ramsay MacDonald*, London : Haus Publishing, 2006.
- GOV.UK, "James Ramsay MacDonald",
- John Simkin, "William Adamson", *Spartacus Educational*, 2020.
- John Simkin, "John Robert Clynes", *Spartacus Educational*, 2020.
- John Simkin, "George Lansbury", *Spartacus Educational*, 2020.
- Chris Wrigley, *Churchill*, London : Haus Publishing, 2006.
- David Howell, *Attlee*, London : London,Haus Publishing, 2006.
- Francis Beckett, *Clem Attlee*, London : Politico's Publishing, 2007.
- John Bew and Michael Cox, *A man for all seasons : the life and times of Clement Attlee*, LSE, 2017.
- Aneurin Bevan,*In place of fear*,New York:Simon and Schuster,1952.
- BBC, *History, Aneurin Bevan*, 2014.
- John Simkin, "Ernest Bevin", *Spartacus Educational*, 2020.
- John Simkin, "Hugh Gaitskell", *Spartacus Educational*, 1997.
- Peter Catterall, *The Macmillan Diaries : The Cabinet Years 1950-1957*, London : Pan Books, 2004.
- Paul Routledge, *Wilson*, London : Haus Publishing, 2006.
- Anne Perkins, "Labour needs to rethink Harold Wilson's legacy. It still matters.", *The Guardian*, 2016.
- Harry Conroy, *Callaghan*, London : Haus Publishing, 2006.
- David McKie, "Lord Callaghan", *The Guardian*, 2005.
- BBC, "The Michael Foot story", 2010.
- BBC, "Obituary of Tony Benn", 2014.

- BBC, "Neil Kinnock", 2008.
- BBC, "1994 : Labour leader John Smith dies at 55", 1994.
- John Rentoul, *Tony Blair : Prime Minister*, London : Time Warner Paperbacks, 2002.
- Anthony Seldon, *Blair Unbound*, London : Simon & Schuster UK Ltd,2007.
- Alastair Campbell and Richard Stott, *The Blair Years*, London : Hutchinson, 2007.
- Melanie Phillips, *Londonistan : How Britain is creating a terror state within*, London : Gibson Square, 2006.
- D. R. Thorpe, *Alec Douglas-Home*, London : Politico's Publishing, 2007.
- Tony Blair, *A Journey : My Political Life*, New York : Alfred A Knopf, 2010.
- Mick Temple, *Blair*, London : Haus Publishing, 2006.
- Tom Bower, *Broken Vows*, London : Faber & Faber, 2016.
- Cherie Blair, *Speaking for Myself*, London : Little Brown, 2008.
- John Prescott with Hunter Davis, *Prezza : My story : pulling no punches*, London : Headline Review, 2008.
- Tom Bower, *Gordon Brown : Prime Minister*, London : Harper Perennial, 2007.
- Anthony Seldon and Guy Lodge, *Brown At 10*, London : Biteback Publishing, 2010.
- Michael Ashcroft and Isabel Oakeshott, *Call me DAVE*, London : Biteback Publishing, 2015.
- Brian Wheeler, "The Ed Miliband Story", *BBC*, 2015.
- Charlotte Edwardes, "Why Jeremy Corbyn epitomises the essence of posh radicalism", *Tatler*, 2017.
- Rosa Prince, "Jeremy Corbyn : full story of the lefty candidate the Tories would love to see elected as Labour leader", *The Telegraph*, 2015.
- BBC, "Labour leadership winner : Sir Keir Starmer", 2020.
- Evening Standard, "Who is Sir Keir Starmer and what is his background ?", 2020.
- その他、公的機関、政治組織、市民団体、高等教育機関、メディアなどの一般情報。

【へ】

エリザベス女王（Elizabeth II）
149,184,188,202,218,229,236,305

【オ】
オーエン（David Owen） 155
オズボーン（George Osborne） 229

【カ】
カウフマン（Gerald Kaufman）159,166
カズンズ（Frank Cousins）
116,118,130,134
カニングハム（Jack Cunningham） 174
カリントン（Peter Carrington） 157
カルザイ（Hamid Karzai） 206
ガンジー（Mahatma Gandhi）
69,304,325

【キ】
ギデンズ（Anthony Giddens）196
キノック（Neil Kinnock）
125,151,153,156,161,163,164,166,167,168,174,179,306,307,308,309,310,314,317,318
キャスル（Barbara Castle）
134,140,142,294
キャメロン（David Cameron）
125,213,217,218,222,223,225,227,228,229,238,239,240,241,242,243,245,246,248,254
キャラハン（James Callaghan）
100,126,127,129,131,133,140,142,143,144,145,146,147,148,149,153,154,159,262,296,297,298,299,303,306,307,310,348,349,350

〔キャンベル〕
キャンベル
（Alastair Campbell） 200,209,210
キャンベル・バナーマン
（Henry Campbell-Bannerman） 45

【ク】
グールド（Bryan Gould） 174
クック（Robin Cook） 174,185,208,317
クラーク（Kenneth Clarke） 176
クラインズ（John Robert Clynes）
31,46,54,56,65,72,77,276
グラッドストン（William Gladstone）
22,28,29,58,198,281
グリーンウッド（Arthur Greenwood）
77,79,80,81,87,110,293
グリフィス（James Griffiths） 91,113
クリプス（Stafford Cripps）
81,95,97,99,102,289,294
クリントン（Bill Clinton）
191,198,199,204,207
グレイ（Charles Grey） 58
クレッグ（Nick Clegg） 227,228,229
クロスランド（Anthony Crosland）
143,145
クロムウェル（Oliver Cromwell） 232

人名索引

事項索引

おわりに

イギリスのドキュメンタリー映画「一九四五年の精神（THE SPIRIT OF 45）」（二〇一三年）は、労働党のクレメント・アトリー政権が誕生した一九四五年、労働者のための改革が始まった経緯を描いている。戦後、窮乏生活を強いられる国民に対し、国民皆保険や無料の医療サービスを提供する政治力を「労働者のスピリッツ」として紹介し、日本にも伝わり、話題を集めた。労働者階級を描いた作品で知られる映画監督ケン・ローチは「今こそこの活力が必要だ」と訴えた。グローバル化の中で、その波に乗った勝者と乗れない敗者の格差が広がる中、困窮する民衆を救うため、野党にある労働党にアトリー時代の奮起を促したのだ。

映画が公開されてから八年が過ぎた。労働党はなお政権から遠ざかったままだ。二〇一九年に行われた総選挙でも、保守党に大敗し、少なくとも二〇二四年まで野党暮らしを強いられる可能性がある。「一九四五年の精神」は、野党暮らしのままでは結果を出せない。

それでは政権奪還には何が必要なのか。本書で概観した労働党一二〇年の歴史は、その糸口を示してくれている。

まず、労働党政権を率いたラムゼイ・マクドナルド、アトリー、ハロルド・ウィルソン、ジェームズ・キャラハン、トニー・ブレア、ゴードン・ブラウンの各党首は、伝統的な支持基盤である労組と距離を置いた。左派の労組は利益団体の一部にすぎず、国全体の政権運営を考えると、有権者の最大公約数の意向をくみ取る必要があるためだ。例えば、一九二六年五月の石炭労働者によるゼネストの際、党中枢の労働組合会議（ＴＵＣ）はストを支援したが、マクドナルドはそれに難色を示した。アトリーは、労組に影響力を持つアーネスト・ベビンと良好な関係を保つことで、自らの政策に労組を従わせた。ブレアは党綱領第四条の改正に乗り出し、左派の論理に支配されない党運営を目指した。

また、労働党では総選挙に敗北すると、党内左派が発言力を強める傾向がある。彼らは、敗北の原因として、旧来の支持層への呼びかけが不十分だったと訴え、中道派や右派を攻撃する。党大会では、急進左派の威勢のいい声高な主張が、敗北の冷静な分析を脇に押しやる。しかし、この動きは結果的に政権奪還を遠のかせることになる。一九七九年の総選挙でキャラハン政権が退陣した後、左派勢力によってマイケル・フットが党首に担ぎ出された。二〇一〇年の総選挙でブラウン政権が敗れると、労組の支持を受けたエド・ミリバンド、ジェレミー・コービンが相次いで党首に選出された。だが、いずれも次期総選挙での勝利につながらなかった。

労働党は議会、労組、社会主義団体など様々な組織から構成されるが、党勢が拡大するのは、下院議員団の議会労働党が主導権を握り、労組がそれを支持する場合だった。逆に左派に牛耳られる時期は政権を取れなかった。

さらに、支持基盤と社会の変化に注意が必要だ。労働党が二〇世紀に入って党勢を拡大したのは、党員と労組員が急激に増えたためだった。しかし、個人党員数は現在、一九五〇年代以降に減少して約四八万人だ。労働組合員は一九八〇年代以降下落し、現在はピーク時よりほぼ半減し六三五万人だ。

コービンが二〇一七年の総選挙で議席を伸ばしたのは、インターネットを通じて、党員でも組合員でもない若者の支持を集めたためだ。現代社会は労使間の階級闘争よりも、富の偏在が進行したことによる格差拡大が問題となる。だからこそ、格差社会であえぐ若者に向け、彼らが親しむソーシャルメディアを活用して党是を発信することが重要となる。

最後には、党首の資質を挙げたい。労働党は様々な組織の寄せ集めだったため、議会労働党の影響力は大きくなかった。だが、政権運営を重ねるにつれ、議会労働党のトップが党首として党の命運を直接左右するようになった。ウィルソンは当時、普及していたテレビを使い、経済政策への精通ぶりや、庶民的な親近感を伝え、党首としての能力と個性を強烈にアピールした。逆に、キャラハンやブラウンは、早期総選挙の憶測を打ち消し、延期したことで、決断力のない弱い指導者との印象を持たれ、再選にはつながらなかった。

結局、伝統的な支持基盤に依存し過ぎず、国全体の有権者の状況や社会の変化を読み取り、各層に響くPR手段を考え、党首が強力な指導力とメッセージを打ち出すことが肝要に見える。逆に、この方向性を取らなければ、党勢が一気に弱まることもあり得る。単純小選挙区制は政党の浮沈を激しくする。かつて保守党とともに二大政党の一翼だった自由党は、派閥争いと内部分裂により、一九三〇年代以降、急速に下院での議席数を減らした。現在の二大政党の保守党と労働党の合計得票率は総選挙のたびに減少しており、歴史ある大政党も安住していられない。実際、労働党は伝統的な地盤だったスコットランドで支持を失いつつある。

現在のケア・スターマー党首は世論調査で、保守党のボリス・ジョンソン首相に肉薄している。ただ、過去の教訓から、世論調査で圧倒的な差をつけなければ、総選挙での政権奪還は難しい。現状では、有権者から次期首相と認知されているとは言い難い。また、仮に政権を取ったとしても、歴史に残る業績を上げられるかは議会での議席数にも左右される。「一九四五年の精神」を体現したアトリーは後年、政権を維持し、改革を実行できた条件として、「下院では圧倒的多数、上院にも優秀な議員団を持っていた」点を挙げた。

イギリスの政党政治は、日本の議会制度改革の参考となり、世界の民主主義の発展にも影響を与えてきた。その一翼を担う労働党が政権獲得に向け、今後どう動くべきなのか、歴史はその道筋を示唆してくれているように思える。

最後に、原稿の大幅な遅れにもかかわらず、本書の出版に多大な尽力をいただいた高文研の真鍋かおる氏に感謝を伝えたい。また、長い執筆作業を見守ってくれた家族にもお礼を言いたい。

二〇二一年三月二四日

本間 圭一

本間　圭一（ほんま　けいいち）
1968年、新潟県生まれ。1992年、読売新聞社入社。ロンドン特派員、パリ支局長などを経て、2020年3月より北海道・北見工業大学教授兼国際交流センター長。著書：『反米大統領　チャベス―評伝と政治思想』（高文研）など。

退陣直前のトニー・ブレア首相と著者
（2007年6月15日）
※本文中に掲載の写真はすべて著者撮影

イギリス労働党概史

●二〇二一年四月二〇日――――第一刷発行

著　者／本間　圭一

発行所／株式会社　高文研
東京都千代田区神田猿楽町二―一―八
三恵ビル（〒一〇一―〇〇六四）
電話03＝3295＝3415
http://www.koubunken.co.jp

印刷・製本／中央精版印刷株式会社

★万一、乱丁・落丁があったときは、送料当方負担でお取りかえいたします。

ISBN978-4-87498-755-1　C0036